기독교 아나키즘

-아르케에 이름을 단 사람들

김대식 金大植

이 책은 보다 나은 사회를 꿈꾸는 기업,
덕화명란이 조성한 사회기여 예산의 후원으로 출간되었습니다.

기독교 아나키즘

지은이	김대식
초판발행	2025년 2월 20일
펴낸이	배용하
책임편집	배용하
등록	제364-2008-000013호
펴낸 곳	도서출판 대장간
	www.daejanggan.org
등록한 곳	충청남도 논산시 가야곡면 매죽헌로1176번길 8-54
편집부	전화 (041) 742-1424
영업부	전화 (041) 742-1424 · 전송 0303 0959-1424
ISBN	978-89-7071-728-9 03300
분류	기독교	인물	평화사상	아나키즘

값 20,000원

비움의 길, 버림의 길

덕정헌德情軒, 김대식의 호를 제가 지어주었습니다만 김대식 교수는 종교
학박사요, 철학박사요, 그리스도인입니다. 그가 이번에 책을 하나
더 냅니다. 제목은 『기독교 아나키즘』입니다. 기독교는 그리스교도
를 중국어로 번역한 말입니다. 그리스도교 안에는 가톨릭=천주교,
그리스 정교, 개신교=프로테스탄트라는 교파들이 있습니다. 기독교
라는 말은 가톨릭=천주교와 구분하기 위하여 개신교들이 보편적으
로 쓰는 종교용어입니다. 가톨릭과 개신교는 루터의 종교개혁1517
을 분계점으로 하여 갈라서게 됩니다. 추천사를 쓰는 저는 기독교를
그리스도교로 통일하여 쓰고자 합니다.

이 책의 저자 김대식과 추천하는 저는《함석헌평화포럼》온라인,
2009. 2. 8.을 만들 때부터 만남이 시작되어《함석헌학회》2010. 4. 16.에
서 함께 활동을 하였습니다. 뒤이어 함석헌의 아나키즘 분야를 집중
연구하기 위하여《함석헌평화연구소》2016.4.19도 설립하면서 오랜
인연을 맺고 있습니다. 15여 년 세월을 지내오면서 느끼는 것은 김

대식 교수가 강원도 양구 출신답게 올곧은 성격, 화냄이 없는 성격의 소유자라는 점입니다. 그는 철학박사, 종교학 박사 등 박사학위만 두 개를 가지고 있습니다. 그리고 그가 읽은 책은 아마도 수천 권이라는 생각이 들 정도입니다. 우리나라에서 내로라하는 독서량을 가지고 있는 함석헌, 김대중, 박홍규. 이원희 등처럼 엄청난 독서량을 가지고 있습니다. 그러는 가운데 저자 김대식은 인간이 가장 인간답게 사는 사회, 가장 사회답게 되는 나라, 가장 나라답게 가는 길은 무엇인가를 고민하다가 끝내는 답을 찾아냈다고 합니다. 그것은 아나키즘/절대 자유의 길로 가는 것이고, 자신은 아나키로 사는 길이라는 결론을 얻었다고 합니다. 그가 지금까지 쓴 책들을 보면, 『함석헌의 철학과 종교세계』모시는사람들, 2012., 『영성 우매한 세계에 대한 저항-우리 시대의 그리스도교 영적 스승들』모시는사람들, 2012., 『생태영성의 이해』대장간, 2014., 『함석헌과 이성의 해방』서강대학교출판부, 2016., 『함석헌의 평화론』모시는 사람들, 2018. 을 비롯하여 15종의 책과 『통일과 평화/함석헌의 평화사상-비폭력주의와 협화주의協和主義를 중심으로』8집 2호서울대학교 통일평화연구원, 2016, 『치명적 자유의 향연: 아나키즘과 함석헌』문사철, 2019, 『절대 자유를 갈망한 사람들-예수, 아나뱁티스트, 그리고 신채호』대장간, 2020, 『민중의 정치 미학 –상상하는 것은 존재한다는 믿음』비공, 2022 등 공저도 8종이 넘습니다. 그리고, 평전으로 『안병욱 인생철학-생철학자 안병욱 철학 평전』모시는사람들, 2021도 출판하였습니다.

이렇게 김대식 교수는 학구적이고 '생각하는 학자'입니다. 위 책들에서 보듯이 그가 연구하는 핵심에는 예수 그리스도, 함석헌, 생태환경, 평화, 자유, 그리고 아나키즘이 중심을 이루고 있습니다. 이번에 내는 이 책은 저자 김대식이 '자신의 삶'의 실체그리스도교=아나키즘를 드러내는 책으로 봅니다. 저자 김대식은 이 책에서 일반적인 책과는 달리 경어체를 썼습니다. 그것은 인간 존중/독자 존중의 뜻에서일 것이라는 생각입니다. 이러한 태도는 그의 아나키즘 사고에서 나왔다고 봅니다.

아나키즘은 인간의 존중을 최고의 가치로 삼습니다. 인간의 존중은 곧 자유, 평등입니다. 저자는 "자유란, 모든 강권, 강제, 폭력, 구속이 미치지 않는 성질"이라고 표현하였습니다. 인간에 대한 존중이 없으면 자유와 평등도 존재할 수 없습니다. 자유와 평등이 없다면, 인간, 자연, 사회에 평화와 행복의 꽃을 피울 수 없습니다. 그래서 아나키즘은 인간과 자연, 그리고 사회의 절대 자유를 강조합니다. 절대 자유가 곧 절대평등입니다. 평등사회에서는 불평등의 상징인 서열과 계급이 존재하지 않습니다. 서열과 계급이 부정되면, 권위와 권력, 지배와 피지배, 상하관계가 사라지고 수평적 관계, 곧 평화만 존재하게 됩니다.

*

이제 책 속의 이야기로 들어가 봅니다. 저자 김대식 교수는 그리스도교와 아나키즘이라는 두 단어를 모음하여 책의 제목을 『기독교 아나키즘』이라고 하였습니다. 책 속의 이야기를 몇 가지로 추려 봅니다.

첫째, 저자는 아나키즘의 원초를 이스라엘에서 찾고 있습니다. 에리히 프롬E. Fromm의 주장을 인용하여 이스라엘/히브리인의 태초 모습은 국가no country, no government가 없는 자율적 보편공동체인 지파 공동체들이 자발적으로 결합된 '지파연합공동체'사회였다고 서술하고 있습니다. 모세가 이끌던 자율적 연합공동체는 히브리인들이 전형적인 아나키즘 사회를 이루고 살았음을 의미합니다. 이후 철기 문화의 도입과 솔로몬 왕이 이끄는 엘리트주의가 출현합니다. 이들은 벽돌공장시스템이집트에 끌려가 노예생활을 하였던 시대을 가동시키면서 국가주의를 키웁니다. 국가주의의 성립으로 지파연합공동체는 해체됩니다. 여기서 이스라엘 사람들은 메시아의 도래를 희망합니다. 사람의 아들인 예수는 샬롬공동체/아르케arche사회를 지향합니다. 샬롬공동체는 평화 공동체로 아나키즘 사회를 의미합니다.

둘째, 저자는 예수의 존재에 대하여 새 종교의 창시나 유대교 거부가 아닌, 공동체사회가 파괴된 사회를 '해체구성'하려는 혁명가였다고 파악합니다. 예수가 해체구성하려 했던 종교/사회는 "종파의 구별 없이 동포를 사랑하는, 인간의 형제애에 기반한 종교였다"고 주장합니다. 여기서 예수의 아나키즘 사고가 발견된다고 서술하고 있습니다. 그것은 예수가 자신이 태어난 땅의 "체제, 제도, 종교, 법, 권력, 국가에 저항했다"는 점, 그리고 "유대교의 종교성과 로마 식민제국주의에 대한 비폭력적 저항운동"을 한 점, "종말론의 강조" 등에서 찾고 있습니다. 종말론은 당시의 권력주의자, 계급주의자, 혈통주의자에 대한 전복, 곧 인식의 전환을 의미한다고 해석하고 있습니다.

셋째, 저자는 국가교회를 비판합니다. 그리고 아나뱁티스트에 대해서도 언급을 합니다. 국가교회라는 말은 민족교회, 영토교회를 말합니다. 이들 세속의 국가교회는 믿음과 사랑을 강요하지만, 영성의 자유교회는 양심의 자유와 관용 정신에 근거하여 국가나 권력과 분리된 영적 기관이어야 한다고 강조합니다. 이런 면에서 아나뱁티스트 신앙은 순색의 아나키스트는 아니지만, 아나키즘 사고를 가졌다고 주장합니다. 아나뱁티스트는 절대 평화주의를 옹호하고 비폭력주의, 세상과 분리주의를 주장하기 때문에, 자유교회에 가장 가까운 신앙체라고 말합니다. 그러면서 아나키즘에 바탕한 신앙체는 '상호부조주의 종교'라는 입장도 밝힙니다.

넷째, 저자 김대식은 서양과 한국의 '그리스도교 아나키스트'들을 열거하면서 그들의 그리스도교 아나키즘 사상들을 서술하고 있습니다. 반체제의 이상주의자로 농민동맹체/선민공동체 사회를 추구하고, 가톨릭의 형식주의/위계질서를 반대하여 성직자와 평신도의 구별을 반대하였던, 토마스 뮌처에서 시작하여 "인간의 삶은 교리나 체제, 위계, 권력이 아니라 그리스도의 탄생과 고난, 죽음, 낮아짐이라고 한 키르케고르도 그리스도교 아나키스트라고 강조합니다. 그리고 사회주의/공산주의, 자본주의 모두를 비판하고, 인간너와 나의 수평적 관계, 곧 만민평등주의를 강조한 마르틴 부버도 그리스도교 아나키스트에 넣었습니다.

이어 공식적인 제도교회 부정, 국가제도 자체 거부, 사적 소유 타파를 주장하고 비폭력주의자인 톨스토이도 소개했습니다. 톨스토이는 국가를 근본적인 폭력기관으로 보았습니다. 국가기관=폭력기관으로 군대, 관료, 경찰, 교도소와 자본주의를 들었습니다. 그리고 교육을 통한 애국심은 폭력적 미개한 정신을 부추기는 행위라고 비판합니다. 톨스토이의 그리스도교 아나키즘에 대해서는 할 이야기가 많지만, 독자는 이 책에서 더 많은 내용들을 살펴봐 주기 바랍니다. 톨스토이의 아나키즘은 대한국이 일제 식민지를 당하고 있을 때, 최남선, 홍명희, 이광수의 문학작품에도 영향을 줍니다. 특히 이광수는 톨스토이에서 영향을 받아 그리스도인이 됩니다.

저자 김대식은 화해론자 칼 바르트도 그리스도교 아나키스트로 소개합니다. 바르트는 그리스도교 신학자들이 많이 사랑하는 인물입니다. 바르트의 신앙 기초는 "그리스도교 공동체와 자유로운 민중의 시민공동체"입니다. 그래서 바르트는 "국가를 필연적인 폭력국가, 무력국가"라보고 "국가를 악"으로 간주합니다. 그리고 "자본주의, 국가 및 군국주의 우상들의 지배에 대해서 통렬하게 비판"합니다. 이외에 공산주의 아나키스트인 **자끄 엘륄**, 성사적 현실주의자로 무저항주의를 강조한 **존 하워드 요더**, 이기적인 권력을 추구하는 존재를 '어두움의 아들'이라고 한 **라인홀드 니버**, 자유란 인간의 독립성이자 창조적 힘이라고 말한 **베르쟈에프**, 시간을 잡아먹는 초고속 교통, 병을 만드는 의료, 사람을 바보로 만드는 교육이 현대성의 부정이라고 진단하고 '더불어 살아가는 인간' 사회를 강조한 **이반 일리치** 등도 그리스도교 아나키스트라고 소개합니다.

이 책에서 또 하나의 특징이 있다면, 한국 사회에서 아나키스트로 부르기를 주저하고 있는 그리스도인인 **함석헌과 권정생**도 '그리스도교 아나키스트'로 소개합니다. "생각하는 백성이라야 산다"라는 명언을 남긴 함석헌은 "인간의 혼은 정신이고 자유인데 혼을 헤치면 폭력입니다. 자기 생각대로 하지 못하고 타자가 시키는 대로 하면 정신이 망가지고 혼은 노예가 되기 때문"이라는 아나키즘 사고를 분명하게 보이고 있습니다. 그리고 권정생에 대하여도, "그 사람이 지닌 재산과 학식과 직업에 따른 인간의 수직적 구분이 이루어지는 것은 그리스도교의 '신앙 본질에 어긋'나는데 권정생은 이를 실천했다"라고 하면서 권정생을 그리스도교 아나키스트로 분류하고 있습니다. 권정생의 이러한 태도는 그의 시 〈고까옷 입은 새야〉에서 볼 수 있다고 주장합니다. 권정생의 말하는 유토피아 나라 '고까나라'는 평등의 나라, 차별이 없는 나라를 뜻한다고 쓰고 있습니다.

*

김대식 교수는 이들 그리스도교 아나키스트를 일일이 열거하면서 자신의 아나키즘적 인식도 곳곳에서 피력해 나갑니다. 그는 '그리스도교 아나키즘'에 대한 분명한 믿음을 가지고 있다는 생각이 듭니다. "자기를 비우는 것이 그리스도의 가르침"이라고 말합니다. "우리들의 행복을 위해서 동물적 자아를 버림으로써 진정한 삶이 시작됩니다. 자신을 사랑하는 것처럼 다른 존재를 사랑해야 행복할 수 있습니다. 자신의 삶과 행복을 위해 남을 이용해서는 안 되는 것이 아나키즘입니다. 사랑만이 인간의 이성적 본성을 완전히 만족시킵니다"라고 자신의 그리스도교 아나키즘 사상을 분명하게 밝히고 있습니다.

'추천의 글'을 너무 길게 썼습니다. 그만큼 저자 김대식을 소개하고 싶었기 때문입니다. 어떤 책이든 결점을 가지고 나옵니다. 이 책에도 결점은 있습니다. 우리가 생활 속에서 흔히 쓰는 용어가 아닌 생경한 단어들이 나와서 이해하기가 어려울 수도 있다는 점입니다. 그리고 그리스도교와 아나키즘이라는 특정 종교와 사회사상을 모음하여 연구한 사상서이기에 다른 종교를 가진 독자들에게는 이해가 잘 안되거나 이념적으로 불편한 독자도 있을 것으로 봅니다. 저자 김대식은 이들 그리스도교와 관계된 철학자들이 아나키즘을 종교적 차원에서 바라보는 관점을 그려냈습니다. 그래서 독자들은 종교와 정치의 관계, 하느님과 인간의 관계, 인간과 인간의 관계를 어떻게 설정해야 참삶의 가치를 찾을 수 있을까 라는, 명제에 대한 해답을 이 책에서 찾을 수 있을 거라고 생각을 해봅니다. 자신의 문제, 나와 종교의 문제, 나와 타자와의 관계에 대한 명석한 해답을 찾고자 한다면 이 책을 꼭 읽을 필요가 있다는 것을 말해드리고 싶습니다.

황보윤식

환경역사학, 함석헌평화연구소, 평화생태학회 연구위원

하나님과 더 친화적인 사람들, 아나키스트

　　어떤 사람의 이름이 그가 하는 일과 일치하는 경우는 흔치 않
아, 그런 일치를 보게 되면 정말 반갑습니다. 아나키즘과는 무관한
듯한 한국에 아나키즘이라는 금나무를 심는 큰일을 해온 김대식 교
수는 바로 그런 분입니다. 이제 그는 아나키즘의 근본 뿌리가 되는
기독교 아나키즘에 대한 소중한 사색을 우리에게 보여줍니다. 제가
방금 한국이 아나키즘과 무관한 듯하다고 했지만, 사실은 일제강점
기만 해도 아나키즘은 독립운동의 큰 줄기였고 문화운동에도 중요
한 기초였습니다. 그러나 해방 이후 남북이 분단되고 남북 모두 국
가주의와 물질주의를 내세우면서 모든 이데올로기에서 자유로운
개인들이 자치하는 소규모 사회의 연대를 만들고 자연과 함께 살아
가고자 하는 아나키즘은 거의 자취도 없이 사라져버렸습니다. 김대
식 교수 말처럼 기독교도 본래는 그런 아나키즘과 가까운 것이었는
데, 기독교 아나키즘도 아나키즘과 마찬가지로 없어지고 기독교는
반아나키즘적인 것으로 왜곡되었습니다. 그런 마당에 김대식 교수
의 『기독교 아나키즘』은 기독교를 본래의 모습으로 되돌려놓고, 아

울러 우리의 삶을 본래의 모습으로 되돌려놓으려는 시도로 정말 소중한 노력이라고 생각됩니다.

이 책은 구약성경에 나타난 이스라엘을 국가 없는 공동체라는 아나키 사회로 보는 관점에서 시작하여 그것을 계승한 신약성경에 나타난 예수의 하나님 나라와 비폭력 운동을 아나키즘의 전형으로 그려냅니다. 그리고 아나뱁티스트, 뮌처, 키르케고르, 부버, 톨스토이, 바르트. 엘륄, 함석헌, 권정생, 요더, 니버, 베르자예프, 일리히의 사상을 기독교 아나키즘의 다양한 모습들로 보여줍니다, 기독교 아나키즘에는 다른 사상가들가령 헬치츠키, 발루, 게리슨, 간디, 데이, 모린, 헤나시, 베리건, 블룸하르트, 엘러, 캐버너, 마이어스, 윙크 등도 포함될 수 있고, 김대식 교수가 언급한 사상가들가령 뮌저, 바르트, 니버 등에 대해 의문을 제기할 수도 있겠지만, 그것은 크게 중요한 일이 아니고, 김대식 교수가 찾아낸 기독교 아나키즘의 핵심 원리의 훌륭한 정리로 그 책은 충분히 가치가 있다고 생각됩니다.

그런 점보다 저에게는 김대식 교수의 소중한 사색을 지금 우리가 어떻게 받아들여야 하는가에 더 관심이 있습니다. 가령 김대식 교수가 말하듯이 고대 이스라엘이 국가 없는 공동체라는 아나키 사회였던 것처럼 한국의 고대사회를 비롯하여 다른 모든 고대사회도 마찬가지 아니였을까 하는 점입니다. 특히 한국에서는 고조선부터 중앙집권적이었다는 학설이 지배적인데 과연 그러했을지 의문입니다. 지금 제가 사는 마을은 신라 통일 이전에 압독이라는 작은 나라로 당시의 다른 많은 작은 나라들의 하나였고, 신라 통일 이후에는 물론 최근까지도 작은 나라의 독자성이 유지되었습니다. 지금도 산지가 70퍼센트라고 하는데 과거에는 더욱더 많았겠고, 그런 두메산골이 대부분인 한반도에 어떻게 중앙집권국가가 그렇게 일찍부터 가능했을지 의문입니다. 도리어 중앙집권국가가 이상적이라고 하는 근대적 환상에 젖어 역사를 왜곡한 것이 아닐지 모르겠습니다. 고대 이스라엘은 물론 팔레스타인 땅에 1948년 이스라엘이라는 홀로코스트 군사 국가가 세워지기 전까지 그곳은 분권 사회였고, 다른 대부분의 사회도 마찬가지로 분권 사회였기에 세상은 얼마 전까지만 해도 모두 아나키 세상이었는데, 19세기 서양의 국가주의적 자본주의 이후에야 그것이 없어졌다고 저는 생각합니다. 그러니 국가니 민족이니 하는 것은 19세기 이후에 만들어진 허구가 아닐까요? 학교니 공장이니 병원이니 하는 제도들도 마찬가지가 아닐까요? 모두가 자본의 산물이 아닐까요?

그러나 더 중요한 점은 바로 지금입니다. 이스라엘의 대학살이 70년 이상 이어지고 있고, 그것을 여전히 보수 기독교에 터잡은 서양 제국들이 지원하고 있습니다. 심지어 지금 한국에서도 성조기와 함께 이스라엘국기가 태극기와 함께 펄럭이면서 가장 반아나키적인 작태가 벌어지고 있습니다. 한국 기독교의 이스라엘 동경은 일제 강점기부터 시작되었고, 1948년 이스라엘 건국과 함께 더욱 깊어져 2000여년 만의 이스라엘 건국처럼 우리도 만주 고토를 회복하여 강대국이 되어야 한다는 주장으로 이어졌습니다. 그러나 그런 지리적 강대국 주장이나 오늘날의 경제적 강대국 주장이나 모두 반아나키적인 것입니다. 심지어 문화적 강대국 주장도 반아나키적입니다. 저는 한강 소설의 오랜 애독자로서 제 나름으로는 반국가권력의 아나키즘 문학으로 읽어왔기 때문에 그가 노벨문학상을 받은 것을 기뻐하지만 그것이 소위 K문학이니 K문화의 위대함을 보여주는 것이라고 하는 식의 찬양에는 동의하지 않습니다. 제가 좋아하는 동학에 대해서도 그것이 기독교라는 서양 종교를 대체하는 K신의 새로운 K종교라고 하는 식의 쇼비니즘에 저는 찬성할 수 없습니다. 민족 통일이라는 것도 그런 강대국화를 위한 것이라면 역시 저는 찬성할 수 없습니다.

저는 모든 아나키즘처럼 기독교 아나키즘도 자유-자치-자연의 추구라고 봅니다. 기독교만이 아니라 모든 종교나 문화가 그렇다고 봅니다. 불교나 이슬람교나 도교도 예외가 아닙니다. 심지어 권위주의로 알려진 유교도 예외가 아닙니다. 그래서 김대식 교수의 책이 불교나 유교에도 자극이 되기를 빕니다. 마찬가지로 여러 학문에도 자극이 되기를 빕니다. 가령 기독교가 아나키즘이라면 기독교가 자본주의를 시작했다는 베버식 주장에는 문제가 있습니다. 그 주장이 옳다면 칼뱅의 프로테스탄티즘은 참된 기독교가 아니라 그 왜곡이라고 해야 할 것입니다. 유교가 동아시아 자본주의의 근본요인이라는 주장도 마찬가지입니다. 나아가 정치, 경제, 사회, 문화 등 전반적인 차원에서 아나키즘 관점의 비판이 필요합니다. 어중간하게 현실과 타협하는 아나키즘이어서는 안 됩니다. 저는 김대식 교수의 『기독교 아나키즘』이 그런 점에서 더욱 소중하다고 봅니다.

특히 지금, 종교가 점점 더 쇠잔해지고 있는 지금, '기독교 아나키즘'의 역할은 더욱 소중하다고 생각합니다. 기독교가 원래의 모습을 회복하여 다시금 참된 복음이 될 수 있는 유일한 기회라고 생각하기 때문입니다. 그 점에서 『기독교 아나키즘』의 에필로그가 '소수라고 해서 생각이 약한 것은 아닙니다! 오히려 그들은 하나님에게 더 근사성 혹은 친화력Affinität을 띤 사람들입니다!'라고 한 김대식 교수의 강조에 무조건 동의하면서 이 책이 더욱 많은 사람들에게 널리 읽혀지기를 바랍니다.

박홍규
영남대명예교수. 노동법학자

靑莊館 李德懋의 《蟬橘堂濃笑》 중에서

〈至樂〉("지극한 즐거움에 대하여")

值會心時節(치회심시절)	마음에 맞는 때를 맞이해
逢會心友生(봉회심우생)	마음에 맞는 벗을 만나
作會心言語(작회심언어)	마음에 맞는 말을 나누며
讀會心詩文(독회심시문)	마음에 맞는 시를 읽노라.
此至樂而(차지락이)	이는 지극한 즐거움이지만
何其至稀也(하기지희야)	얼마나 그 기회가 드물었던가.
一生凡幾許番(일생범기허번)	한평생 몇 번에 불과했으니.

서양의 그리스도교적 흐름 속에서 국가와 종교는 끊임없는 갈
등 관계에 있었습니다. 처음부터 그런 것은 아니었지만, 개인과 개
인, 집단과 집단, 인종과 인종, 민족과 민족의 이익이 발생되는 지점

에서 종교적 근원을 상실한 채 집단이나 체제에 편승하여 그 신앙이 퇴색되어버렸습니다. 신앙의 본질은 신에 의해서 삶이 다스려지는 것인데, 국가나 집단 속에 숨어버렸으니 개체의 신앙이 흔들릴 수밖에 없습니다.

단독자로서 하나님과의 관계를 교회 바깥에서 찾으려고 했던 철학자들이 있었던 것은 결국 교회도 국가에 예속되어 있었기 때문입니다. 국가에 완전히 종속되어 있지 않더라도 국가주의적 발언을 서슴지 않고 일치시키면서 마치 국가 위에 종교가 있는 것처럼 호도하는 경우도 있습니다. 하지만 종교가 국가 위에 있는 것도 아닙니다. 애초에 국가와 신앙공동체가 짝한다는 것은 어려운 일이기 때문입니다. 국가는 폭력이요 종교는 평화적 비폭력운동이기 때문입니다.

그러한 역사적 흐름을 보면, 처음 이스라엘은 국가에서 출발하지 않았습니다. 소유점령, 영토확장과 이익과 방어를 위한 구실로 폭력적 국가제도를 용인한 것이었습니다. 국가제도를 만든 직후에 이스라엘이 일궈왔던 역사는 주변 국가와의 끊임없는 폭력적 전쟁이었습니다. 오랜 세월, 예언자들이 끊임없이 말해왔던 것은 바로 폭력이 안 된다는 것이었습니다. 신의 품 안에서의 평화와 사랑입니다. 그 정신을 고스란히 이어왔던 예수의 비폭력적 평화운동과 아나뱁티스트메노나이트, 퀘이커, 아미쉬 등의 전통적인 흐름들 속에서 고스란히 재발견되고 있다는 것은 고무적인 일입니다.

다시 새로운 세계를 노정시킬 가능성을 찾을 수 있다는 희망 때문입니다. 기후변화, 전쟁, 비민주적 정치, 동식물의 권리, 노동자의 권리 침탈, 자본농업으로의 전락, 교육의 붕괴 등은 심각한 삶의 위기, 신앙적 갈등과 회의를 양산하고 있습니다. 메노나이트의 평화운동에서 그리고 함석헌의 개체성의 존중에서 집단이나 국가로부터의 절대 자유를 어떻게 확보할 수 있을까를 고민하게 됩니다.

사회는 비도덕적인데 어떻게 자아와 개인 실존이 도덕적 주체가 될 수 있을지를 라인홀드 니버에게서, 그리고 마르틴 부버의 나Ich와 너Du 안에서 '그것'es으로 변질된 타자를 고려하는 철학적 윤리를 찾을 수 있을지를 모색할 수도 있을 것 같습니다. 베르쟈에프는 지금의 종교 세계나 국가 세계에서 새로운 종말론적 세계를 지향할 수 있다고 봅니다. 일리치나 권정생은 교육자입니다. 교육의 주체성, 교육의 주체를 다시 논하지 않으면 국가나 체제, 자본에 의해서 집단적 동일성에 의한 폭력주의자만 양산할 것입니다. 그들의 논의도 중요합니다.

운동 방식에 있어서는 존 요더가 주목하고 있는 것처럼 반드시 비폭력적이어야 합니다. 물론 당위적 선언보다는 지향성이 맞을 것입니다. '비폭력'은 절대 선언이 되어야 하기보다는 존재론적 선언으로서 수평성平平함이 전제되어야 가능한 운동일 수 있기 때문입니다. 그에 대한 논의는 칼 바르트나 자끄 엘륄을 통해서 좀 더 깊은 논의가 나올 수 있을 것입니다. 게다가 미학적이고 기술적인 측면, 혹은 법철학적 측면에서 자끄 엘륄의 시선도 톺아봐야 할 것입니다.

톨스토이의 정교회적 사유, 그리고 그 종교를 넘어서 평화운동과 비폭력을 통한 제도, 국가, 체제 등에 대한 비판적 성찰을 그의 문학작품과 여러 성찰들을 통해서 잘 드러나고 있다고 봅니다. 이러한 사유가 교회가 국가에 저항하여 어떠한 신앙과 사유, 그리고 실천이 가능할지를 타진할 수 있다고 생각합니다.

이제 이러한 아나키즘의 다양한 결이 어떻게 실천적으로 이어질지는 지난한 과정들에 있다고 봅니다. 아르케에 대한 사유는 하나의 신화적 물음에 대한 이성적 사유와 실천으로 전환을 시도하는 것일까요? 시초, 기원, 처음, 태초, 원리 등으로 지칭되는 아르케의 순수성이 자칫 무無나 무능력 같은 상태를 일컫는 것이 된다면, 아르케는 잘못하면 폭력에 의해 전복될 수 있기 때문입니다. 물론 우리는 태초의 죄책, 혹은 빚/원죄Schuld로 인한 끊임없는 고통을 경험하게 되고, 그로 인한 메시아적 구원을 기다리게 됩니다. 그러나 구원의 메시아는 신학적 의미에서 미래의 희망이 아니라 현재를 뚫고 들어와 현재를 변화시키는 힘입니다. 그 변화와 혁명의 가능성은 지금을 살아가는 단독자인 민중에게 달려있습니다. 이른바 그것을 메시아적인 것이라 불릴 수 있을 것입니다. 죄와 부채는 지금 여기에서 단독자인 민중만이 현재를 변혁/개혁하는 과정에서 사라질 것입니다. 폭력의 질서를 폭력이 아닌 세계로 만드는 평화적/비폭력적 방법을 통하여 말입니다. 법이 아닙니다. 제도가 아닙니다. 국가가 아닙니다. 종교가 아닙니다. 기술이 아닙니다. 체제가 아닙니다. '순수한' 단독자의 삶을 통한 세계의 부단한 창조만이 그러한 삶을 가능하게 할 것입니다. '순수한'이라는 이름언어, '단독자'라는 이름언어, '신의 이름'이라는 이름언어라는 유예된 기준에 의해서만이 세계를 평평한 관계, 비관계의 관계E. Levinas가 될 수 있을 것입니다. 김남시, "벤야민의 메시아주의와 희망의 목적론", 창작과비평, 통권 164호, 2014년 여름, 280-198

종교는 긍정적인 측면에서는 인간의 삶을 촉진하는 역할을 합니다. 그 중 그리스도교는 생명을 주신 이를 믿고 신뢰하는 인간 해방적 요소가 있습니다. 창 1,2 창조신화에서 하나님은 인간에게 부여된 권리, 책임, 의무를 주셨다는 것을 고백합니다. 지구를 돌보라 창 1,28라는 책임, 권리, 의무는 인간의 자유로서 이해해야 합니다. 인간의 부정의는 창조를 왜곡, 훼손하는 것이나 다름이 없습니다. 어떤 의미에서 기독교 아나키즘의 다양한 입장과 결에는 바로 이러한 에코 아나키즘적 성격을 지닌 아나키스트들이 있다고 생각합니다. 고백종교 안에서 자연 안의 인간의 절대 자유의 시원을 거기에서부터 이끌어내기 때문입니다.

절대 자유의 실존, 그것이 아나키즘이 추구하는 것이라면, 그것은 하나님과 나와의 관계에서 엄밀한 신앙적 성찰을 통한 세계 변혁의 씨름 속에서 배태된 삶의 자세여야 할 것입니다. 그런데 우리는 지금 니체가 말한 '퇴락', '석양', '무덤', '몰락'을 뜻하는 untergehen, 곧 가라앉음의 자리에 있지 않은가요? 인간 자신에 대한 인식론적 탐구도 제대로 이루어진 적이 없는 종교적 한계, 그리고 그 인간의 삶의 자리가 점점 더 흔들리는 지점에 와있다고 하는 것이 방증합니다. 정치, 경제는 퇴락하고 진정한 종교적 실존은 과거에 대한 향수병에 걸려 다시 회귀를 준비하고 있는 것을 보면, 인간의 영원한 자유는 아련하기만 합니다. 국가에 대한 회의와 비판은 여전하지만, 그 대안을 찾기보다는 또 다른 종속과 굴레에 들어가 헤어 나오지 못하고 있습니다.

채형복은 국가 없는 사회가 가능한가? 그리고 지배 혹은 통치가 없는 사회, 곧 아나키즘은 가능한가에 대한 물음에 머레이 북친M. Bookchin의 아나키 공동체를 상정합니다. 그것은 이른바 "자율적이고 분권화된 작은 공동체"입니다. 그러면서 사람들이 일반적으로 가질 수 있는 국가 없는 사회에 대한 두려움과 막연함에 대해서 몇 가지 역사적 사례들을 언급합니다. 코뮌이나 키부츠와 같은 전체 공동체를 또 다른 형태로서 아나키즘의 이념에 부합하는 협동조합, 집산적 모임, 이웃의 모임, 직접행동의 계획, 상호부조 및 자주 관계가 가능한 부분 공동체가 그것입니다. 그러나 국가 없는 사회도 중요하지만, 그 보다 개인=나, 아나키스트=자유인이라는 의식이 더욱 중요합니다. 다시 말해서 "나를 규정하는 것은 국가가 아닌 나 자신"이라는 자각이 절대적으로 요청된다는 것입니다.채형복, 『19세기 유럽의 아나키즘』, 역락, 2019, 175-177

"누구든 한 번은 철학을 해야 한다. 누구든 자기 자신의 시점視

點에 서서 자신의 인생에 발을 딛고 주위를 돌아봐야 한다. 그러나 이 시선은 목적 그 자체가 아니다. 책은 최종적인 목적이 아니다. 과도적인 목적조차도 아니다. 책은 스스로 존재하는 것도 아니고 다른 책을 통해 보완되는 것도 아니다. 책은 정당화되어야 하는데, 이 정당화는 매일의 생활을 통해서 이루어진다."E. Levinas, Difficile Liberte, Albin Michel, 1963, 258; 內田樹, 박동섭 옮김, 『우치다 다쓰루의 레비나스 시간론. 주체와 타자 사이에서 흐르는 시간에 관하여』, 갈라파고스, 2023, 370 재인용 친구 로젠츠바이크F. Rosenzweig의 글을 인용한 레비나스는 일상의 삶을 통해서 철학이 실증된다고 말한 것입니다. 책이란 늘 새로운 삶을 열어 밝혀주는 매체인지 모릅니다. 어쩌면 최초의 기원이 되는 의식을 찾도록 만들어 준다고 해도 과장은 아닙니다. 문자 속에서 표면에 떠올려진 시니피앙signifiant은 감춰진 작가의 태초의 이성과 감성의 각축장으로 만들어진 산물입니다. 그런 까닭에 독자는 그 시니피앙 밑에 가라앉은 시니피에를 다시 자신의 것으로 해서 자신의 순수의식을 향한 몸부림으로 해야만 비로소 작가가 아닌 나로서 자유로운 일상을 축조하는 인간이 될 수 있습니다. 레비나스가 말한 것처럼 책의 정당성은 나의 삶을 부단하게 아르케로 끌어올리는 데 있습니다. 그러지 않다면 책의 정당성은 사라집니다. 감히 필자는 레비나스의 말처럼, 여기에 있는 글의 시니피앙, 그것이 해석된 시니피앙이든 아니면 날것으로서의 아나키스트들의 시니피앙이든, 자신의 무목적성으로서 고정되지 않는 시점을 가지는 계기가 되기를 바랄 뿐입니다.

아나키스트와 아나키즘을 다룬다고 하면서 날것으로서의 글을 담아낸 것도 있지만, 해석된 기표도 함께 담겨 있습니다. 하지만 어떤 글이 되었든 각자의 자유와 사유, 그리고 삶의 시원을 찾아나가는 데는 전혀 불편함이 없을 것이라고 생각합니다. 사유를 발생시키는 하나의 단초는 단 한 문장이나 단어에서도 충분하다는 것이 필자의 지론입니다.

해체주의자 폴 드 만Paul de Man은 "언어는 스스로 약속한다"는 하이데거의 말을 붙잡습니다. 그렇다면 무엇을 약속한다는 것일까요? 그것은 사유의 경건성Frömmigkeit입니다. 어떤 약속보다도 앞서 이루어지는 약속입니다. "사유가 사유해야만 하는 것에 길들여지는 이"가 부패하지 않도록 말로 돌아가도록, 질문 자체에 질문보다 선행하는 말 혹은 행위로 돌아가는 것을 의미합니다. Untergang은 쇠망, 석양을 뜻하는 말이지만, 이것은 다시 아르케로 돌아가기 위한 몰락을 의미합니다. 다시 아르케, 곧 질문 이전에, 문제를 문제로 삼기 이전으로 돌아가는 그 처음으로 회귀하는 것입니다. "이다"라는 술어를 횡단하여 통과하는 것입니다. 다시 말해서 끊임없이 이동 epi-phora; pherein하는 것입니다. 쉼없이 사유 원천, 질문 원천으로 이동하고 환원해야만 사유와 행위가 결코 몰락의 길을 걷지 않을 수 있습니다.

사유의 원천, 질문의 원천으로 거슬러 올라가는 것은 강한 저항이 있을 수밖에 없습니다. 의식의 저항, 언어의 저항, 현실의 저항,

정치적 저항 등. 그것들은 의식과 무의식에 이미 기입되어 고착화된 문법의 저항일 수 있습니다. 원천은 텅 빈 장소가 아니라 최초의 기입이 가능한 텍스트입니다. 이 텍스트에 기입된 언어가 사람과 세계 안에서 절대적 진리로 증언testis 될 때 병리가 발생합니다. 기입은 기억과도 연동됩니다. 언어화, 기호화되기 이전에 기입된 것들은 다시 표상되기 전까지는 음성과 문자로 표현될 수 없습니다. 따라서 종래의 기입을 다시 기입한다는 것은 기입의 전복을 통한 부패하지 않은, 오염되지 않은, 고착되기 전의 원천으로 이동하는 것입니다.

그러자 끊임없는 이동, 최초의 이동의 구체적 장소는 어디일까요? 장소가 있다면 이곳에서의 기입도 일부분teil이겠지만, 고유한 부분, 원천의 부분Ur-teil일 수 없을 것입니다. 이동, 퇴락, 삭제, 지연, 끊임없는 시공간적 유보를 할 때, 주관과 객관을 넘어선 그것이 그것인 바, 혹은 주체 곧 나의 나인 바의 것을 인식하는 것은 아닐까요? 결국 존재하고 있는 '나'는 자유하다는 것만이 남는 것은 아닐까요? 아무런 목적도, 아무런 방향도, 아무런 제한도, 틀도 규정도, 소유지도, 고정된 한계도, 방향으로부터 분리된 목적 부재의 위험한 주체만이 원본적 사실로 남는 것은 아닐까요? 이 또한 기독교 아나키즘을 말하면서 위험한(?) 가라앉음Untergang을 뜻하는 말일까요? 이 책의 나열된 그리스도교적 정체성을 지닌 역사적 인물 속에서 판단해 주시길 바랍니다.

이 책이 나오기까지 많은 우여곡절이 있었습니다. 어쩌면 지금까지 저의 학문 여정의 종반은 아니라 해도 철학보다 더 강한 신념을 정리하는 것이었는지도 모릅니다. 2023년 하반기에 배용하 목사님 재세례파, 곧 아나뱁티스트의 메노나이트 소속 성직자의 제안에 따라서 그리스도교 정체성을 지닌 아나키스트를 정리해보자는 것이었습니다. 가만히 생각해보면 80년대 말 대학에 들어가서 '역사적 예수'에 푹 빠져 있었고, 상담을 공부할 요량으로 프로이트의 정신분석 무의식에 몰입하였던 적이 있었습니다. 그 후 종교학을 공부하면서 '종교현상학'을, 철학에 입문하면서 후설의 '현상학'에 강한 매력을 느꼈던 것도 결국 함석헌 '속'의 아나키즘을 만나려고 했던 것은 아니었을까, 하는 생각을 해보게 되었습니다. 그러니까 필자는 원본적인 사실, 원본적 사태, 원본적 순수성, 원본적 순수의식을 통해서 그 무엇에도 규정되지 않는 자유로운 실존적 자아를 꿈꾸었던 것 같습니다.

이 책이 완성된다는 것도 있을 수 없습니다. 미완성이요 과정이요 무목적성일 수 있습니다. 그런 과정 속에서 차일피일 미루거나 늦어진 것은 저의 불찰이기도 합니다. 끝까지 배려해 주신 배용하 목사님께, 그리고 이 책이 나올 수 있도록 도움을 주신 덕화명란 장종수 대표께 감사의 말씀을 드립니다. 또한 아들 김지원의 병이 찾아온 것도 많은 것들을 생각하게 만드는 계기가 되었습니다. 병원에서 아들의 간호를 며칠하면서 데리다 J. Derrida 의 『해체』를 읽었습니다. 새롭게 다가온 해체철학이 이 글을 완성시킨 힘이 되었습니다. 지난 23년 12월 갑자기 발생한 아들의 무거운 병이 하루 속히 낫기를 바라는 맘, 그리고 아들의 병수발을 위해 노심초사했던 아내 고운에게도 미안함과 수고에 그저 고맙다는 말을 하고 싶습니다.

자유, 사랑, 배려, 타자, 자아, 무목적성 등 그 무엇으로도 정의하기는 어려운 개념이 아나키즘이라고 생각합니다. 아나키즘이 무엇이냐고 묻는다면, 아마도 뜻을 같이하며 신뢰를 잃지 않고 연대하는 힘, 당분간 필자는 그렇게 말하고 싶습니다. 바로 이와 같은 분들이 다음과 같은 진정한 꼬뮌이 아닐까요? 함석헌평화연구소의 황보윤식 공동소장님, 선뜻 추천사를 써주신 전 영남대학교 법학과 박홍규 교수님, 이찬옥 권사님, 지음知音 신성대 목사, 박광수 목사, 옥광석 목사, 숭실대학교 철학과의 백도형 교수님, 김선욱 교수님, 박준상 교수님, 선병삼 교수님, 장미성 교수님, 숭실대학교 베어드학부대학의 조은식 교수님, 원광디지털대학교 원불교학과의 김준안 교무님, 서울신학대학교의 박영식 교수님, 바르나바 신부님, 정은희 전도사님, 최용호 회장님과 밥상평화포럼 식구들, 안젤라 수녀님, 박요섭 목사님, 박정환 목사님, 박승원 선생님, 이호재 선생님, 고영수 선생님, 추영복 선생님, 김희정 친우, 조균희 친우, 우대철 친우의 마음 빌어줌과 관심에 감사합니다. 그리고 이 땅에 인간의 절대 자유를 위해 목숨을 바쳤던 아나키스트들과 지금도 절대 자유를 위해 몸부림치는 모든 아나키스트들에게도 감사합니다.

2024년 12월

선귤당농소(蟬橘堂濃笑, 선귤당에서 크게 웃다, 炯菴 李德懋) 중에서

敗雨傘承霤而補 古藥臼逮堦而安. (패우산승류이보 고약구체계이안)
以鳥雀爲門生 以雲烟爲舊契 (이조작위문생 이운연위구계)
炯菴一生占便宜人 呵呵呵(형암일생점편의인 하하하)

비가 내린 후에야 낙숫물을 맞아가며 우산을 고치지만,
오래된 약 절구는 언제든 쓰도록 섬돌 아래 고정시켜 놓았다.
날아드는 작은 참새들은 벌써 문하의 제자로 삼았으며,
구름과 안개는 이미 오래전부터 맺은 친구의 인연이라.
이런 나형암의 일생을 보고 편한 것만 골라 한다는 사람이라니,
하하하! 우습구나, 우스워!

靑莊館/炯菴 李德懋를 생각하며

德情軒 김대식 서

1. 새로운 신앙과 삶의 가능세계를 그리며

"신이 의미하는 것은 재현 불가능함, 무-시작, 아나키다"-레비나스

아나키즘anarchism 이 말을 입에 올리는 즉시 타자는 이 말의 사용주체를 불편하게 생각합니다. 심지어 사용주체의 의식과 행위, 그리고 삶까지도 부정당하는 경우도 있습니다. 그렇다면 이 불편한 개념을 상용해야 하는 당위성은 어디에 있을까요? 그것을 알아보기 이전에 필자는 한두 가지 전제에서 출발하고자 합니다. 글의 전체 표현을 평서체가 아니라 경어체로 하고자 합니다. 물론 이 전제arche 도 또 하나의 전제이자 시작이기에 자기 모순에 빠질 수 있으나, 익명의 독자들에게 필자의 말이 폭압이나 강제로 들리지 않기 위한, 어쩌면 자기 위안의 차원에서라도 이 전제에서 시작하지 않으면 안될 것 같습니다. 지금부터 필자는 이 불편함을 해소한다는 의미에서 모든 글에서 경어체를 사용하도록 하겠습니다.

또 한 가지는 문단나누기를 하지 않겠습니다. 이것에 대한 호불호, 혹은 찬성과 반대가 있을 수 있습니다. 하지만 아나키즘은 애초에 강권이나 강제, 지배와는 무관하다는 것을 의지적으로 보여주기 위함이기도 합니다. 어느 문장이나 어떤 문단은 중요하고 덜 중요하고의 차별이나 구별이 가지고 온 이른바 불평등과 부조화, 불공평에서 오는 모든 행위를 이 글에서는 절제하고자 하는 시도입니다. 문단은 독자를 위해서 출판사와 편집협의를 하면서 기계적으로 일정 간격으로 나누었습니다. 그렇다고 저자의 아나키즘 지향이 사라진 것은 아닙니다.

아나키즘은 무전제의 철학이자 신념이자 행위이자 운동입니다. 이즘ism이라는 서양어가 들어가 있으니 어쩔 수 없는 성격의 편중된 사상 논조나 운동일 수밖에 없지 않느냐는 반론이 있습니다. 하지만 이즘이 반드시 어떤 '주의'主義만을 일컫는 것은 아닙니다. 하나의 학설이나 이론을 의미하는 접미사, 곧 낱말의 본체개념을 규정짓는 끄트머리의 언어일 뿐입니다. 따라서 이 글에서는 아나키즘을 세간에서 의도적, 악의적으로 번역된 '무정부주의'라는 말을 결단코 쓰지는 않겠습니다. 무정부주의는 폭압적인 한반도 지배라는 일본의 제국주의적 침략 당시 일본 학자에 의해서 씌어진 말이기에 더욱 그렇습니다. 무수한 아나키스트들이 강압적, 강권적, 지배적 방식으로 개별 인간이 지닌 절대 자유는 물론 한 나라-국가라는 한자어를 일부러 피하는 것은 국가주의라는 허상의 폭력적 개념보다는 나라라고 하는 고유한 한글말에서 풍기는 공동체성을 강조하기 위함입니다-의 절대 자유의 공동체성을 말살했던 것에 저항하면서 싸웠습니다.

당시에는 마르크스주의자들도 있었습니다만, 그들 못지않게 나라의 해방과 절대 자유를 위해서 가열차게 투쟁을 했다라는 것을 알아야 합니다. 그럼에도 근현대사에서 아나키즘 혹은 아나키스트가 정당한 평가를 받지 못하는 이유는 몇 가지의 철학적 논조와 행동 지침 때문에 그렇습니다. 이른바 국가주의의 부정, 강권주의의 부정, 강제적 지배의 부정, 가족주의의 부정, 종교주의의 부정이 그것입니다. 이러한 핵심적인 신념과 가치는 많은 정치적, 경제적 입장을 취하는 이들에게 매우 불편한 마음을 안겨주었습니다. 개별 인간의 자유를 앞세우는 아나키즘은 자신의 아르케arche, 곧 시원, 시초, 처음, 태초, 근원, 지배 등을 의미하는 그 자리를 바로 자기 자신에게서 찾기 때문에 어떠한 체제, 제도, 조직, 위계 등을 거부합니다. 당연히 불편할 수밖에 없을 것입니다. 하지만 그렇다고 해서 덮어놓고 모든 것을 다 부정한다고 생각한다면, 그것 또한 아나키즘을 잘모르는 것입니다. 아나키즘은 타자가 개별 인간의 절대자유를 존중한다면, 구태여 쌍지팡이를 들고 거부하거나 테러를 일삼는 행위를 하지 않습니다. 과거 신채호와 같은 독립운동가나 스페인 내전 당시 아나키스트들의 저항적 활동들에서 폭력과 테러 행위로만 해석을 한다는 것은 지극히 일면만을 본 것입니다.

절대 자유를 추구하고 그것을 구현하기 위한 수단과 방법이 폭력과 테러로 나타나는 것이 전혀 없는 것은 아니나, 그것으로 아나키즘 전체를 해석하는 것은 무리가 있습니다. 그것은 어디까지나 절대 자유와 해방을 추구하기 위해서 무력적 지배에 대한 최소한의 무력적 항거 정도로 보는 것이 타당합니다. 간단하게 아나키즘을 설명하자면, 아나키즘에서 읽히는 것처럼 무an와 지배arche의 합성어입니다. 또 다른 뜻으로서는 무an와 선장archos의 합성어입니다. 이 두 개의 개념을 통해서 알 수 있는 것은 어떠한 지배 권력도 용인하지 않겠다는 의지가 함축되어 있습니다. 또한 한 척의 배를 이끌고 바다를 항해 할 때, 그곳에는 반드시 한 사람의 선장에 의해서만 항해를 하지 않는다는 것을 내포합니다. 다시 말해서 배 안에는 갑판장, 요리사, 돛을 올리는 선원 등 각기 고유한 역할을 지닌 많은 선원들이 서로 소통하며 합의하면서 목적지로 나아간다는 생각이 짙게 깔려 있는 것입니다. 여기서 중요한 것은 수평적 관계입니다. 선장이라는 지배자에 의해서 모든 선원들이 일사분란하게 움직이는 위계적 질서를 말하지 않습니다. 핵심은 항해가 아닙니다. 목적지에 도달하기 위한 방법과 배려, 관계, 그리고 과정에 있습니다. 만일 지배자와 피지배자의 관계로 목적지를 향해 나아간다면, 그에 따른 주종 관계의 폭압적 위계는 각 개별 인간의 의사를 존중하기가 어렵습니다. 한마디로 절대 자유라고 하는 것은 결코 있을 수가 없습니다.

따라서 개별 인간의 절대 자유가 더 강조될 수밖에 없습니다. 그러니 모든 조직이나 제도, 체제, 사회, 국가, 종교, 가족 등은 개인의 절대 자유를 우선시 하는 개별 인간, 혹은 개별적 자아에 대해서 자신들의 무리 속으로 끌어당겨야 한다는 생각이 지배적이었습니다. 하지만 집단 체제, 위계 질서를 내세우는 공동체는 개별 인간의 절대 자유를 짓밟고 공동체 우선의 사고나 행동을 강요하게 됩니다. 개인의 자아, 자유, 의지, 생각, 행동은 철저하게 공동체라고 하는 집단 속에서 용해되어야 하기 때문에, 개인은 더 이상 개인이 아니게 됩니다. 이렇게 자기의 시원으로서의 자기 자신에서 파생되지 않은 신념이나 철학이나 가치나 행위는 모두 위계적, 지배적 권력에 의해서 생산될 때, 아나키스트는 물음과 의심을 하게 됩니다. 과연 나의 의식, 나의 자유, 나의 삶은 나로부터 기원하는가? 아니면 외부의 질서나 권력, 체제에 대해서 강제되는가? 모든 것들이 나를 아르케로 하지 않는다면 나는 더 이상 내가 아닙니다. 내가 나로서 존재하기 위한 전제 조건은 나의 의식, 가치, 철학, 행위는 나로부터 연원해야 한다는 사실입니다. 따라서 종래의 위계, 지배, 체제 등에 대해서 해체 구성을 해야 할 필요가 있습니다.

　이러한 문제의식 속에서 우리는 자연스럽게 '삶'이라는 시원적인 것, 인식 이전의 것에 대한 물음을 던지게 됩니다. 삶은 원본적 사실입니다. 삶 이전에 삶은 없고, 삶 이후에도 삶은 계속 삶이어야 합니다. 삶은 술어 단계 이전입니다. 삶이 술어가 된다면, 주어가 되는 존재가 있을 텐데, 삶은 이러한 것을 거부합니다. 삶은 자기 자신을 살아갈 뿐입니다. 삶은 기술되기 이전에 있었기에 만일 기술된다면 이미 그 삶은 삶이 아니라 지나간 흔적일 뿐입니다. 삶은 또 다른 삶으로 환원될 수가 없습니다. 그렇기 때문에 개별 인간의 절대 자유와 삶은 같은 맥락에서 다뤄야 할 필요가 있습니다.

삶이라고 해서 모두가 같은 것이 아닙니다. 삶은 자기 고유의 것입니다. 자기의 삶입니다. 개별 인간의 삶은 자신의 절대 자유 속에서 실현되어야 할 고유한 사실입니다.

나와 너 사이에는 어떠한 위계나 서열이 있을 수 없습니다. 수평적 차이만 있을 뿐입니다. 종교의 위계, 종교 간 혹은 종파 간의 수평적 차이는 있을 수 있습니다. 하지만 진리의 위계란 있을 수 없습니다. 진리의 위계가 있다는 것은 각각의 종교, 혹은 종교 신자 간의 진리 인식, 진리 경험의 차별이 발생합니다. 많이 아는 자, 많이 경험한 자가 지배 우위를 독점합니다. 예수 이전에 히브리인들은 신정체제 theocracy였습니다. 신 위에 아무도 없었고, 신 아래에 아무도 없었습니다. 이것이 신정체제 아닐까요? 신의 대리 역할을 하는 사람도, 신 앞에서는 모두 신의 흔적일 뿐입니다. 신의 흔적을 나타내는 다양한 차이와 정도는 다를지라도 위계와 지배는 없습니다. 그래서 백성의 지배자, 곧 왕을 견제하는 제사장과 예언자가 있었던 것일 아닐까요? 실상 그들의 직책이란 역할상의 차이일 뿐이지 위계라 할 수도 없습니다. 일종의 삼권분립 같은 것이라면 억측일까요?

그런데 지금의 종교는 오히려 성직자들이 권력 행사를 하고 절대 권위를 휘두르듯이 신자를 지배하려고 합니다. 앞에서 말한 바와 같이 과거 히브리인들의 종교에서 예언자와 제사장은 직무상의 수평적 직분일 뿐이었습니다. 권력과 권위는 오직 신에게서ex-ousia 나오기 때문입니다. 따라서 아나키즘은 종교의 반강권과 절대 자유, 그리고 수평적 관계, 평화로운 인식을 논할 때, 그 공통분모는 바로 '기원'arche의 문제입니다. 자기 자신의 자유, 자기 자신의 교육, 자기 자신의 삶, 자기 자신의 법, 자기 자신의 종교성누미노제의 기원을 외부의 어느 권위나 제도나 국가에 있지 않고 오직 기원의 기원은 자기 자신이 되어야 한다는 것입니다.

anarcheanarchie의 접두어 an은 그런 의미에서 arche에 대한 끊임없는 부정이나 다름이 없습니다. 아르케라 주장하는 힘, 지배, 권력에 대해서 항상 '아니오'라고 저항할 준비가 되어 있는 게 아나키즘입니다. 아르케는 항상 원본적인 데서 출발해야 하고 원본적인 데서 사유해야 하고, 원본적인 데서 행동이 나와야 합니다. 그 때 그 때의 원본적인 존재, 원본적인 것, 원본적인 사물, 원본적인 의식을 캐물을 때 지배, 폭력, 강권, 강제, 위계가 발생할 가능성이 제어되지 않을까요? 지금까지 국가는 있고, 종교는 있고, 사회는 있고, 가족은 있고, 자본이 있다고 말해왔습니다. 반면에 개인은 없고, 자유는 없고, 비폭력은 없고, 평화는 없고, 평등은 없고, 공정은 없다고 말해왔습니다.반론을 한들 실상이 그렇지 않은가요? 이러한 구조와 이데올로기와 학습 효과의 발화 행위, 그리고 문자와 음성의 서열적 점령에 빠져 있다면 우리는 지금 지배당하고 있는 것입니다. 국가, 종교, 자본,

사회, 가족, 개인, 자유, 비폭력, 평화, 평등, 공정의 문자와 음성은 있지만 차이를 느끼지 못한다면, 우리는 그 기원의 체계에 대해서 의심하고 나를 점령한억압한 바로 그 위로 원본적인 데로 환원, 소급하여 사유하고 실천해야 합니다.

그렇다면 문자와 음성으로 기입inscriptio했던 사람들에 대한 저항적 성격을 어떻게 기입할 것이냐가 관건입니다. 여기서 필자는 기입이라는 개념을 사용하였는데, 역사적 시간과 공간 안에서 수많은 사람들이 절대 자유가 억압당한 채 권력의 타자체계에 의해서 기입된 것들에 대한 비판과 아울러 새로운 역사적 기입을 시도했던 사람들을 원본적 사실에서 해석해야 합니다. 더불어 그들이 증언testimonium했던 말과 행위문자와 음성에 대해서 가능한 한 원본적인 시각에서 풀어 밝혀야 합니다. 과거의 이야기들, 곧 역사는 어떻게 기억을 하고 있는지 그 시원적인 것을 평가하고 자연과 인간, 그리고 세계의 상호부조적 삶과 지평, 그리고 수평적 관계를 논해야 합니다.

기입은 관점 변경입니다. 종래의 위계적, 지배적, 권력적, 권위적 시선과 해석, 그리고 기록에 대한 통렬한 성찰이 요구됩니다. 시간과 공간은 어느 시대나 다 평등합니다. 자유에 기반합니다. 과거, 현재, 미래라는 시간과 공간은 누구에게나 균질적이고 똑같습니다. 과거의 인간가 현재의 인간를 위해서, 현재의 인간가 미래의 인간을 위해서 존재하지 않습니다. 기입은 늘 현재의 기입입니다. 현재의 자유, 현재의 해방이 아니라면 기입한다는 것, 역사에 자기 자신을 기입한다는 것은 아무런 소용이 없습니다. 현재의 '나'가 과거의 나, 미래의 나를 해석하고 소환하고 기획할 뿐입니다. 지금 여기에서 기입합니다.

지금의 기입이 흔적이 됩니다. 흔적을 따라서 소급하고 환원할 때 그 기원을 만나게 됩니다. 기입은 새기는 것scriptum입니다. 지금의 기입은 안으로 씁니다.in-scriptio 자기의 내면적 성찰의 기호로서 자기 자유의 시간과 공간을 창출하기 위한 흔적을 남기는 것입니다. 거기에는 지금 여기에서 누릴 수 있는 자유를 위한 흔적이 녹아든 것이고, 인간의 총체적 동일성과 개별성특수성 사이의 긴장의 각축장으로서 각 개별 인간의 삶의 기원을 밝히고 그곳으로 향하려는 몸부림과 다르지 않습니다. 그 기입은 자기 자신이라는 존재, 의식, 행위, 거칠게 표현하여 관념의 표기이자 자기 자신을 세계의 범주로서 오롯이 기입하려는 의지입니다. 예언자들이 그랬고 예수가 그랬습니다. 그들은 종교적 신념의 원본성을 찾아서 원본적 자아와 원본적 신 이해에 도달하였던 존재들입니다. 종래의 있다etre라는 위계적, 고정적 기준에서 벗어나서 새로운 역사 기입과 인간의 자유와 해방을 가져올 수 있는 증언testis 주체였습니다. 그들은 사활을 건 시공간의 맹세를 통해서 사람들 각자의 자아가 스스로 설 수 있도록 안내했습니다.

지금 여기에서 자신의 자유로운 행위와 사유음성과 문자로 기입하는 것은 지나간 삶의 억압당한 흔적들을 타파하고탈은폐, 오롯이

미래를 위해서 새로운 자유의 실험적 정신과 행위를 만들어내는 것입니다. 지나간 것만이 아니라 앞으로 반드시 있어야 한다는 어떤 책임과 당위성, 흔적, 사건화/담론화/현전화하는 것, 그것이 기입과 증언이 갖는 현상학적 의의라 할 것입니다. 개별 인간의 자유는 그 때 그 때 묻는 주체에 의해서 명료하게 사건화되어야 하기에 말입니다. 그 근원적인 것, 가장 원본적인 것이 아닌 것들을 폐기하고, 등장하는 절대 자유가 실현될 그 날까지 개별 인간과 개별 종교들의 인식론적, 존재론적 노력은 지금 여기에서의 절대 자유의 실현 가능성을 위한 한층 가까운 지름길을 확보하는 것이 아닐까 하는 생각을 해보게 됩니다.

2. 국가 없는 공동체, 고대 이스라엘

"너희의 하나님을 오늘 버리고 이르기를 우리 위에 왕을 세우라 하는도다"

이스라엘에게도 처음부터 집단주의 혹은 국가주의가 있었을까요? 아마도 각각의 독립된 삶을 인정하고 어떤 정신에도 종속되지 않는 삶을 영위했을 가능성이 높습니다. 개별 능력과 욕망에 대해서 존중하는 아나키즘의 형태를 띤 삶을 살던 그들에게 난데없이 국가라는 체제가 세워지기 시작합니다. 이때부터 소수는 다수의 지배를 강화하며 노예화한다는 사실을 뼈저리게 경험하게 됩니다. 이스라엘은 원래부터가 군주제가 아니었습니다. 샬롬, 곧 평화를 구현하고자 하는 보편공동체였습니다. 그들에게도 자율적 연합체가 있었을 것입니다. 카할qahal=ekklesia이라는 자발적인 공동체가 그것입니다. 노동수단의 집단적 공동 소유나 조합을 이루어 공동으로 일하고 임금을 분배하는 방식, 민주적 방식, 신정공동체, 지파공동체, 전문적

제의중심결합이 처음의 히브리인들이 살아가는 방식이었습니다.

이때 안식일의 이상적 시간 체계는 곧 모든 존재들의 무지배와 무착취, 무권력에서 벗어날 수 있는 체계적 장치였습니다. 유대인들은 지배자나 권력자가 쉬는 시간에는 노예도, 자연도 쉴 수 있는 원리를 착안하였습니다. 과잉생산을 절제하고 사회, 종교, 성직, 공장, 군대, 학교, 경찰의 전투적 욕구와 탄압에 힘을 빼는 시간이었던 것입니다. 프랑크푸르트학파 사회심리학자요 철학자인 에리히 프롬E. Fromm은 이 체계를 높이 평가하였습니다. 이 날 만큼은 지배계급과 피지배계급 없이no domination, 그야말로 아르케가 해체되는 날인 것입니다.no country, no government

개인이 집단으로부터 해체되고 다시 신에게 연결되기 위한 장치로서 안식일은 제격이었습니다. 그 날은 완전히 신의 날이었습니다. 그 날은 지배자와 피지배자, 인간과 자연의 위계적 질서가 타파되는 날이었습니다. 그 날은 어떤 것도 창조poeisis하지 말아야 하는 시간입니다. 창조는 신만이 할 수 있는 행위입니다. 창조적 노동은 신의 의지와 계획과 섭리에 따라서 6일 동안만 모방하면 됩니다. 7일째 되는 날은 신의 날이기에 창조의 주체가 쉬도록 해야 하고, 그에 따라서 인간의 창조적 모방 행위에 대한 반성과 성찰이 이루어져야 합니다. 그래서 안식일에 노동은 금물입니다. 오로지 신을 쉬게 하는 날이라는 샤바트sabbath는 인간의 아르케 혹은 아르코스가 무너지고 다시 그 다음의 안식일로 향하도록 재정비, 재정향하는 날이었기 때문입니다.

　이스라엘은 권력을 거부하는 이른바 토라 정치, 샬롬 공동체를 지향했을 것입니다. 그러나 월터 브루그만W. Brueggemann은 이스라엘에 샬롬공동체토라 공동체가 형성되기 이전에 에집트에서 벽돌을 생산하기 위한 노예집단생활을 이야기합니다. 벽돌집단생산노동자의 삶이란 명령, 지배, 착취, 노예생활을 일컫는 것이라면, 샬롬공동체는 배려, 공존, 평화, 쉼의 생활을 지향하던 삶의 방식을 말합니다. 벽돌공장시스템, 체계적 집단은 생산집단, 노예의 삶, 휴식 없는 삶, 억압과 이익을 생각하는 삶의 장소입니다.출 2:23, 5:1-9 나의 선택, 원본적 사유의 주체인 나는 명령을 내리는 위계적 지배자의 권력에 의해 선택권 없이 오로지 과잉생산에만 관심을 두는 폭력만이 난무하는 세계입니다. 거기는 나 아닌 나, 자유도 없이, 기술techne의 통제와 관료정치의 권력에 의해서 자기 삶의 주도권을 빼앗긴 채 살아갑니다. 삶의 주도권을 하나님이 쥐고 있는 것이 아닙니다. 위계적, 지배적 권력을 지닌 대행자에 의해 자신의 삶을 기입하지 못하고 엉뚱한 지배자나의 지배자는 하나님이다가 나의 삶의 책임자가 되어 근원자 노릇을 하려고 합니다. 나의 근원자를 하나님이 아닌 다른 책임자, 권력자, 명령자라고 생각하는 것이 '우상숭배'입니다. 따라서 벽돌공장시스템을 타파해야 합니다. 그것은 체계, 제도, 지배, 착취, 권력의 총체요 상징입니다. 벽돌공장시스템은 효율성, 잉여성, 생산량, 곧 압제, 힘, 양이 유능competence한 것으로 평가합니다.

에집트에서 탈출을 한 히브리인들은 종래의 지배적인 절대왕정 체제와는 다른 체제를 이루고자 하였습니다. 시내산 계약을 통하여 하나님만이 유일한 지배자가 된다는 것을 천명하게 되었던 것입니다. 이를 통해 히브리인들은 야훼 이외에 어떤 존재도 모두 평등한 존재라는 것, 그래서 누구도 왕이 되어서 다른 사람을 지배해서는 안 된다는 것을 각인시켰습니다. 모세와 같은 뛰어난 영도자도 왕이라고 불리지 않았던 이유이기도 합니다. 이들은 광야생활을 하면서 이스라엘이 나아가야 할 이상적인 정치 공동체를 꿈꿨습니다. 특히 만나와 메추라기 사건출 16장; 민 11:31은 개별적 인간의 사적인 욕심과 욕망을 절제하는 훈련을 하였습니다. 그들은 서로 나누면서 공존하는 법, 먹고 마시는 샬롬의 야훼 공동체를 맛보면서 그러한 정치를 체득하는 시간을 가졌다고 볼 수 있습니다.

가나안에 입성을 한 히브리인들은 이방민족과는 다른 정치체제, 곧 부족적 연합 공동체로 이어갑니다. 그들은 레위지파를 제외한 11지파들은 고루 땅을 분배받아 부족간의 연대를 하면서 살았습니다. 물론 레위지파는 이 연대를 위한 야훼 신앙을 확고하게 하는 역할을 감당했습니다. 고대의 다른 나라들과는 달리 이스라엘은 민주적 구성체, 곧 왕 없는 사회였습니다. 기원전 1200년경부터 약 200년 동안은 사사시대판관시대를 통하여 왕이 없는 부족시대의 원시공산제원시라는 말이 문제가 된다면, 순수 혹은 최초공산제 사회 성격이 등장한 것입니다. 이로써 이들은 민주적 협의체요 경제적 평등이 실현되는 계급적 착취가 없는 공동체였다는 것을 알 수 있습니다. 이러한 이스라엘 사회는 확대가족을 통하여 자급자족 단위의 경제 공동체를 일구며 살았습니다. 가장을 중심으로 아이들에게 이르기까지 이들에게 주어진 땅을 근간으로 먹고 살 수 있는 기반이 무너지지 않도록 땅의 매매는 철저하게 금지하였습니다. 이들은 자기 가족이 먹고 사는 토지 위에서 생산의 기본 단위가 무너지거나 위반하지 않도록, 확대가족의 범위를 넘어가지 않도록 엄격하게 규제하였습니다. 그것을 범하는 것은 하나님을 범하는 것이었습니다. 신 19:14, 27:17

더 나아가서 이스라엘의 확대 가족의 보호연합체로서 미스파하 혹은 엘레프 씨족, 문중, 갈래 사회를 발견할 수 있습니다. "미스파하는 확대자족 내에 상속자가 없을 때 만자 상속자를 공급하는 일, 땅을 보존하고 되찾는 일, 빚 때문에 노예된 자들을 구하는 일 등이 확대가족 내에서 처리되지 못했을 때 미스파하 내의 구성원에게 돌려졌으며, 이것은 히브리사회에서 친척들의 의무로서 규정"됩니다. 룻 2:20, 4:14; 신 25:9, 『함께 읽는 구약성서』, 한국신학연구소, 115 우리 한국사회의 친인척 혈연공동체나 두레공동체적 성격 같은 것과도 매우 유사한 것입니다. 이러한 미스파하는 확대가족들이 자유롭고 자율적 공동체의 기능을 갖고 문제가 발생했을 때 최후의 방책 역할을 했던 것 같습니다. 앞에서 말한 지파연합공동체도 주목할 만하다고 봅니다. 지파연합공동체는 우선 제의 의식을 공동으로 실시하였습니다. 그뿐만 아니라 지파들 상호간에는 군사적 방어체제와 법률적 공동체 기능도 수행하였습니다. 게다가 기근이나 질병 등으로 약해진 미스파하들을 위해서 사회경제적인 상호협조체가 가동되기도 하였고 어려운 처지에 있는 사람들을 위한 잉여생산물을 나누는 시스템도 구축하였습니다.

이러한 초기 이스라엘 사회에서는 야훼 종교를 중심으로 하는 동맹체와 자율적 기능의 연합체, 평등을 지향하는 사회문화경제적 체제가 실현되었습니다. 이를 통해 그들은 제의, 의식, 도덕적 훈련, 이념적 헌신과 사회 경제적 법률체제, 그리고 나아가 경제적 평등사회가 정착되었음을 알 수 있습니다. 하지만 블레셋이 점차 철기문화를 들여와 이스라엘의 평등사회를 위협하게 되었고 그에 따라 이스라엘의 지파연합공동체의 틈이 벌어지면서 "제한된 왕권"을 마련하게 되었습니다. 왕의 권한을 군사적 임무로 제한하고_{사울이 총사령관을 의미하는 nagid로 다윗이 왕melek으로 불리게 됩니다}, 임명도 종교 지도자에 의해서 하게 된 것도 제한된 왕을 선출하여 이스라엘의 왕은 하나님의 법에 근거해야 한다는 것을 분명히 합니다. 하지만 솔로몬의 벽돌 공장시스템을 운영하면서 절대지배체제로 인한 왕정체제가 위기를 맞게 됩니다. 그럼으로써 권력을 독점하려는 남북왕조의 분열된 국가주의로 끝나버리게 됩니다. 두 나라는 이제 과거의 지파연합공동체의 무계급적인 공동체를 망각하게 된 것입니다. 엘리사 이후, 예레미야와 같은 예언자들은 끊임없이 국가주의나 국가신학에 대해서 반기를 들고 비판하게 된 이유이기도 합니다. 이들은 이스라엘의 초기 이상공동체의 지파연합공동체의 평등주의적 이상을 계속 상기시켰습니다.

여기에서 나타난 사상이 바로 메시아 사상입니다. 이제 예레미야와 같은 예언자는 신적 대리자인 메시아가 나타나 정치를 펴야 한다고 생각했습니다. 예언자들은 이 메시아를 통해서 평등한 사회질서가 다시 건설될 것이고 지파연합공동체 혹은 씨족공동체의 평등 사회, 민중이 중심이 되는 사회, 강자와 약자, 지배자와 피지배자가 없어지는 평등한 사회가 시련될 것이라고 믿었습니다. 이른바 샬롬공동체였습니다.

샬롬은 사랑, 구원, 정의, 정의, 진리, 은총과 같은 긍정어를 연상하게 만드는 개념입니다. 샬롬공동체는 사자와 어린양이 인간과 평화로운 관계를 의미하는 것으로서, 이를 하나의 이상적 현실로 제시한 것은 그들의 오래된 비전이었습니다.사 41:10, 43장, 49장, 수평적 연대와 사랑 더 나아가 샬롬공동체는 모든 피조물을 포용하고 조화로운 관계를 지향합니다. 이사야 예언자는 자연계 안에서 서로 화해하는 상징성으로 표현합니다.사 11:6-9 남녀노소, 부자빈자, 모두가 연대적인 평안을 꿈꾸며 서로 나누고 서로 돕고 서로 결속된 관계로 살아갑니다.

창조, 재생, 소생의 주도권은 하나님입니다. 파괴와 창조의 주체는 하나님입니다. 그것을 대표하는 현실적 회복 기능과 창조의 시간을 재설정하는 것이 '안식일'입니다. 안식일이라는 삶의 의례를 통해 모든 것을 회복하고 비폭력 행위, 무지배의 시간이 이루어질 수 있습니다. 하나님은 효율성, 생산성에 의해서 사람을 평가하지 않습니다. 하나님은 쉼을 통해 평화로운 관계를 이룩하도록 합니다. 샬롬이란 쉼과 함께 서로를 위해 도움의 관계, 안전의 관계를 역설합니다.

이스라엘은 군주정치체제의 뼈아픈 경험에 대해 반성하고 모든 제도들이 목적이 아니라 수단이라는 것을 알게 됩니다. 군주정치, 곧 왕정이라 하더라도 왕은 토라Torah가 정치와 종교의 근본 실재라고 하는 사실을 인식해야만 했습니다. 사실 그들은 토라공동체였습니다. 그들은 정치든 삶이든 권력에 대해서 그 근원을 물을 때는 반드시 토라를 통해서 했기 때문입니다. 심지어 왕들도 왕좌에 앉아 있을 때 토라를 읽어야 했습니다. 토라의 핵심은 미슈팟mispat, 정의과 체데카sedeqah, 의였기 때문에, 군주는 토라의 규범을 통해서만이 법과 질서의 힘을 얻었습니다.

왕은 나라의 질서에 대해서 생각한다면, 예언자는 토라에 대해서 생각합니다. 토라의 현실은 정치로, 토라의 의례는 종교로, 토라의 언어말는 예언자의 중재로 나타납니다. 왕은 예언자의 말에 귀를 기울여야 하고, 예언자는 담대하고 건설적인 말로 조언을 합니다. 인류학적 시선에서 보면 말은 예언자의 독점권으로서 권력입니다. 말하기의 의례화는 정치로, 종교로 나타납니다. 그 사례가 '할례' 같은 것입니다. 할례는 종교를 몸으로 쓰는 의례입니다. 하나님과 몸으로 새긴 계약서입니다. 말이 신체에 각인기입됩니다. 이스라엘과 하나님은 영원한 계약서를 작성한 셈입니다. 달리 그것은 하나의 군주, 하나의 국가에 대한 저항입니다. 몸에 새긴 할례, 몸에 새긴 토라는 자신의 몸의 귀속성이 한 나라의 군주가 아니라 하나님 나라에게 있다는 것을 의미합니다. 그것은 국가, 체제에 대한 직접적 저항입니다. 나의 근원성, 나의 의식, 나의 신앙은 하나님에게 있지 국가 혹은 군주에게 있지 않다는 것을 보여주는 강력한 표지입니다.

이스라엘은 이웃나라와 같은 정치체, 군주적인 왕을 요구하여 홉스식의 정치, 곧 혼돈을 제어하고 안전과 결속을 위한 제도적 장치, 관리하기 쉬운 작위적 형태의 질서 유지를 원했지만, 그것은 늘 역사적 한계가 있음을 알고 있었습니다.삼상 8:5, 20 이스라엘의 기반은 관료주의적 제도인 군주제나 도시 문화로 무너졌습니다. 엘리트주의의 출현솔로몬 치하, 왕상 5:13, 9장,15장으로 예루살렘 성전건축을 위한 벽돌공장시스템이 재가동되면서 기술관료주의를 통한 지배계급과 피지배계급이 양산되었습니다. 기술은 사람들이 가진 각자의 특수성, 자기성자기 됨을 파괴하고 기술을 통한 지배계급을 더 강화합니다. 군주정치나 오늘날의 민주정치로 기술관료주의를 이용합니다.의료, 과학기술, 미디어, 디지털 등

이스라엘 뿐만 아니라 현대사회도 기술관료주의을 통제 수단으로 악용하면서 부자와 빈자, 지배자와 피지배자의 심연이 더 깊어졌습니다.L. Mumford 고아, 과부, 체류자, 무자격자, 자기성을 할당 받

지 못한 사람들에 대해 군주는 관료적 방식, 국가 기계적 방식으로 자격 특권을 배분합니다. 마찬가지로 법령제정벽돌공장명령법도 자격 조건을 설정하는 것입니다. 예언자는 이를 비판합니다. 샬롬공동체 혹은 토라공동체는 그것이 아니기 때문입니다.출 23:6-9; 신 10:18-19; 암 2:6-8; 사 1:17 군주제는 자격을 통제하지만, 샬롬공동체는 자격을 규제하지 않습니다. 기술관료주의는 왕이 타자에게 무엇인가를 강제로 강권적으로 할 수 있는 힘kraft과도 같습니다.J. Ellul

3. 예수의 하나님 나라와 비폭력운동

"내 나라는 이 세상에 속한 것이 아니니라"

　　예수가 자신의 의식에 따라서 혹은 당대 종교 비판에 의거하여 마치 종교를 창시하거나 유대교를 거부했다고 한다면, 그것은 그리스도교의 지나친 자의적인 해석에 지나지 않습니다. 예수의 급진성은 파괴destruction가 아니라 해체구성deconstruction입니다. 그는 유대교 자체의 시원성에 입각한 해석으로 유대교의 원본성을 풀어 밝혀줍니다. 유대교는 오랜 세월 하나님 사랑과 이웃 사랑에 대해서 말해 왔습니다. 아니 이미 기입했습니다. 신명기 6장에 의하면, 그들은 말로도 마음으로도 몸 구석구석으로도in 새기고 또 새겼습니다.scriptio 다만 유대교의 율법성이 문제였습니다.

　　정확히 말해서 율법의 문제가 아니라 율법의 정신을 제대로 구현하지 못하는 종교인의 행태가 문제였습니다. 예수의 율법 해석은 자명한 의미를 드러내는 데 있었습니다. 하나님이 원하시는 것은 사랑과 복수의 포기였습니다. 비폭력이 현실의 구체적인 내용이어야 하지 단순히 그가 원하는 것의 형식적 응답으로서는 부족한 것이었습니다. 예수는 타자의 용서 경험을 통해 곧 자기 자신의 용서를 경험한다는 것을 알았습니다. 따라서 예수는 가장 근원적인 신 개념에서 가장 근원적인 유대교의 의도를 현실화/현전화하였던 것입니다. 그는 하나님 사랑과 자비, 그리고 상호간의 용서는 율법의 핵심이라는 것을 꿰뚫어 보았습니다. 이것은 비성직과 비희생제의적입니다. 제의의 전복이요 체제의 혁명입니다. 따라서 예수의 종교는 형제의 종교요 대항자의 종교입니다. 종파의 구별 없이 동포를 사랑하는 인간의 형제애에 기반을 둔 종교입니다.눅 10:30, 17:16 이제 더 이상 성전의 종교가 아닙니다. 순수한 종교, 국가도, 조국도 없는 종교를 지향하는 것이 예수의 의도였습니다.요 4:21-23 이러한 면면을 들여다볼 때, 예수는 순전히 정신적이고 비정치적 예수E. Renan라고 해도 지나친 말은 아닐 것입니다.

예수는 급진적으로 계명을 해석하고, 급진적으로 윤리를 해석하고, 급진적으로 하나님 사랑을 해석했습니다. 예수는 자신에 대해서 가르치고자 한 것이 아니라 그 너머의 하나님의 '직접성' 혹은 하나님의 원본성에 이르도록 했다는 것입니다. 유대교는 선민이라고 해서 따 놓은 당상이 아닙니다. 그것은 개별적 요구 아래 놓여 있습니다. 윤리적 행위의 요구는 개인의 신앙을 위험에 빠뜨립니다. 그러나 사랑의 계명과 충돌할 경우, 사랑의 보편적 명령에 개별 신앙은 희생제의와 제도, 국가, 자본, 체제도 거부할 수밖에 없습니다. 따라서 예수의 회개 요구는 전적인 태도 변경입니다. 어중간한 것을 요구하는 것이 아닙니다. 받아들일 것이냐 말 것이냐 혹은 할 것이냐 말 것이냐의 문제입니다. 그것은 본래적인 나, 원본적인 나의 존재로의 환원, 소급하여 하나님 앞에 자신을 위치시켜야 합니다. 그것이 형식과 제도와 율법성과 체제와 민족과 인종을 운운하는 바리새인들과의 다름입니다. 예수가 원했던 신앙의 원본적 사실성은 거기에 있습니다.

그렇다면 예수가 최초의 그리스도교 아나키스트로 일컬어지는 이유는 무엇일까요? 우선 그가 당시 시대가 지닌 체제, 제도, 종교, 법, 권력, 국가에 저항했다는 데에 있습니다. 당대를 고인 물로 만들고 있는 유대교의 종교성과 로마 식민제국주의에 대한 비폭력적 저항운동은 종교가 갖는 아르케, 인간이 갖는 아르케를 철저하게 고민했을 것입니다. 그로 인해 기득권은 체제, 제도, 법, 사회, 관습, 의례제의를 혁파/해석하는 그를 불편하게 생각했을 것입니다. 종교를 작동시키는 힘, 욕망, 의지, 심지어 시간안식일 체제과 공간성전 체제에 대한 새로운 문제제기는 기득권자들을 당혹스럽게 만들었습니다.요한복음서 2장의 성전청결사화, 산상설교의 윤리적 요구사항, 세속국가와 하나님 나라 차이, 마가복음서 12장의 세금 체계에 따른 무국가적 입장, 누가복음서 8장 19-21절의 무가족적 입장 그 때 그 때 조직, 제도, 국가의 억압, 강권, 강제는 예수로 하여금 근원적인 원칙arche, 근원적인 개입, 근원적인 현존ousia으로 향하도록 하였습니다. 그러면서 그 근원적인 것에 대해서 증언하는 혁명가가 되었던 것입니다.

예수는 고정된 개념을 다르게 말하며, 절대적 신앙명제라고 하는 것을 상대화시켜 오히려 절대적 명제라고 말하는 주체 너머의 더 근원적 명령을 수행하도록 촉구하였습니다. 특히 예수의 종말론은 예수가 이상주의자요 아나키스트라는 것을 명시적으로 드러내줍니다. 메시아의 표징마 11:5은 계급이 전도되고 권력을 잡은 사람들을 비천하게 됩니다.요 17 하나님 나라는 그런 의미에서 전복적입니다. 권력자위정자는 하나님 백성의 원수로 여기고, 예수는 권력자나 부자의 자리에 올라가지도 않으며 부와 권력을 없애려고 할 뿐 그는 탈취하지는 않습니다. 물질은 관념의 표적이요, 사람들로 하여금 부와 권력자를 떠받들라는 것은 가증스러운 것입니다.눅 16:14-15

독일의 탁월한 신약학자 한스 콘첼만H. Conzelmann에 의하면, 인간의 자유와 하나님의 지배보살핌는 양립할 수 있습니다. 창조주 하나님, 세계 통치자 하나님이라는 것을 분명히 인식하면 되는 것입니다. 다시 말하면 삶과 신앙의 주도권을 인간이 갖고 싶다면 그 근원적인 삶의 주도권이 하나님에게 있다는 것을 인정해야 한다는 것입니다. 하나님 나라의 도래를 선언하는 "하나님의 나라가 가까이 왔다"라는 전언이 바로 그러한 인식의 전환을 갖게 만듭니다. '가까이 왔다'라고 번역되는 그리스어는 'engiken'입니다. 이는 시공간적인 가까움을 의미하는데, 이 때 나라는 하나님 자신에게서 옵니다. 인간에 의해서 만들어지는 것이 아닙니다. 하나님 나라의 주도권은 인간에게 없습니다. 예수에게 있어 하나님 나라는 정신의 나라이자 정신의 혁명을 일컫는 것이었습니다. 가이사의 것은 가이사에게, 하나님의 것은 하나님에게 바치라는 현명한 처신은 정치와 무관한 듯하면서도 정치적인 발언이었습니다. 그것은 당시 포악한 권력에 맞서는 예수 스스로 위험에 노출시키는 행위였습니다. 이것은 아마도 조국, 국가가 전부가 아니라는 것, 인간은 시민 이전의 것, 시민 이상의 존재라는 것, 곧 진리의 세계를 천명한 것입니다. 하나님의 나라는 "제사도 없고 신전도 없고 사제도 없는 순수한 종교"로서 자격이 있으면 누구든지 차지할 수 있다는 것은 파격이었습니다. 이러한 주장은 분명히 신정정치의 맹아를 잇는 것으로서 공화국, 도시국가, 법률은 그 하나님의 나라와는 적대관계일 수밖에 없습니다.마 8:21-22; 눅 9:56-62

르낭E. Renan에 의하면, 예수에게 있어 가족이나 친족 관계는 대수로운 것이 아니라는 것을 분명히 했습니다. 가족은 그를 사랑하지 않았으며마 13:57; 막 6:4; 요 7:3절 참조 그 또한 가족이나 혈연에 대해서 별로 중요하게 생각하지 않았습니다.마 12:18-40; 막 3:33; 눅 7:21; 요 2:4 그는 인간적인 세계에서 중요하다고 평가되는 가치인 혈연, 사랑, 국가조국를 넘어서 새로운 진리와 선함의 가지를 설파했습니다. 제도적 성전을 둘러엎은 도발적 행위, 회당의 제도에 대한 저항과 거부만 보아도, 예수는 혈통의 교만과 싸웠던 단순히 유대인이 아니라 혁명가라고 해야 할 것입니다. 그런 의미에서 예수가 반성전주의자였다는 것막 14:58은 반권력, 반체제, 반제도, 반권위, 반강권, 반정치, 반정부반로마, 반이스라엘?인사였다는 것을 말하는 것은 아닐까요? 여하튼 그는 모든 사람을 하나님의 자녀라고 하는 반열에 올려놓음으로써 유대인의 권리가 아닌 보편적 인간의 권리, 유대인의 종교가 아닌 인간의 종교, 유대인의 구원이 아닌 보편적 인간의 구원을 선포했습니다. 그에 의해서 이른바 보편적 종교가 세워진 것입니다.

　　독일의 저명한 성서학자 에른스트 케제만E. Käsemann이 『예수는 자유를 의미한다』는 저서에서 밝히고 있듯이, 예수가 샬롬 공동체를 이어받아 낡고 억압적인 현실, 착취, 불평등으로부터 모든 존재자를 자유롭게 합니다. 이제 더 이상 억압, 강제, 강권, 강탈, 노예의 삶이 아니라 자유와 해방의 삶이 펼쳐지는 것입니다. 늙은이-젊은이, 부자-빈자, 백인-흑인, 보수-자유, 남성-여성, 인간-자연동물이라는 이분법적, 획일적, 위계적 삶은 전체적 삶으로, 자유로운 삶으로 전화轉化함으로써 그것이 샬롬의 실체 곧 하나님이 원하시는 아르케임을 분명히 합니다. 샬롬이 아나키와 공통적 삶이라고 하는 것은 바로 강제와 억압, 분열을 종식시키고 완전한 자유, 창조적 자유, 시적 자유미적 자유를 인간의 궁극적 삶의 원형arche, archaic; 태곳적 삶의 시작이었음을 깨닫게 해준다는 점입니다. 예수는 샬롬공동체의 전승에 따라 무자격의 자격을 논합니다. 시원의 시원을 논했다고 말할 수 있습니다.눅 14:15-24; 마 20:1-16; 눅 7:36-50; 눅 14:1-5; 눅 7:22; 눅 10:29-37; 눅 15:11-32 예수가 안식일법을 대대적으로 공격했던 것도 토라토라공동체가 구현하고자 했던 본래의 하나님의 정신이 퇴색되고 기술관료주의, 군주제를 실현시키는 강제적 자격조건을 설정하는 수단으로 보았기 때문입니다.

예수는 제자들을 향해 오히려 종이 아니라 친구라 하겠다고 했습니다.요 15:15 계급이나 위계가 없었습니다. 랍비니 선생이니 아버지니 하는 존칭어를 사용하지 못하게 했습니다. 자연은 만인의 소유이며, 재산입니다. 재물은 가난한 자에게 팔아서 나눠주어야만 합니다. 재산 공유는 새로운 사회의 규칙이며 이상을 위해 현실과 싸우는 매우 민감한 민중운동의 한 측면이었습니다. 그 실질적 행위인 빵 나눔은 사귐이요 상호연계고전 10:16-18나 다름이 없었습니다. 그는 재산보다 인간, 사적 이익보다 공적 이익, 생산성보다 복지행복, 능력보다 인간의 존엄성, 눌린 자를 위한 힘도움에 관심을 가졌습니다. 예수는 잠정적이고 표층적인 지상의 왕이나 왕국을 해체, 전복시키고 샬롬공동체를 자유로운 삶의 현실태로 생각했습니다.

예수에게 탄생이란 키르케고르가 말하듯이 세상과의 연합입니다. 그러나 연합을 유일한 주인으로 섬기기 어렵습니다. 예수는 방 없이 태어난 존재입니다. 십자가에 못 박힌 예수는 말horse과의 연합이었을 뿐입니다. 그는 가족 없이 존재합니다. 가족과의 연합 없이 태어났습니다. 국가의 왕은 그를 경멸했고 멸시받는 가족은 어린 아이와 함께 도망을 할 수밖에 없었습니다. 그런 의미에서 그는 조국도 없었으며 단지 거룩한 나라에 속할 따름이었습니다. 따라서 실존은 한 주인만을 섬겨야 합니다. 실존은 세상에서 단독자입니다. 최소한의 연합이라도 있는 실존에게 하나님 나라는 불가능합니다. 그는 어디에도 누구에게도 귀속되거나 구속되지 않습니다. 어머니도, 형제자매도, 친인척도 없습니다.^{막 3:34-35} 따르는 자는 어떠한 연합도 없습니다. 예수는 말합니다. "나의 나라는 이 세상에 속하지 않는다." 이것은 단독자로서의 실존만이 자기 자신에게 향하기 위한 위대한 능력임을 알려줍니다. 그는 오로지 무^{nothing}밖에 없습니다. 가족과도 연합하지 않으며 조국도 없으니 그의 소유는 오직 무였음을 입증해줍니다. 그의 삶에서 무는 자신이 기입할 수 있는 최소한의 흔적이었으며 이것은 하나님 나라, 거룩한 나라의 최대의 증언이었습니다.

4. 아나뱁티스트

"참 자유는, 어느 누구의 노예도 되는 것을 말하는 것이 아니랍니다"

    모든 그리스도인은 성령에 의해서 태어난다는 신앙과 교리에 근거한 재세례아나뱁티스트신앙은 성직자 중심이 아닙니다. 재세례파 신앙에 따르면, 성직자만이 하나님의 뜻을 해석하는 특권을 갖고 있지 않습니다. 그리스도교, 곧 재세례파는 성령의 활동에 의해서 형성된 공동체이기 때문입니다. 그러한 신앙을 견지하기 때문에 소유의 포기는 그리스도 안에서 죽고 다시 사는 사람이라는 표지이며, 그리스도의 몸에 자기 자신을 완전히 헌신한다는 것을 의미합니다. 이에 재세례신자들은 공동의 지갑common pulse이 있어서 이웃과 나눔의 삶, 곧 고아, 과부, 가난한 사람들을 위해서 경제적 나눔의 삶을 나누어야 한다고 믿고 있습니다. 또한 예수와 함께 고통을 받으며, 폭력을 통해 다른 사람들에게 고통을 주어서는 안 된다고 생각합니다.

특히 재세례파에서 매우 중요한 인물인 메노 시몬스M. Simons,
?-1561도 폭력을 금지하고 원수를 사랑해야 한다고 주장했습니다.
메노의 종교개혁은 성서의 권위, 곧 신약성서의 권위에 호소하는
것이었습니다. 따라서 이신칭의를 말하면서 유아세례를 베푸는 것
은 모순된 행위라는 것입니다. 그는 국가의 합법적 승인을 받고 국
가로부터 후원받는 국가교회는 이름만 자랑한다고 비판하였습니
다. 그는 국가교회를 일컬어 위선적인 거짓말쟁들이라고 비난을 멈
추지 않았습니다. 그에 의하면 민족교회Volkskirche, 국민교회 영토교회
Landskriche, territorial church, 영방교회는 교회가 타락한 모습일 뿐이었습니
다. 국가교회와는 다른 자유교회Free Church는 어떤 정부나 정부의 도
움을 받지 않는 교회를 지칭하는데, 이는 말 그대로 국가의 권력으
로부터 자유로운 교회, 국가의 법에 지배 받지 않는 교회를 의미하
였습니다.

그러므로 국가교회의 성직자들은 그리스도의 십자가 밑에서
자유롭게 자원하여 기쁘게 봉사하는 사람들이 아닙니다. 단지 국가
의 세금을 받아먹으면서 세상적으로 보호받는 사람에 불과합니다.
아나뱁티스트들이 이러한 신학적 입장을 취함에 따라서, 실상 엄청
난 핍박을 받았음에 불구하고, 찬송가는 정치적 성격을 띠지도 않
았고, 정치적으로 반응하지 않고 오히려 경건함을 표현하는 신앙수
단이었습니다. 그런 의미에서 유아세례는 단순한 체제에 대한 저항

을 넘어서 국가교회를 거부한 근본적 '상징'이라고 할 수 있습니다. 이에 메노 시몬스는 오직 믿음에 기초한 세례만이 의미 있는 헌신을 가능하게 할 뿐이라고 생각하였습니다. 그리스도인은 하나님과 일치하지 않는 모든 것을 거부하며, 어떠한 세속적인 통치에 참여해서도 안 되는 것이었습니다. "참 자유는 그리스도 안에서 하나님 나라의 백성으로 살아가며, 어느 누구의 노예도 되는 것을 말하는 것이 아니랍니다." "우리는 모든 남녀들이 힘과 강요에 의한 것이라기보다는 신앙과 양심에 따라 누리는 자유에 대하여 알기를 원하는 것이지요." 이러한 시각에서 볼 때, 그는 세례가 믿음을 따라가는 것이지, 믿음이 세례를 따라가는 것이 아니라고 하였습니다. 그의 논지는 확고했습니다. 예수를 믿는 자는 자발적으로, 의도적으로 신자들의 교제 속에 들어오는 공동체Gemeinde여야 한다는 것이었습니다.

이러한 신앙적 입장에서 생각해보면, 갓난아이는 회개할 수 없기 때문에 세례를 받도록 해서는 안 되는 것이었습니다. 세례란 예수의 제자가 된 신자에게만 베풀어야 한다는 것입니다. 따라서 유아세례는 구원과는 아무런 관계가 없습니다. 죄에 대해 책임성을 물을 수 없으니 심판을 받지도 않습니다. 또한 신자들의 세례는 각자개별, 개인가 믿어서 하나님의 가족들교회의 일원이 되는 것입니다. 주의 만찬성례전은 공동체성을 나타내는 표지입니다. 나아가 성직자가 아니라 성령만이 성서를 해석하고, 빛을 비추어 기록된 말씀이 살아 있도록 하시는 분입니다. 아나뱁티스트들은 체험적인 신앙을 강조하였기 때문에 집단적 개종이 아니라 개별성, 개인, 곧 나 한 사람을 위하여 예수는 십자가를 지셨다고 고백했습니다. 교회는 믿음이나 사랑을 강요해서도 안 되며 양심의 자유, 관용 정신에 근거하여 국가나 권력으로부터 분리된 영적인 기관이어야 한다고 못 박았습니다.

비록 아나뱁티스트들이 명시적인 아나키스트가 아니라 할지라도, 즉 세상의 질서를 위해서 하나님께서 정부를 제정하셨다는 믿음을 가졌다 하더라도, 그리스도인들은 그리스도의 완전함을 따라, 세상 사람들의 통치를 떠나 다른 삶을 살아야 한다고 철저하게 믿었습니다. 그러나 한편 정부는 그리스도교적이지 않지만, 하나님의 말씀에 대적하지 않는 한 정부의 권위에 따라야 한다는 생각도 가지고 있었습니다. 무턱대고 정부를 반대하지 않았다는 것입니다. 물론 오롯한 무저항주의 아나뱁티스트들은 예수를 따르는 사람들은 세상과 완전히 분리되며, 세상을 떠나야 한다는 분명한 입장을 취했습니다. 그간의 왜곡된 평가와는 달리, 아나뱁티스트들은 궁극적으로 성서적 바탕에서 그리스도교적 전통을 수용하고 이해하는 것뿐만 아니라 언어, 전례, 건축, 상징, 미 등을 하나님의 자비로운 보좌에서 흘러나오는 구원의 관점에서 봐야 한다는 지배적인 생각을 가지고 있다고 볼 수 있습니다.

이를 통해 아나뱁티스트의 신앙적 토대는 하나님 혹은 성서에 따른 복종의 삶과 제자도에 있다는 것을 알 수 있습니다. 아나뱁티스트들이 이러한 신앙적 전통을 갖게 된 데에는 다 그만한 이유가 있었습니다. 아나뱁티스트적 전통을 가진 후예들은 메노나이트Men-nonites, 후터라이트Huterites, 아미쉬Amish, 간접적으로는 퀘이커교도, 침례교, 그리스도 안에서 형제교회Brethren in Christ Church 등입니다. 이들은 16세기 교회로부터, 그리고 정치적 상황에서 박해를 받았습니다. 종교개혁자이자 장로교의 창시자라 할 수 있는 칼뱅J. Calvin은 유아세례를 반대한다고 해서 스페인의 개혁적 신학자 미하엘 세르베투스M. Servetus를 제네바 시의회를 거쳐서 화형을 시키는 참극의 주인공이 되었습니다. 루터M. Luther는 뮌스터 아나뱁티스트들을 무자비하게 진멸하는 오점을 남기고 말았습니다. 칼뱅, 루터, 츠빙글리U. Zwingli는 관료적 혹은 관료후원적magisterial 종교개혁자들이었습니다. 이는 개혁의 과정에서 세속의 권력자들이나 부유한 실력자들과 결탁하였기 때문입니다. 그들은 세속적인 힘을 통하여 정치적 후원을 받음으로써 세속 정권으로부터 교회를 자유롭게 하지도 못하는 결과를 초래하였습니다. 이것은 원시 그리스도교 공동체의 "신자들의 교회"Believer's Church라는 본래의 모습을 실현하지 못했다는 것을 의미합니다.

그렇다면 관료후원적 혹은 관료친화적 종교개혁가들이 왜 문제가 될 수밖에 없었을까요? 유아세례는 정치와 교회의 합작품이라는 것 때문이었습니다. 당시 갓난아이가 태어나면 그 지역의 행정 관청에 호적신고를 하고, 동시에 그 관청 관할 지역의 교구 교회에서 유아 영세를 받으면서 자연 교적 신고를 하게 되어 있었습니다. 중세의 상황에서 유아세례는 국가와 종교를 잇는 중요한 기능을 하였던 것입니다. 신자에게 세례를 준다는 것, 세례를 통해서 교회에 일원이 된다는 것은 달리 보면 국가교회에 의해서 교회 구성원이 되는 종래의 절차에 철저하게 도전하는 것이나 다름이 없었습니다. 국가교회는 교회와 국가 사이의 상호협력과 지지와 합법화를 통한 정치적 타협이었기 때문입니다.

따라서 교회와 국가, 혹은 종교와 정치는 분리되어야 한다고 고수하는 급진적 종교개혁가들 혹은 재세례파 종교개혁가들에게는 유아세례는 부정할 수밖에 없는 예식이었습니다. 그래서 아나뱁티스트들은 종교개혁의 좌파들, 종교개혁 속의 종교개혁, 항의자들에 대한 항의자들protestants against protestants, 루터로부터는 '광신자들'Die Schw rmer이라고 불리기도 하였습니다. 에른스트 트뢸취 같은 종교사회학자는 그리스도교를 교회형 그리스도교church-type christianity와 종파형분파형 그리스도교sect-type christianity로 구분하였습니다. 전자는 교리와 신조를 중시하고 전통과 권위를 강조하면서 성례전 중심의 예배를 드리는 성직계급제도, 관료주의체제의 그리스도교를 일컫는 반면에, 후자는 자발적이며 하나님을 향한 개인주의적 신앙을 추구하면서 체험적이고 설교 중심의 예배를 드리는 것은 물론, 성직자 중심의 그리스도교가 아닌 평신도, 특히 여성 참여적 교회를 가리킨다고 주장하였습니다. 그는 이러한 분석에 따라서 아나뱁티스트 운동을 바로 분파형 그리스도교로 보았습니다. 이들 중에는 모라비아의 "지팡이 소지자" 분파들Stabler, Staff-bearers로서 야코브 비데만Jacob Wiedemann을 추종하는 비폭력평화주의자들이 있었습니다. 이들은 무기소지를 거부하고 전쟁참여를 반대하는 무리였습니다.

아나뱁티스트들은 그 무엇보다도 평화를 사랑하고 평화를 우선으로 하는 사람들입니다. 그러기 때문에 "네 원수를 사랑하라", "살인하지 마라"는 말씀을 문자 그대로 믿고 순종해야 합니다. 어느 누구에게라도 항거하거나 공격하거나 죽이거나 심지어 상처를 입혀서도 안 됩니다. 교회는 정복하는 교회가 아니라 고난받는 교회요 순교하는 신자를 자처해야 한다고 역설합니다. 세상적인 가치관이 승리, 정복, 무력, 부, 폭력이라면 교회는 자기 부인, 자기 십자가를 지는 삶, 양보, 순교의 천상적인 가치관에 따라서 사는 삶이 평화의 방법입니다. 폭력이나 무력을 통한 강제적 세속 권력은 이 땅의 하나님 나라 건설을 위한 하나님의 방법이 아닙니다. 아나뱁티스트들의 시선으로 볼 때, 국가는 단지 현세적인 문제, 질서 보존, 범법자 처벌에 책임이 있고, 믿음은 하나님의 선물이기 때문에 국가의 강제에 의해 결코 강요될 수 없습니다. 나아가 국가는 개인의 영적 문제에 관여하거나 권위를 행사할 수도 없습니다. 감독하거나 간섭할 권리도 책임도 없습니다.

따라서 성서적 아나뱁티스들은 국방의 의무를 감당하기 위해 무기를 소지하는 것을 거부하였습니다. 때로는 국가에 세금을 납부하는 것에 대해서도 항거하면서 급진적 평화주의 혹은 무저항주의의 태도를 취하기도 하였습니다. 아나뱁티스트들은 평화란 본질적으로 그리스도의 삶의 모범과 가르침을 따르는 것에 큰 이견이 없습니다. 이들은 믿음만이 아니라 그리스도를 따라감Nachfolge-following을 신앙의 좌표로 삼고, 특히 산상설교를 실제적인 삶으로 받아들였습니다. 그래서 전쟁에 참여해서도 안 되는 것은 물론이거니와 살인, 보복, 도륙, 핍박, 도둑질, 강포, 약탈, 방화, 정복도 할 수 없다는 무저항과 관용에 기반한 신앙생활을 하였습니다. 당연히 병역을 거부할 수밖에 없는 것이었습니다.

아나뱁티스트들에게 있어 단순히 정치적 효율성이나 실용적인 대안이 아닙니다. 이것은 거듭 강조하거니와 예수 그리스도를 본받는 삶의 근거입니다. 오히려 폭력은 지배체제에 순응하는 행위입니다. 그러므로 아나뱁티스트들의 '능동적 비폭력주의'는 삶의 기술로서의 전술이나 수단이 아니라, 그리스도를 본받기 위한 영성이자 예수의 사랑을 보여주는 실재적 증거라는 것입니다. 이에 따라 아나뱁티스트들이 세속국가의 공무원이 되거나 반대로 공무원이 아나뱁티스트 회원이 되는 것을 거부하였습니다. 이에 대해 세속국가의 필요악을 인정하거나 주민들을 외적의 침입으로부터 보호하는 방패 역할을 해야 한다고 생각하는 입장이 서로 대립하는 경우가 있었습니다. 전자에 초점이 맞춰져 있는 이들은 하나님의 요구를 정부의 요구보다 우선시함으로써 그리스도인은 그리스도의 왕국시민이지 이 세상 왕국의 시민이 아니라는 입장을 내세웠습니다. 또한 교회

조직이나 신조주의을 중요하게 여기지 않았기 때문에 전쟁세, 군복, 경찰복을 착용하는 것에 대해서 반대하였습니다. 이러한 신앙적 태도를 통해서 후터라이트 형제회 같은 공동체에서는 절대적 평화주의를 옹호하였습니다. 이들의 비폭력주의는 교회의 정치적 방식과 영적인 방식을 구별하는 것으로서 편재해 있는 무력 사용을 원천적으로 거부하는 것을 의미합니다. 이를테면 아군의 군대가 승리하기를 바라는 기도, 전쟁을 승리하는 축하의식, 전투하는 군대에 선교사들을 대동하는 것과 같은 일은 있을 수가 없다는 것입니다. 이러한 절대적 평화주의 혹은 절대적 비폭력주의의 근원이 되는 '샬롬'은 하나님과 인간의 평화뿐만 아니라 적들 사이의 화해, 분열된 인격의 치유, 전쟁무기에서 농업용 기구로 변형, 부정과 억압의 제거, 속박으로부터의 자유, 창조세계의 보전 등을 포괄하는 것입니다. 심지어 아나뱁티스트는 '선택'을 위한 의사결정과정의 '속도'가 매우 느린 것으로 알려져 있습니다. 그 이유는 '과정'이란 선택을 위한 메노나이트식의 처방전이라는 매우 진중한 평화론에 입각한 것이기 때문입니다.

하지만 아나뱁티스트들 중에서는 후자의 무게 중심을 둘 경우에, 하나님 나라 건설을 위해서 경건한 자들이 무기를 들고 싸워야 한다고 주장하였습니다. 게다가 세속적 공무원이 되어서 빛과 소금의 역할을 감당해야 한다는 현실적인 정치적 입장을 내세우는 아나뱁티스트들이 있었습니다. 사유재산에 집착하는 것은 근원적인 죄라고 주장하면서 온전한 재산공유공동체를 주창하는 무리도 있었습니다. 이와 같은 전통 속에 있었던 후터라이트들은 그리스도교적인 무소유의 삶을 실천하면서 모든 소유권를 하나님께 드리는 것을 원칙으로 하였습니다. 그럼으로써 청지기적 책임과 권리를 가진다는 입장에 굳게 서 있었는데, 이는 물질에 얽매이지 않는 자유로운 삶을 영위하기 위함이었습니다. 이것은 예수의 말씀에 입각하여 하나님과 재물을 겸하여 섬길 수 없다는 데에 뜻을 두고, 재물을 집착하는 것은 맘몬을 섬기는 것이라고 보았기 때문입니다. 이러한 맥락에서, 아나뱁티스트들이 볼 때, 무엇보다도 고려되어야 할 사항은 유아세례가 성서적 근거가 불충분하다는 사실입니다. 아나뱁티스트들이 유아세례를 거부하는 근본문제는 성직자나 부모가 어린 아이의 대리자나 중보자 역할을 한다는 점이었습니다. 그들은 혈통이나 육정으로 하나님의 자녀가 되는 것이 아니라는 성서적 가르침에 위배된다고 보았기 때문입니다. 오직 예수 그리스도만을 중보로 직접 하나님께 나아가야 한다는 신앙일념은 유아세례를 단호하게 거부할 수밖에 없는 것으로 만들었습니다.

세례는 성직자의 의식이 아니라 세례를 받는 신자의 의례예식입니다. 성직자가 죄사함과 구원을 뿌려주는 예식이 아닙니다. 이로써 아나뱁티스트는 성직자 중심이 아니라 평신도 중심이라는 것이 명백하게 나타난 것입니다. 게다가 아나뱁티스들은 세례를 받을 때, 믿음의 주체, 혹은 고백의 주체가 누구냐 하는 것이 매우 중요하였습니다. 아나뱁티스트를 생각하면, 분리separation, 불순응non-conformity, 다름being different, 독특한 정체성unique identity이 떠올려집니다. 아나뱁티스트는 분리를 미덕으로 삼고 그리스도를 따르는 삶, 그리스도를 규범과 가치로 여겼다는 것을 알 수 있습니다. 아미쉬는 1693년에 야코브 암만Jacob Amman이라는 지도자의 이름을 딴, 스위스 재세례파로부터 분리된 사람들의 자손을 의미합니다. 아미쉬 공동체의 성격 또한 자신들을 세상으로부터 분리하고 사회적 비순응주의를 강조하는 삶을 추구한다는 측면에서 여느 아나뱁티스트들과 크게 다르지 않습니다. 심지어 아미쉬는 신자들이 징계 받은 사람들과 음식도 함께 먹어서는 안 되며, 함께 사업도 교제도 해서는 안 된다는 급진성을 갖고 있습니다. 이들은 사회와 국가가 모두 악의 세력에 의해 지배되고 있다고 믿었기 때문입니다.

이와 같은 아나뱁티스트의 영성을 삼차원의 영성으로 규정할 수 있을 것입니다. 즉 아가페 사랑과 원수 사랑을 실천하는 그리스도인은 원수를 사랑할 수 있을 때 비로소 하나님을 사랑할 수 있다는 논리입니다. 아나뱁티스트에게는 '~한 대로 ~하라'는 예수가 살아가신대로 그분의 제자도 그렇게 살아야 한다는 일치의 원리를 아무리 강조해도 지나치지 않은 가장 기본이 되는 신앙원리인 것입니다. 그에 따라서 아나뱁티스트는 예수님을 따르는 삶Nachfolge Christi, 신앙공동체 혹은 공동체Gemeinschaft에 대한 충성, 철저한 복종, 한결같은 겸손Demut, 섬기는 삶이웃섬김, Dienst am Nächsten, 비폭력 태도, 참된 증거Zeugnis, Besein, 복음증거, 제자도Jüngerschaft, 포기놔둠, Gelassenheit; 무력의 포기, 폭력의 포기, 자기 욕망의 포기 화합Friedensfertigkeit 등을 신앙과 삶의 원리로 삼았습니다. 특별히 포기초탈는 나눠줌과 절대적 수용과도 맞닿아 있습니다. 이는 결과에 초연하고 자기 자신의 보호를 전적으로 거부하는 영성입니다. 나아가 그리스도와 성서에 순종하며 권력과 부유함을 포기하는 것뿐만 아니라 비폭력과 세족식도 이와 같은 겔라센하이트의 영성과 다르지 않습니다. 아나뱁티스트의 이러한 신앙적 삶은 그리스도인이란 "하나님의 나그네 된 백성"이라는 것을 깨닫게 해줍니다.

예수는 삶의 모범이자 친구라는 예수 접근법을 신앙과 삶의 제1원칙, 제1원리로 삼고 성서해석은 성경을 이해하는 공동체적 행위라는 것, 그래서 성령의 음성에 주의를 기울이는 평범한 그리스도인도 성경을 해석할 수 있다는 수평적 관계를 잘 말해주고 있습니다. 그럼으로써 교회 안에서 이루어지는 설교란 참여와 초대를 불러일으키는 상호소통적인 것이요 말씀 안에 거하기Lectio Divina, 거룩한 독서를 실천하는 행위에 토대를 두고 있습니다. 이에 교회란 상호책임성, 제자도, 영성과 경제의 상호연관돌봄을 중시하는 공동체라는 것을 나타냄으로써 평화는 복음의 핵심이라는 것을 누누이 강조하고 있습니다. 아나뱁티스트는 기존의 제도적 습관에 따르지 않으려고 합니다. 항상 중심에서 주변으로, 주류에서 소수로, 정착민에서 일시체류자로, 특권층에서 다원주의 사회 속으로, 지배자에서 증인으

로 이동하는 여정이라는 것을 잊지 않습니다. 이러한 태도는 재산
공유를 넘어선 '상호부조'를 실천하는 데까지 나아갔습니다. 그들
은 자신들의 개별 재산과 소유를 가지고 있었지만 언제든지 어려움
에 처한 사람들을 만날 때면 자발적으로 기꺼이 나누어 주었습니다.
궁핍에 처한 이들의 필요에 우선 순위를 두고 나눔을 실천하는 것은
자비가 아닌 정의의 실현에 있었습니다.

특히 아나뱁티스들의 상호부조는 자원을 나누는 문제가 아니
라 경제 영역에서도 예수의 제자로서 어떻게 살아야 할지를 고민하
게 합니다. 단순함과 자족은 기존의 문화와 가치관에 대한 반문화적
이며, 이는 상호협력을 통하여 자본 공급의 원활하도록 돕는 역할을
합니다. 이로써 개인 소유의 재산이 극단적인 개인주의와 소비주의
의 문화를 거스도록 하는 데 일조한다고 볼 수 있습니다. 이것은 육
화incarnation, 곧 '물질이 중요하다'matter matters는 가치를 통해서 예수
의 인성에 토대를 둔 평화의 헌신을 보여주고 있습니다. 이것은 아
나뱁티스트의 "먹지 않으면 모임도 없다"는 이른바 식탁교회혹은 밥
상교회, table churches 혹은 밥상예배table liturgies에서도 잘 드러난다고 하
겠습니다.

5. 반체제의 이상주의자-토마스 뮌처

"당신들은 군주에게 아양 떨지 마라"

    토마스 뮌처Thomas Münzer, 1490-1525를 기술한다는 것은 불편한 진실을 대하는 것처럼 쉬운 일이 아닙니다. 종교개혁자교회쇄신자, Reformation들의 시선에 사로잡힌 지난 500년의 세월 동안 그들에 의해서 해석되어 온 반대파, 곧 중세 아나키스트들[열광주의자Schwärmer 혹은 칼 브라텐Carl E. Braaten에 의해 명명된 "복음적 진보주의자"evangelical radicals]에 대한 정당한 평가는 사실상 불가능에 가까운 일이기에 그렇습니다. 토마스 뮌처를 위시하여 당시 마르틴 루터M. Luther를 중심으로 했던 다른 신학적, 정치적 입장을 취한 세력과 다른 견해와 급진적 종말론적 투쟁을 감행했던 농민동맹체들Bund, 동맹은 신이 선민과 맺은 계약에 의해 결성된 '선민공동체'라는 뜻도 있습니다에 붙여진 이름부터가 심상치 않습니다. 우선 저명한 종교학자이자 철학자인 파울 틸리

히 Paul Tillich는 열광주의자라는 명칭보다는 '성령주의자' Spiritualisten
로 불러야 한다고 하면서 객관적 평가를 시도하였습니다. 뮌처의 농
민동맹체가 운동을 전개한 신학적 근거와 체험은 바로 성령이었기
때문이었습니다.

　　이름에서 알 수 있듯이, 뮌처는 루터의 성서론과는 다른 입장을
취했습니다. 그는 루터가 성서의 객관적이고 역사적 계시인 데 반하
여 인간의 주관적인 마음 깊이에 있는 성령을 통하여 말을 걸어온다
는 강력한 주장을 제기하였습니다. 루터는 성서를 통해서 신이 말씀
하신다고 보았지만, 뮌처는 신은 한 번만 계시된 것이 아니라 신의
말을 들을 수 있는 사람들, 곧 십자가를 지고 신의 말을 들을 수 있도
록 준비된 '한 사람의 인간'이라면 그의 마음 깊이에서 말씀하신다
는 것이었습니다. 이러한 성령의 내적 현존을 체험한다는 측면에서
보면, 성체성사나 신품성사사제직 같은 것들은 전혀 필요가 없는 것
입니다. 다만 성령을 직접적으로 소유한 사람들은 사회를 개혁하는
데 선봉에 서야 할 부르심이 있을 뿐입니다. 예수의 십자가를 짊어
지고 고난에 동참하는 신자들은 이 세상의 병역의무, 선서, 그리고
관직을 거부해야 하고 어떤 정치적인 명령도 받아들여서는 안 되는
것이었습니다. 심지어 사회 개혁을 위해서라면 정치적 혁명에 필요
한 폭력을 사용해서라도 반드시 이루어야 한다는 신앙을 갖게 됩니
다. 이와 같은 분명한 태도는 한 사람 개인에게 주어진 성령의 내적
체험 혹은 내적 현존에 대한 확신에서 기인한 것이었습니다. 성령은

내적인 말씀das innere Wort로서 인간의 마음 안에 있는 신의 현존입니다. 반면에 성서는 외적인 말씀입니다. 뮌처는 성령이 일상적인 삶을 살아가면서 한 개인에게 말할 수 있다고 믿었습니다. 올바른 신앙은 말로만의 믿음이 아닌 그리스도의 십자가 고통을 함께 짊어지는 행동하는 믿음을 의미합니다. 따라서 선택된 자들은 십자가의 고통을 통해서 성령을 받게 됩니다. 성령을 받기 위해서는 그리스도와 같은 고난을 당함으로써 똑같아 지는 것Gleichförmigkeit입니다. 이러한 내적 변화, 개인의 변화가 교회, 시의회당국, 사회 변화를 가져올 것이라고 기대한 것입니다. 이와 달리 루터는 계시를 성서 이해의 해석에 한정하였던 것입니다.

신에 대한 직접적 체험과 그 체험이 각 개인에게 있다는 단독성은 과거 로마 가톨릭이 형식과 외형을 통한 사제 중심, 교종성인 중심, 제도 중심, 체제 중심, 성사 중심에 대한 강한 반기였습니다. 다시 말해서 이는 토마스 아퀴나스나 보나벤투라와 같은 스콜라철학의 존재론적 위계ordo에 대한 비판이었습니다. 하지만 루터는 다시 성서라고 하는 문자기입의 세계를 권위에 둠으로써 해석학이 가능한 엘리트 중심으로 회귀한 것입니다. 이에 반해 뮌처는 외적 말씀, 곧 문자적 글자는 믿음을 방해한다고 비판했습니다. 뮌처는 마이스터 에크하르트M. Eckhart나 요한네스 타울러Tauler의 신비주의적 전통, 요아킴 피오레Joachim di Fiore의 역사 이해, 타보오르파Taboriten의 이론에 영향을 받아서 민중을 위한 교회 개혁이 시급하다는 생각을 하였습니다. 당시 사제들과 수도자들은 성서를 민중들에게 올바로 해석하지 않았을 뿐만 아니라 영주들은 민중을 착취하며 살아가고 있었고, 지식인들이라 하는 박사들은 죽은 지식을 대변하는 멍청한 사람들이라는 것에 대해서 깊은 문제의식을 갖고 있었기 때문입니다.

뮌처에 의하면, 성서는 부정되는 것이 아닙니다. 기입된 외적 말씀은 영적 해석을 통해서만이 이 진리에 이르게 됩니다. 계급 철폐, 정부에 대한 저항, 전제 군주적 횡포와 법에 대한 대항 등. 이 법은 하나님을 두려워하는 사람들로 구성된 새로운 시의회가 들어서야 한다는 것입니다. 제후들은 농민들을 소작료와 착취로 괴롭히는 당대의 시대적 상황에서 하나님을 선택하면서 인간을 적으로 여기고, 대신 하나님을 친구로 여겼던 뮌처는 공통의 그리스도적인 이익을 위해서 혁명을 하였습니다. 그의 물질적인 공산주의적인 요구들은 개인 재산의 거부나 원시 그리스도교 공동체가 이상화한 종말론의 계승이라기보다는 신비주의적 금욕에 더 가깝습니다. 그의 군사적 행동은 앞에서 말한 종말론적 신학의 배경에서 나왔다고 해야 할 것입니다. 다시 말해서 하나님을 배반한 자들에 대한 저항입니다. 새로운 질서, 곧 하나님 나라를 건설하기 위해서 말입니다. 그는 낮은 자^{작은 자}와 군주^{큰자}의 대립의 체제 속에서 권세 있는 자들이 물러가고 낮은 자가 높아지는 세상을 내다보았습니다. 그럼으로써 하나님의 뜻이 성취되는 수평적인 하나님 나라 실현을 위해서 힘의 봉기를 사용했다고 볼 수 있습니다.

뮌처는 교회쇄신운동에서 자국의 언어인 독일어로 예배를 드리는 의식을 루터보다도 먼저 시행했던 사람입니다. 민중으로 하여금 성경의 확고한 뜻을 알도록 라틴어로 된 시편을 직역이 아닌 의역을 할 정도로 열정을 보인 뮌처는 교황청의 위계나 질서에 의지할 수밖에 없는 가난한 평신도를 염두에 두었습니다. 이것은 당시 법률을 위반한 것이었습니다. 교황의 칙령Edikt과 정부 명령Mandat은 루터나 그의 추종자들에게 어떠한 글쓰기나 출판을 허용하지 않았기 때문입니다.

그 당시 라틴어는 사제의 언어요 수녀의 언어요 교회의 언어요 엘리트의 언어요 기득권자 혹은 지배자의 언어였는데, 독일어를 통한 교권, 제도, 체제에 대한 저항을 하였다는 점은 가히 혁명적이었습니다. 게다가 그는 찬송을 부르고 성서를 낭독하여 직접적으로 공동체가 신비적 체험을 할 수 있도록 해야 한다고 보았습니다. 이것은 민중의 해방이요, 내적 말씀을 풍요롭게 경험하는 것입니다. 이로써 성직자와 평신도가 위계적 관계의 예배가 아닌 수평적, 평등적 예배로서 모이는 예배의 민주화를 가져오게 된 것입니다. '성직자와 평신도 사이에는 구별이 없습니다.' 이것이야말로 교회쇄신운동에서 가장 혁명적인 아나키즘의 실제 사건 중 하나입니다.

성체성사도 한 사람사제에 의해서 성체빵와 보혈포도주이 실체가 변화되는 것이 아닙니다. 그것은 제정사Einsetzungsworte에서 볼 수 있듯이 사제에 의해서가 아니라 공동체 전체를 위해서 공개적으로 들려 올려진 사건입니다. omnia sunt communia, 즉 "만물은 평등하다"라는 대원칙 아래 모든 사람들은 그 여건에 따라 그 필요한대로 분배받아야 합니다. 마찬가지로 성체성사^{성만찬}는 모든 사람들에게 자유롭게 주어진 것이기 때문에 영적으로 실시되어야 합니다. 이는 전체 공동체를 통하여 일어나는 사건입니다. 따라서 뮌처에게 있어, 예배나 성례전은 단순히 신앙적인 문제만이 아니라 정치적인 문제입니다. 왕들과 영주들은 서로 연합하여 신에게 대항하려고 하지만, 신앙을 가진 사람들은 하나님의 동맹편에 서서 폭력과 저항으로 맞서 싸워야 합니다. 여기에 뮌처는 성령의 내적 현존이라는 혁명의 원리를 내세웠던 것입니다. 즉 살이 있는 영에 의해 주어진 믿음은 하나님 자신에 의해서 인도되고 움직여지는 믿음만이 실제적인 하나님 경험의 토대가 될 수 있습니다. 이것이야말로 참되고 내적인 믿음입니다.

뮌처는 백작이나 관청도 복음보다 앞서거나 복음을 금지해서는 안 된다고 설파했습니다. 따라서 그는 오직 하나님만을 두려워하면서 관청에 직접 저항을 하였습니다. 왕의 명령보다 신적인 법이 우선이라고 외쳤습니다. 이렇게 해서 알슈테트에서만도 30-500명의 회원을 확보하면서 "뭉치는 것이 힘이다"^{모든 것은 공공의 것이 되어야 한다, Omnia sunt communia}라는 논조 아래 각 사람이 그의 필요와 그의 가능성에 따라서 살 수 있을 뿐만 아니라 그리스도 안에서 모두가 평등하게 되기 위해 폭동을 선동했습니다.

하지만 뮌처는 인간을 악체제, 제도, 왕, 교황, 명령으로부터 해방시키고 외적 혁신이 아닌 내적 혁신, 곧 하나님만을 두려워하였습니다. 그는 마르틴 루터와는 달리 선동이나 조직은 물론 폭력적 저항과 충돌에 대해서 반대했습니다. 다만 관청의 관리가 복음, 곧 그리스도교 신앙에 적대적인 행동을 할 권리가 없다는 것을 분명히 하였습니다. 그러나 만일 국가의 권력이 폭력을 사용하여 복음에 대적한다면 그리스도인도 폭력으로 대항해야 할 것이라고 말했습니다. 이것을 굳이 표현한다면 조건적 폭력, 상황적 폭력이라 말할 수 있을 것 같습니다.

뮌처는 이러한 교회와 정치적 상황에서 종말론적 의식을 강하게 가지고 있었습니다. 그는 하나님의 나라가 가까이 도래했다고 믿었습니다. 그래서 신은 지금의 종말의 때에 자기 자신을 불렀다고 확신하였습니다. 루터와 뮌처 사이에 종말론에 대한 입장이 다르기 때문에 국가제도에 대해서도 서로 엇갈릴 수밖에 없었습니다. 뮌처는 요아킴 피오레가 이야기한 삼시대론Drei-Zeitalter-Theorie에 입각하여 성령에 대한 기대감에 충일하였습니다. 더욱이 그는 천년왕국설을 믿음으로써 경제적 사회에 대한 믿음을 더욱 확고하게 하였으며 그리스도의 가르침을 직접적으로 구현하려고 하였습니다. 하지만 루터가 변절하여 제후들과 평화조약을 맺으면서 민중이 이반되고 말았습니다. 뮌처는 공동의 소유를 역설하여 서로 함께 나눠가져야 한다고 주장하였습니다. 더불어 개별자는 자유로운 존재이기에 성숙한 개별 결정이 모든 것을 지배해야 한다고 말했습니다. 개별 민중은 국가나 민중을 위해서 태어난 게 아닙니다. 하지만 모순되게도 프로테스탄트 교회가 국가 체계의 교회로 전락하고 말았습니다. 이는 그 시대의 "영주가 신하의 종교를 결정한다"cuitus regio, eius religio라는 말에서 확인할 수 있습니다.

뮌처는 국가의 권위를 부정하고 초국가적인 세계주의와 스스로 선택하는 윤리의 자유를 부르짖었습니다. 그는 민족주의나 국가주의제후들의 국가이념를 거부하고 원시공산주의 그리스도교 공동체의 재산공유공동체를 요구하였습니다. 정부체제는 이를 파기하려고 하였습니다. 농부들은 농토분배를 해달라고 요구하였지만 이를 받아들여지지 않자 결국 인간이 지배자를 추방하면 자유롭게 될 것이라는 신념을 강화하게 됩니다. 지배계급은 자신들의 계급을 수호하기 위해서 폭력을 행사하였습니다. 군주들의 소유욕과 법으로 조직된 당국은 농부들과 맞서게 됩니다. 이러한 신앙 이념이, 자칫 사랑은 자기 자신만을 구원하겠다는 것이 아니라, 이웃과 함께 고통과 죄를 나누겠다는 태도여야 한다는 논조에 힘입어 폭력적 봉기를 정당화하는 것처럼 보일 수 있습니다. 이를 두고 무조건 복종은 그리스도의 순수한 복음이 아니라는 뮌처의 폭력 논리를 비판하는 사람도 있습니다. 하지만 뮌처의 폭력은 그의 핵심 사상이 아닙니다. 그도 사랑을 윤리의 처음이자 마지막의 근거prima, ultima ratio, 혹은 합리성로 이해했다고 볼 때, 성서의 도덕적 법칙평화를 전하려고 온 것이 아니라 칼

을 전하려고 왔다!을 폭력으로 드러낼 수밖에 없었던 당시 민중의 삶의
현실 위에서 해석하지 않을 수 없습니다. 그의 폭력적 정당성은 가
난한 농부들의 절망적인 삶과 생존을 지키기 위해 기득권자들의 범
죄를 그저 무화시키려는 몸부림에 불과한 것입니다. 예언자의 노여
움이란 참다운 인간에게는 사랑으로 비친 것이 아닐까 하는 것입니
다.

　에른스트 블로흐가 "메시아주의, 이것은 지상의 소금이자 천국
의 소금이다. 이로써 지상뿐 아니라, 인간이 지향하는 천국은 어리
석게 변화되지 않을 것이다"라고 말한 것처럼, 뮌처의 종말론적 신
념은 그야말로 강력한 것이었습니다. 이를 통해 뮌처는 주권의 최종
적 귀속성과 이 세상의 주권자는 하나님에게 있다고 주장했습니다.
따라서 세상의 왕국 혹은 국가는 다만 하나님의 보이는 위탁기구요
잠정적 대리자일 뿐입니다. 뮌처는 로마서 13:3-4절에 근거하여 민
중의 '저항권'을, 루터는 로마서 13:1-2절을 들어 민중의 '복종'으로
해석함으로써 첨예하게 갈라섰습니다. 나아가 루터는 국가라는 말
대신에 "위에 있는 권위"Obligkeit라고 말했습니다. 물론 국가라는 말
은 17-18세기에 나타난 근대적 개념입니다. 따라서 16세기를 근대
적 관점에서 논하기는 어려울 것입니다. 여하튼 루터는 국가를 섭리
에 의해서 이미 주어진 것으로 받아들였습니다. 섭리라고 말하는 순
간 그것을 통치자나 정치인을 비롯하여 국가가 권력의 자리에 있다
는 것을 자임하게 되는 것입니다. 통치자나 정치인은 섭리에 의해서

임명되었기 때문에 반항도 할 수 없습니다. 물론 루터가 생각한 통치 혹은 정치란 위에 있는 권위의 문제이며, 국가라고 할 때는 조직이나 구조의 문제가 아니라고 생각했습니다. 그런데 문제는 루터가 신의 일을 설명할 때, 사랑으로 하는 일으로서의 신의 본래 일만을 인정하였습니다. 반면에 위협, 형벌, 강제, 가혹함을 통해서 하는 다른 일das fremde Werk에 대해서는 평화가 아니라 아나키무정부상태가 될 수 있다고 보았습니다. 따라서 실재의 신의 일을 가능하게 할 수 있고 신의 사랑의 활동에 공격하는 모든 것에 대항할 수 있는 것은 국가의 권력만이 그렇게 할 수 있다고 주장했습니다. 실제로 이러한 루터의 보수적 정치신학은 나치즘의 발생 원인이 되었다는 비판을 면키 어려웠습니다.

이에 반발하여 종말론적 이념을 견지한 뮌처 농민동맹체운동은 이 국가제도는 혁명을 통하여 현실세계를 새롭게 개조해 나가야 했습니다. 수평적 차원에서 하나님 나라는 해방을 가져오고 실현시켜야 했기 때문입니다. 뮌처는 그리스도의 천국왕국이 오면 모든 계급과 빈부격차가 없어지고, 자유와 민주적인 평등, 원시그리스도교 공동체의 공동분배적 삶이 있을 것이라고 기대했습니다. 신부와 주교, 영주와 귀족의 위계적 신분이 사라져야 한다고 생각하였습니다. 하지만 루터는 이러한 수평적 차원의 하나님 나라를 반대했습니다. 하나님의 나라는 수직적 차원에서 도래를 해야 하기 때문입니다. 이렇게 루터와 뮌처가 같은 교회쇄신운동을 전개하였던 사람으로서

입장이 첨예하게 달랐습니다. 잘 알다시피 루터는 뮌처와 달리 농민동맹체운동에 대해서 회의적이었으며, 오히려 영주에 입장에 서서 그들의 혁명에 대해 동조하지 않았습니다.

중세까지만 해도 종교와 정치의 상호성이라는 사회 체계는 종교가 잘 유지시켜주었습니다. 하지만 16세기 교회쇄신운동이 일어난 후부터는 시민종교의 탄생으로 이어지면서 정치와 종교의 관계는 결별하게 됩니다. 민중의 의견을 반영하는 이른바 아래부터의 민중종교Religion von unten가 생긴 것입니다. 이러한 맥락에서 아래로부터의 민중의 비밀집회는 하나님의 선민들을 규합해 그리스도 연맹이라는 정치적 조직체를 구성하는 것이었습니다. 선민연맹체는 신정정치를 통해 하나님의 나라를 실현하는 역군임을 확신하였습니다. 뮌처는 처음에 영주들에게도 선민연맹에 가담하라고 권고하였습니다. 그리스도의 나라가 도래할 것이라고 경고하면서 종교개혁을 넘어 종교적, 신비주의적 공동사회를 통한 원시그리스도교 공동체의 재건을 도모하였습니다. 아래로부터의 민중종교는 제도적 교회 바깥extra ecclesiam에서 모인 신비적 결사체요 선민연맹체라고 규정할 수 있습니다. 어쩌면 뮌처나 루터는 민중종교를 태동시킨 사람들로 인정을 받아야 할지도 모릅니다. 하지만 방향은 달랐습니다. 뮌처는 전체정치의 부정에 대해 저항하였고 인간의 평등과 형제애를 위한 농민혁명가였습니다. 그의 명분이란 인간성은 계속 창조되어야 하고, 그 목표는 '자유'였습니다. 그렇기 때문에 그가 하는 설교는 비록 종교적 언어로 하는 것이었지만 정치적 설교와도 같았습니다. 그는 자유와 민중이라는 신비적 몸을 아르케로 인식하였습니다. 마르틴 루터와 달리 그의 혁명은 좀 더 나은 세계로 향한 의지의 촉발이요 초종교적인 혁명의 원리로서, 내세워진 지향점은 예수의 하나님 나라 운동과 자유였습니다. 그것은 시원으로 가려는 것, 민중 자신의 정신, 민중 자신의 영, 민중 자신의 자유를 향한 혁명이었습니다. 달리 뮌처는 이웃의 인간적 실존에 대한 적극적인 관심사를 혁명적으로 펼쳐보인 인물이었습니다. 따라서 그의 종교적 저항과 정치적 저항은 결코 서로 다르지 않았습니다. 그 무엇보다도 이를 위한 혁명의 주체는 평신도였습니다. 민중이었습니다. 정부나 교회 당국이 거부하더라도 완전한 영적 공동체의 실현을 위해서는 민중^{평신도}이 주체가 되어서 폭력을 행사해서라도 계획을 실행하였습니다.

그의 급진적 종말론인 천년왕국은 경험 주체로 하여금 당대의 정치적 현실, 종교적 상황에서 정치적으로 행위하도록 유도하였습니다. 그것의 표상과 전범으로서 구약성서의 역사를 통해서 읽어내었습니다. 뮌처는 꿈과 현실이 대립되는 경험을 하였을 것입니다. 그렇다고 과연 패배의 역사였는가하는 것은 별도의 논의가 있어야 할 것입니다. 오히려 당대와 현재 속에서 작은 의미가 날조되는 것은 저항해야 할 것입니다. 과거의 종말론적 기입이 당대의 권력과 강제, 그리고 강권에 대한 기입을 전복하고 새로운 민중의 역사적 기입을 가능하게 하려 했던 종말론적 운동의 성격이 오늘날 어떤 증언을 하고 있는가를 살펴야 할 것입니다. 기득권자들, 자본가들, 보수적 정치인들, 체제적 국가주의자들, 엘리트 과학기술자들 등에 의한 절대적 종말론에 반기를 들며 새로운 기입과 증언의 혁명이 다시 일어나기 위해서는 뮌처를 다시 소환해야 할지도 모릅니다. 이와 더불어 각 개인에게 들리는 내면의 목소리, 내면의 현존인 성령의 목소리를 듣는 이들이 일어나 정치적, 종교적 쇄신을 위한 동맹체운동을 전개해야 할 것입니다. 그런 의미에서 뮌처를 기억하는 작업은 위험한 기억의 소환일 수도 있겠습니다.

뮌처의 혁명의도는 항간에 알려진 것처럼 재산공유재가 목적이 아니었습니다. 개인중심의 신앙을 통해 공익과 형제애를 지향하는 공동체를 건설하려는 데 목적이 있었습니. 당시 16세기 주민들은 약 50% 이상의 인구가 문해력이 없었습니다. 그런 민중들을 위해서 예배의식의 쇄신을 감행하여 사제중심의 마술적 주문을 철폐하고 살아있는 신의 음성을 직접 듣고 개인적으로 계시를 체험하는 신앙을 지향했습니다. 따라서 뮌처의 신학체계는 민중의 내적 갱신내적 혁명과 사회 갱신사회 혁명을 함께 일구려고 했던 혁명의 신학자로 재평가해야 할 것입니다.E. Bloch

루터와 달리 당대의 영주, 특권 계급의 편에 서지 않고 오로지 민중을 위한 역사적 삶의 기입을 위해서 하나님만을 두려워하는 정신을 가졌던 뮌처는 바로 복음의 아르케, 하나님의 아르케, 평신도 개별성의 아르케에 초점을 맞춘 혁명가로 평가할 수 있습니다. 그러므로 마르틴 부버의 기술은 매우 타당한 시사점을 준다고 할 수 있습니다. "'하나님을 두려워함'은 하나님 앞에서 두려워 떠는 것이 아니라 경외심을 가지고 하나님의 불가해성unbegreiflichkeit을 절실하게 깨닫는 것을 의미한다. 하나님에 대한 두려움은 우리의 어떤 인식능력에 의해서도 파악될 수 없는 어두움-이 어두움으로부터 하나님이 자기를 계시하신다-에 대한 피조물로서의 인식이다"M. Buber, Einsichten, Wiesbaden, 1953, 11 부버에 따르면 인간의 인식은 하나님을 두려워하는 것 이외의 어떤 다른 인식 방법으로도 하나님께 이를 수 없다. 따라서 그는 '하나님에 대한 두려움'을 "인식의 기초"라고 부른다. 하나님에 대한 두려움은 동시에 "하나님에 대한 사랑에 이르기 위한 인간이 통과해야 할 어두운 문"이기도 하다"Klaus Ebert, 170-171

뮌처가 아나키스트로 불릴 수 있다면, 그것은 마르틴 부버가 말한 "하나님을 두려워함"이라는 아르케에 집중하고 있다는 점입니다. 그것은 혁명의 원리입니다. 이것은 지금 살아가는 그리스도인에게도 동일한 신앙적 삶의 원리이어야 합니다. 모든 그리스도인의 인식론과 존재론의 아르케는 각 개인에게 주어지는 원본적인 하나님의 정신, 하나님의 영입니다. 문자에 경도되거나 의례에 함몰되어서 마치 그것이 그리스도인의 아르케인 것처럼 착각해서는 안 됩니다. 그리스도인의 의식과 행위의 근거, 곧 아르케는 항상 지금도 우리에게 말 걸어오는 내적 현존의 실체인 "하나님을 두려워함"이어야만

할 것입니다. 외적 현존의 실제인 성서는 각 개인의 자유의 담보가
되는 내적 현존의 실제인 성령에 의해서 풀어 밝혀질 때 그리스도인
의 의식과 행위의 아르케가 될 수 있습니다. 뮌처의 농민혁명이 갖는
의의 혹은 뮌처의 그리스도교적 아나키즘이 갖는 역사적 의의는 바
로 거기에 있다고 볼 수 있습니다. "이제 신은 권력을 평민하게 주실
것이다." 시대가 뮌처의 외침을 요청하고 있는 듯합니다.

6. 단독자로서의 인간-키르케고르

"진리는 언제나 소수자에게 있다"

완전하고 고정적인 기입은 폭력입니다. 흔히 사회societas라고 하는 개념도 추상적인 인공의 가공물에 지나지 않습니다. 여러 제도들이 틀 짜여 있는 관계망의 총합Z. Bauman일 뿐이지, 어떤 구체적인 실체가 있는 것이 아닙니다. 개인과 사회, 혹은 공동체와의 관계를 이야기하면서 개인을 사회 범주 내에 있는, 사회 구성적 요소들 중에 하나의 존재로 취급하려는 경향성이 매우 강합니다. 하지만 아나키즘은 원자화되어 있는 개인의 자유를 구속하는 것, 그것이 사회라는 추상의 공동체라고 해도 거부합니다. 다시 말해서 개인을 사회의 기계적 존재로 억압, 강제하려는 모든 시도들에 대한 기입에 대해서 탈기입description, 기술합니다.

기입, 곧 쓰기의 한 형식이란 하나의 해석학입니다. 과거의 기입으로 규정되고 규칙, 법칙화된 모든 진술과 진리에 대한 해석학적 전복을 시도하려는 것입니다. 이것은 개인을 구속하는 강권적인 시선과 힘을 가지고 객체적 사물로 보려는 의지와 이데올로기에 대한 저항입니다. 기입된다는 것은 선택이고 해석입니다. 여기서 선택이란 자의성에 의한 무분별함과 무작위성을 의미하는 것이 아니라 자유와 개인이라는 전제 위의 전제에서 시작되는 원본적 인식에서 출발한 선택을 의미합니다.

따라서 이 기입은 개인의 기억과 타자의 기억에 대한 무한한 긴장을 야기합니다. 긴장감은 주관과 객관의 갈등의 측면에서 부정적 행위라 할 수 있으나, 이것은 최소한 자기 자신의 절대 자유를 확보하기 위한 조율 과정에서 발생하는 기입하는 것과 기입되는 것 사이의 해석학적 변증법입니다. 타자를 무시할 수 없지만, 개인을 강제로 기입하려는 객체적 의지에 대해서는 절대 자유의 주체는 끊임없이 거부, 저항해야 하기 때문입니다.

개인은 자기 자신과 세계에 대해서 끊임없이 다르게 읽고 다르게 해석하려는 운동을 멈추려 하지 않습니다. 여기에서 프랑스 철학자 데리다J. Derrida의 '차연'差延: 공간적 차이와 시간적 지연, differance이라는 개념을 차용한다면 무리일까요? 차연은 공간과 시간 속에서 규정될 수 없는 어떤 존재가 결코 현전자가 될 수 없음을 말합니다. 이것은 통제되거나 그렇다고 권위를 행사하지 않습니다. 비록 왕국영토은 없지만 모든 왕국영토을 전복시킵니다. 아나키즘과 아나키스트는 어떤 존재도 기입되거나 기입하려고 하지 않습니다. 역설적으로 그렇게 기입되어온 역사나 기록 혹은 평가에 대해서도 강권이나 폭력이라 할 수도 있습니다. 왜냐하면 아나키즘에 대해서 무엇이라고 기술 혹은 기입하는 순간, 아나키즘을 현전화하는 것이기 때문입니다. 다만 우리는 아나키즘 혹은 아나키즘이 말하는 자유Freiheit라고 하는 것은 "다르게 옮기는 것"diapherein 이외에 무엇이라 규정하기를 거부합니다. 자유는 각 개별자의 특권이자 삶의 고유한 정신적, 물질적 영역을 나타내는 것입니다. 그래서 자유는 모든 강권, 강제, 폭력, 구속이 미치지 않는 성질이기에 그 때 그 때 그 사태와 원본적 소급을 통해서 물어야 할 끊임없는 이행diapherein의 시원적 고통, 고뇌와 같이 할 수밖에 없습니다.

그런 의미에서 키르케고르S. Kierkegaard, 1813-1855는 당대의 신앙적 문제와 해석에 대한 시원적인 물음을 제기하고 새로운 기입을 열어 밝히려고 시도한 철학자라 할 수 있습니다. 그는 크게 두 가지 당대 기입에 대한 고민 속에서 저항적 증언을 했습니다. 그 하나는 개인은 독특한가? 무엇이 개인을 독특하게 만드는가?입니다. 또 다른 하나는 신앙의 자유란 무엇일까를 시원적으로 물었습니다. 실존으로서의 자기 자신의 구체적 진리이자 자기 자신과 관계한 것만이 주체적, 실존적 사고의 주체입니다. 실존은 정적 자기가 아닙니다. 끊임없는 본래의 자기를 자각하며 찾아나가는 생성입니다. 이를 위해서 실존은 비약이 필요합니다. 쾌락과 본능에 의한 실존의 미적 실존에서 양심에 따라서 살려는 윤리적 실존, 그리고 신앙을 통한 종교적 실존이 그것입니다. 시간 안에 들어 온 신의 삶과 죽음은 전혀 이질적인 것입니다. 이 이질성이야말로 그리스도교의 역설이자 인간의 실존이 감내해야 하는 길입니다. 따라서 종교적 실존은 그리스도의 삶을 자신의 원본적 사실로 받아들이고 동일시하면서 살아가려는 것, 그것이 실존의 궁극적 삶의 태도입니다.

키르케고르가 주장한 것처럼, 인간의 삶은 교리나 체제나 위계나 권력이 아니라 그리스도의 탄생, 고난, 죽음, 낮아짐이라는 신의 역설이 종교적 실존의 모험이자 참 신앙이 되어야 합니다. 키르케고르는 종래 그리스도교 신앙의 교리와 제도적 시선에서 탈피하여 그리스도교적 삶의 원본적 사실로 이행하려 하였던 것입니다. 신은 알려지지 않은 신으로서 그 신은 이성오성으로는 파악, 인식될 수가 없습니다. 신은 육화의 사건을 통해서만 자신을 계시하셨기 때문입니다.

이것이 절대적 역설입니다. 오성은 지금의 감성적 자기, 죄인으로서의 자기를 포기하고 절대적 상이성으로서의 신의 존재를 받아들입니다.사실적 존재 유한한 인간은 역설에 직면하여 영원에로 비약, 신앙에로 비약, 참된 존재요 참된 실존으로서의 비약을 감행합니다. 우리는 이것을 모리아산에서 아들 이삭을 제물로 바치려 했던 아브라함의 신앙적 행위에서 발견합니다.

무한한 자기 체념은 미적 실존의 자기에서 윤리적 실존에서의 자기, 그리고 마지막으로 종교적 실존으로서 자기로의 비약이자 환원운동 같은 것입니다. 현재의 자기 자신이라고 믿었던 이성적 실존에 앞선 원본적 자기 자신으로 소급하여 올라가는 것은 무한한 자기체념으로만이 가능합니다. 인간은 이러한 최후의 운동이자 신앙의 역설적 운동을 통해서 온전한 신앙에 도달하게 됩니다. "사고가 멈춘 곳에서 비로소 신앙은 시작됩니다!"

실존의 한계는 감각과 감성자기를 갖지 못한 노예의 실존이자 절망의 실존, 죄의식과 양심선택하는 자기 실존의 비존재의 육체와 영, 시간과 영원의 종합을 통해서만 극복될 수 있습니다. 육화의 사건 안에 변증법적 신앙 사실이 일어나는 것은 이성이 아니라 신앙입니다. 신앙은 인식이 아닙니다. 자유로운 의지 표명이자 결단입니다. 절대적 역설은 신=인간 예수 그리스도와의 동시성을 이루는 순간입니다. 동시성은 시원성입니다. 그리스도교의 시원성은 역설에 기반을 둡니다. 시간과 영원성이 별개라 믿었던 비존재의 기입과 증언은 그리스도의 육화사건을 통해서 참된 실존과 신앙의 가능성이 열린 것입니다. 그런 의미에서 그리스도를 따른다는 것은 시간을 초월하면서 시간안에 사는 삶을 변증법적으로 이행해 나가는 것입니다. 이것은 끊임없는 동시대성에서 더 나아가 동시성을 사는 것과 다르지 않습니다. 동시성synchronus은 단순한 연대기적 시간성chronicle, chronos이라고 하는 시간성을 부정an하여 시간의 신기원arche을 향해 나아가는 기입과 증언의 삶을 통해서만 가능합니다.

키르케고르는 오직 단독자, 오직 개인으로서의 모든 사람들에게 말을 걸고 있습니다. 단독자는 이성적 존재이며 양심이 있는 존재입니다. "그를 사랑하지만 나는 나 자신을 더 사랑한다." 정신 차려서 자기 자신이 되기, 하나님 앞에서 무로서 서 있기, 하나님 앞에서 정신 차리기, 순전한 투명성으로서의 자기 이해, 자기 자신과 아주 가까워지려고 부단히 노력하였습니다. 이를 위해서 우리는 이것이냐 저것이냐 둘 중 하나를 선택해야 합니다. 이것은 다시 말하면 그리스도인이냐 아니냐를 뜻합니다. 그는 "그리스도교 세계는 자기도 모르게 그리스도교Christentum를 말살시켜 버렸다"고 비판합니다. 이를 극복하기 위해서 어떻게 해야 할까요? 성서를 읽을 때는 개인적인 메시지, 개별적인 메시지로 읽어야 합니다. 말씀을 자기 자신의 일로서 받아들여야만 하기 때문입니다. 나를 위하여 죽으시고 부활하고 그의 생명 안에 끌어넣어주시는 그리스도에 대해서 이성적 인식의 작용이 아닌 주체적 신뢰, 개별적 실존으로서의 신뢰가 중요하기 때문입니다.

이렇듯 키르케고르는 개인을 책임적 존재로서 사유합니다. 그에 의하면, 개인이란 개인이란 공동체와 변증법적 관계를 의미합니다. 개인의 이기적 관심은 차라리 권위가 되어야 하고, 그럼으로써 개인과 개인은 동등한 관계여야 합니다. 개인과 국가의 관계는 노예와 주인의 관계가 아닙니다. 왕은 그저 하나님의 절대성에서 파생된 존재에 불과하기에 개인들의 자발적 복종이 있을 수 있습니다. 하지만 사람들은 '질적으로' 하나님 앞에서 동등하다는 생각이 그보다 더 앞섭니다. 따라서 군주는 예배해야 할 존재가 아닙니다. 약하고 덧없는 존재입니다. 하나님의 은총으로 된 군주이고, 신적 통치의 도구로서 부른 것이기 때문에, 그는 상대적이고 소멸되는 인간일 뿐입니다.

개인은 개인적 책임성의 존재인데 공공公共에 안주하여 자기 도당을 위해서 존재하려고 합니다. 그래서 문제가 됩니다. 사람은 모든 사람을 위해서 존재해야 하는데, 사적 이익을 위해서 살아가면 안 됩니다. 키르케고르가 당시의 귀족정치주의자들에 대해 신랄한 비판을 하는 이유입니다. 나이가 많다는 이유로 연공서열을 따지며 위계적 질서組織의 우위를 독점해서도 안 됩니다. 공공은 모든 사람인 동시에 아니기 때문에 실존하는 개인보다 못합니다. 참된 평등이 아니라 수학적 평등의 사회 경향, 곧 안정적인 수의 사람이 모이면 한낱의 사람으로 행사하려고 합니다. 이것은 뛰어난 단독자라 하여도 아무런 일을 할 수가 없고, 외려 적당한 수의 사람이 모이면 아무리 하찮은 것이라도 평등을 가장하여 비열하게 힘을 행사할 수 있게 됩니다. 이때 개인은 기계의 부속품처럼 여겨집니다. 그러나 개인은 하나님과 관계하고 그런 다음 공동체와 관계합니다. 개인이 관계보다 앞섭니다. 개인은 오직 하나님 앞에서 선별된 개인으로서, 하나님 앞에서 책임을 지는 완전한 사람다운 사람, 한 개인의 평등함을 이루는 종교성의 이념이기에 그렇습니다. 이로써 개인은 하나님 앞에서 서로가 절대적으로 평등한 이웃으로서 사랑의 행위를 통한 새로운 공동체, 만인이 평등한 사회를 실현하게 됩니다.

키르케고르는 당시 인간 정신을 넘어서는 자연과학의 기술문명에 대해서도 비판했습니다. 자연과학을 통해서 모든 것을 인식할 수 있다는 것은 악마적인 것이요 비진리라는 것입니다. 나아가 정신의 영역에까지 손을 내뻗는 것은 교만이요 정신에 대한 모독이라는 것입니다. 결국 개인은 정신으로서의 인간의 지위를 상실하고 구경꾼, 방관자가 되어 행위의 주체자로서의 특수성도 사라집니다. 그렇다고 평균화, 평준화를 통해서 사람들을 덜 뛰어나지도 더 뛰어나지도 않는 표준화로 몰고 감으로써 모두를 동일화하겠다는 이른바 질투에 의한 수평화를 지향하자는 것은 아닙니다. 이것은 공동생활의 퇴폐를 가지고 올 수밖에 없습니다. 이러한 개인은 하나님에게 속하지도 않는 환상, 추상적 인간으로 전락하고 마는 것입니다.

이것은 정치 영역에서도 고스란히 나타나는 현상입니다. 키르케고르는 정치에서 다수결에 의한 대의제 정체를 표방하는 민주제 같은 것은 받아들일 수가 없었습니다. 민주제는 편익을 위해 무리 중의 한 사람, 하나의 수로 퇴락하는 무정신성과 다르지 않기 때문입니다. 따라서 정치 행위는 반드시 민중을 위해 해야 합니다. 여기에서 그는 사회적 공동체성보다 개별성, 자기의 독자성에 주목합니다. 대중이 들어서고 개별성이 무너진 정치는 인간으로서의 모든 것이 무너지는 것입니다. 그러므로 키르케고르는 대중이란 비진리이며 단독자만이 영원한 진리라고 선언합니다. 왜냐하면 대중은 다수로서 사람들의 수를 의미함으로써 정신으로서, 질로서의 인간이 아니기 때문입니다.

인간은 셈이 아닙니다. 셈이 없습니다. 진리는 언제나 소수자에게 있습니다. 수 전체를 자기편으로 삼는 정치는 비진리의 정치입니다. 하나님 앞에서 동일하고 평등한 것이 아니라 수 앞에서 평등한 무정신성의 민주제는 지옥의 이미지^{형상 혹은 영상}나 다름이 없습니다. 결국 다수 혹은 대중을 하나님의 자리에까지 높인 이 군중이 국가가 됩니다. 이렇게 성립된 국가는 각각의 에고이즘, 에고이스트의 이기적 삶을 실현시키는 기관으로 전락합니다. '국가는 무한한 에고이스트의 계산의 총합과도 같다. 이러한 국가는 자칫 개인의 희생과 복종을 강요하는 전체주의에서 더 나아가 사회주의-공산주의로 운동해 나갈 수밖에 없다.' 그는 국가가 하나의 종교성을 띠게 되면 평등의 이념을 통하여 공산주의 정치체의 공포정치를 낳을 수 있다고 진단했습니다. 모두가 똑같아진 사람들은 하나님을 두려워하는 진정한 평등이 아닌 경계, 두려움, 노예상태의 속박에 빠져 대중 스스로 폭군이나 지배자가 되고 맙니다. 이것은 "자기와 동등한 자들과의 관계에서 종"이 되는 것이며, 종이 된다는 것은 지배자에 예속되어 있다는 것을 의미합니다. 그럼으로써 단독자로서의 개인은 하나님을 잊어버리고 군중과 어울리면서, 한 사람으로서의 단독자를 포기합니다.

"삶의 진지함은 돈돈돈이 되고 만다." 사람은 하나님 앞에서만 본질적으로 평등합니다. 따라서 종교적인 것은 참된 인간성을 뜻합니다. 종교적인 것과 참된 인간성을 동일하게 생각하는 단독자의 평등성은 곧 이웃사랑으로 이어집니다. "이웃은 인간 평등의 절대적이고 참된 표현이기 때문이다"표재명 궁극적으로 자기 자신을 지배할 뿐만 아니라 하나님 앞에서의 평등, 만인의 평등을 깨닫고 단독자로서의 개인은 이웃사랑을 실천하여 새로운 공동체를 실현해야 합니다. 물론 이것은 연합의 원리가 아닙니다. 연합은 개인을 강하게 만든다고 생각할 수 있지만 실상은 약하게 만듭니다. 집합이 수적으로 강하게 보일 수 있습니다. 하지만 윤리적으로는 약합니다. 단독의 개인이 세계 앞에서 확고한 윤리적 태도를 획득한 다음에야 하나가 될 수 있습니다. 수적인 평등성은 단순히 수평화에 지나지 않습니다. "단독자den Enkelte는 모든 사람 중의 오직 한 사람을 의미하는 동시에 누구나Enhver를 의미하는 것이다."

그리스도교는 정신의 종교이며, 단독자는 정신의 범주이자 정신의 각성 범주입니다. 그리스도인은 하나님 앞에서 자기 스스로 서야 합니다. 그렇기 때문에 단독자는 고독할 수밖에 없습니다. 자기 자신의 길동무는 오직 자기 자신뿐입니다. "하나님의 부르심은 단독자를 향하고 그 단독자를 부르심을 받은 사람은 홀로 서야 하고 홀로 그의 길을 가야 하고 홀로 하나님과 함께 있어야 한다." 이처럼 그에게 "신앙은 개별자가 보편적인 것보다 더 높다고 하는 것"입니다. 또한 신앙은 "개별자가 개별자로서 절대적인 것에 절대적인 관계에 서 있다는 역설"입니다. 키르케고르에 있어 "단독자는 대중, 공중public, 집단mass, 다수numbers, 얼마만큼, 무리, 류類, 사람의 무리,

표본인, 천민과 반대되는 것"^{표재명}입니다. 이러한 개념들은 '비진리'입니다. 단독자는 그리스도의 부름에 응답하고 그리스도와 동시성을 이루고 사는 그리스도인, 예수를 따르는 그리스도인, 비진리와 싸우며 사랑을 실천하는 존재입니다. 사랑의 실천은 곧 이웃사랑입니다. 또한 공동의 관계, 평등의 관계를 실천한다는 것은 하나님 앞에서 정신^{인격}으로서 단독자로서의 실천 행위일 뿐만 아니라, 비정신과 비진리, 무정신화에 대한 저항이자, 기계적, 수량적 정치공동체에 대한 강한 저항^{반항}이라고 볼 수 있습니다.

이와 같은 삶의 자세는 마르틴 부버M. Buber가 말하는 종교성의 제1조건인 실존에 참여하는 것입니다. 자기 아닌 것에 대해서 낯설게 여기며 나의 존재가 아닌 존재하는 것에 대한 참여이자 홀로 하나님 앞에 있음을 말합니다. 이러한 키르케고르의 철학과 종교적 이념은 종래 그리스도교적 이념, 곧 대중화되고 평균화된 종교와 정치에 대한 강한 반작용이라고 해석할 수 있습니다. 단독자인 개별자는 규격제가 아니라 조화제라고 하는 라우리W. Lowrie의 평가도 일리가 있습니다. 그런 의미에서 키르케고르는 종교, 정치, 그리고 과학에 만연되어 있는 수량화, 수치화로 개별적 실존을 하나의 숫자로, 집단으로 환원하여 개인을 기입한 것에 대한 '아니오'라고 증언한 저항적 철학자입니다. 더욱이 그는 하나님 앞에서 선 단독자야 말로 진리이자 자유라고 하는 것을 일깨워준 아나키스트라고 말한다 하더라도 지나치지 않을 것입니다.

7. 실존의 존중-마르틴 부버

> "국가의 지도자들이란 미친 듯이 달리고 있는
> 기관차를 움직이고 있는 시늉을 하고 있을 따름이다"

　　오늘날 신학뿐만 아니라 교육철학과 타자철학에도 깊은 영감을 준 마르틴 부버M. Buber, 1878-1965는 유토피아 사회주의자로 생시몽, 푸리에, 오언, 프루동, 크로포트킨, 란다우어를 들었습니다. 특히 란다우어에게서 강한 영향을 받은 그는 슈티르너의 철학에서 타자성이 보이지 않는다고 비판하면서 타자성의 형태가 바로 공적 존재임을 분명히 합니다. 그는 중앙집권적 사회주의와 자본주의 양극단을 다 비판하고 거부하였습니다. 또한 19세기 민족주의를 비판하며 진정한 휴머니즘은 스스로에 대해서 의무와 책임을 지는 존재라고 말했습니다. 여기에서 키르케고르의 철학의 한계를 지적하면서 개인주의와 집단주의 사이의 존재, 곧 제3의 "사이"적 존재를 제시합니다. 개인도 집단도 아닌 인간과 공존하는 인간, 어쩌면 "나는 너의 완전한 실현을 위한 단독자"라는 말이 맞을 것입니다. 나와 너가 만나는 좁은 돌기 위에 조그만 "사이"의 왕국은 존재합니다.

마르틴 부버의 독특한 철학은 '나-너'Ich und Du, '나-그것'Ich und Es의 근원어를 통한 관계의 철학, 만남의 철학입니다. 종래의 철학에서는 '나'는 주체요 '너'는 대상이었습니다. '너'는 항상 '나'라는 주체의 지배적 시선에 의해서 규정되는 존재에 불과했습니다. 주체는 인식하는 자요, 대상은 주체에 의해서 인식되는규정되는 사물과도 같은 존재였습니다. 주체는 주인이요 대상은 노예였으며, 지배자와 피지배자의 위계적 관계였습니다. 마르틴 부버는 이것을 전복시켰습니다. 주체로서의 나와 대상으로의 너라는 철학사적 기입에 대해서 '아니오'라고 증언했습니다. 나와 너는 '나와 너'라고 하는 하나의 근원어에서 다루어져야 하는 수평적, 평등적 관계입니다. 이것을 위해서는 너를 나의 존재적 위치에다 올려놓아야 합니다. 너는 나를 위한 부차적 존재가 아닙니다. 너 없이는 나라는 존재는 무의미합니다. 그런 의미에서 너는 나라는 존재를 성립시키기 위한 필연적 존재입니다. 하나의 쌍이요, 동등자라는 선언적 규정과도 같습니다. 하지만 그렇다고 해서 반드시 나가 앞서고 너가 뒤서는 게 아닙니다. 오히려 나의 존재는 너의 존재에 의해서 확인됩니다. 내가 '나'가 되기 위한 필수, 필연적 조건은 너라는 존재가 마주 서 있어야 하고, 그것이야말로 하나의 관계이고 만남입니다.

마르틴 부버는 나와 너는 결코 주체-대상의 관계가 아니라는 것을 분명히 합니다. 나-너라고 명명된 근원어 속에서 위아래 수직적 관계는 없습니다. 좌우를 가리키는 것도 아닙니다. 배제의 관계를 의미하지도 않습니다. 그것은 연결과 가능성입니다. 수평적 관계의 기호입니다. 나아가 '너'는 '나'에 대한 절대적 존재입니다. 삶에 있어 너가 기입되기 위한 조건은 나에 의해서 가능한 것이었습니다. 하지만 너를 나라고 하는 직접적 만남을 통해서 나에게 현전합니다. 너는 나를 통해서라고 하면 나라고 하는 주체에 의해서, 혹은 매개에 의해서 등장하게 됩니다. 그러면 또 다시 주체와 대상의 관계로 전락합니다. 마르틴 부버의 철학에서 너와 나, 나와 너의 짝말 혹은 근원어는 만남이고 관계라는 말은 누누이 강조해도 지나친 말이 아닙니다. 만남과 관계는 어떤 이질성이 들어설 자리가 없습니다. 만일 나와 너 사이에 어떤 매개에 의해서 인식되는 너가 된다면, 그것은 너라는 존재가 고립, 단절, 정지, 중지의 대상이 되어 영원한 현재가 아닌 과거 속의 존재가 됩니다. 다시 말해서 나-너 존재는 돌연 '그것-인간성'Es-Menschheit으로 추락합니다.

더군다나 나와 너 사이Zwischen는 '소유'의 관계가 아닙니다. 나와 너 사이는 감정이 아닌 사랑의 관계이기 때문입니다. 나와 너 사이는 나에 대해 너, 너에 대해 나의 편견 없는 존재이며 자유로운 개별적 존재로 바로 나로, 혹은 너로 마주합니다. 그런 의미에서 나와 너는 단순한 인칭대명사 혹은 명사로서의 나와 너가 아닌 나-너의 근원어 속에서 책임적 존재로 만납니다. 이러한 상호성 혹은 교호성은 나-너, 너-나의 영향으로 주고받는 관계를 나타내며, 결코 배타적 존재가 될 수 없음을 지시합니다. 따라서 나-너는 서로 작용하는wirkend 존재입니다. 오히려 관계의 선천적 조건은 타고난 너die eingeborne Du이자, 나는 너에게 만나고 접합으로써 비로소 나가 됩니다. 나아가 인간의 정신, 혹은 말은 어디에 외따로 있는 것이 아닙니다. 그것은 나에게 있는 것도 아닙니다. 나와 너 사이에 있습니다. 하지만 나-너 사이에 가로막는 것들이 있는데, 다름 아닌 '제도', 곧 '그것'Es입니다. 삶의 세계 혹은 이웃과의 관계에서 제도는 속박하고 억압합니다.

개인적인 삶이든 공동체적 삶이든 '나와 너'에서 '나와 그것'의 관계로 분리시키는 극단적 제도는 정당, 초당파성을 내세우는 제도입니다. 실제로 이것은 나-그것으로 분리하여 기계적 삶을 형성시킵니다. 따라서 참된 삶은 제도적 삶이 아닙니다. 제도는 인간을 대상화하고 인격을 모르며 상호공동성도 모릅니다. 나-너 사이에 작위적 장치인 제도가 개입하면 나-너 관계는 나-그것의 관계로 변합니다. 그것은 과거의 시간 속에서 고정되어 있으며 공적 생활의 유연성이 사라지면서 고통과 고뇌 속에 빠져 있게 합니다. 제도는 관계가 아닙니다. 유연한 관계로서의 공적 삶을 가능하게 하기 위해서 제도 속에 감정을 부여하려는 시도가 결국 '국가'가 되었습니다.

하지만 국가는 자동화된 기계일 뿐입니다. 민중들을 나-그것, 너-그것의 관계로 만들어 조직적으로 연결할 뿐입니다. 하나의 제도로서 감정이 개입된 결혼도 나-너의 평등한 관계가 되기 위해서는 나가 아닌 너를 세우는 일이 되어야 하며, 서로 너를 드러내는 일이어야만 합니다. '그것'의 세계에 이미 빠져 있어 조직이 되니까 그것-인간성이 되는 것입니다. 살아 있는 상호관계가 되려면 기계적 국가는 사랑하는 공동체Liebesgemeinde가 되어야 합니다. 제도로서의 국가, 노동형태의 가능 장소인 공장, 국가의 유산이라고 생각하는 경제조차도 그것이 되면서 '나'는 나 자신의 지배력은 물론 장치나 기계가 되어버린 '그것'에 대한 지배력을 상실하고 있으면서 스스로 지배자인 양 착각에 빠져있는 것입니다.

또한 '너'라는 존재는 '그것'의 세계 위에 표류하고 있습니다. 따라서 "이용하려는 의지의 집이 되는 경제도, 권력의지의 집이 되는 국가도 정신에 참여하고 있는 한 생명에도 참여하고 있"을 수 있습니다. 경제나 국가는 너를 말하는 정신의 주권 아래에 있어야 하며, 정신에 복종하는 정치가나 경제인이 되어야 천박해지지 않습니다. 그렇게 될 때 노동이나 소유가 그것에 포섭되지 않은 채 너를 표현할 수 있습니다. 노동과 소유는 정신의 현존Präsenz이기 때문입니다. 아무리 제도, 경제, 국가가 공정하거나 자유로워지려고 한들, 너를 말하는 정신, 너를 사물성으로 취급하지 않는 정신 아래 있지 않으면 아무런 소용이 없습니다. 결국 정신이 세계를 변화시켜야 합니다.

여기에서 인간의 '자유'가 문제시 됩니다. 자유로운 인간은 자의arbitrary self will-이것은 아무것도 믿지 못하고 만남도 갖지 못하면서 이기적 이용과 욕망에 사로잡혀 인간이 서로를 수단화합니다-에 의해서 속박되지 않습니다. 오히려 나-너의 실재적 결합에 의해서 자유롭게 됩니다. 나-너는 자유롭다고 하는 것은 나-너는 만난다는 것과 다르지 않습니다. 이것은 독립적 개별성의 무로서 존재하는 것이 아니라 나-너는 나로서 너를, 너로서 나를 의욕하는 것입니다. 마르틴 부버는 이것을 '운명'이라고 합니다. 자의에 의해서 구속된 존재는 서로 이용, 경험의 수단이 되기 때문에 독재적이고 폭력적인 관계 맺음이 돼버립니다. 그럼으로써 근원어 나-너가 아닌 나-그것이 되어 나는 너를 경험과 이용의 대상으로 여겨, 너를 종속, 노예, 복종의 존재로 만들려고 합니다. 하지만 관계는 나-너의 접촉, 나는 너와 관계 맺고 접촉합니다. 이것은 나-너의 관계에서 '나'라는 인격Person을 가지고 있는 존재를 말하며, 타자를 종속하지 않는 주체를 의미합니다. 나와 너는 인격입니다. 인격으로서 만납니다. 인격은 자기 자신을 바라보지만, 상호성이 없는 너를 고려하지 않는 나는 내 것Mein만 주장할 수 있습니다. 이에 대해 마르틴 부버는 너와 나가 공존재적 존재 혹은 공적 존재로서 인격임을 강조하고 있는 것입니다.

마르틴 부버의 너는 '영원한 너'로 확장됩니다. 그에게 있어 신은 단지 초월적 존재가 아닙니다. 세계 속에서 만날 수 있는 세계와 나, 세계와 너, 나와 너 사이에 존재하는 "자기 생명의 참 너"를 향하여 오는 것을 인식한다면, 마음속에 참 너를 부릅니다. 여기서 '향하여 부름'은 '향하여 인식함', '향하여 있음', '마주 서 있음'입니다.

"세계를 신 안에서 바라보는 사람은 신의 현존 속에 있"습니다. 향하여 바라봄, 나와 너, 나와 세계 사이에서 바라봄으로써 너에게 나아가고 자신의 너에게 모든 존재를 가져가려는 사람은 신을 발견할 수 있습니다. 그러므로 신은 완전한 자기das Ganz Selbe입니다. 그는 나보다 더 가까이에 있는 비밀입니다. 그러나 인간은 신을 찾을 수 없습니다. 다만 모든 것 속에 신이 깃들어 있습니다. 영원한 너를 만나는 것은 세상과의 관계에서 만난다는 것입니다. 부버는 이렇게 말합니다. "기도는 우리의 현재적 삶, 현실과 멀지 않아야 한다."

주지하는 바와 같이 아나키즘이 지향하는 참된 사회는 작은 사회, 작은 연합체로서 구성된 공동체, 협력과 상호부조가 가능하며 생산과 소비를 결합한 협동조합입니다. 이러한 것은 몽상적이거나 비현실적인 것이 아닙니다. 그렇다고 국가의 기계적 강요나 조정과 관리 기능의 협동조합 혹은 관료적 협동조합이나 강제적 협동조합이 되어서도 안 됩니다. 성서적 이념에 기반한 유한하고 느슨한 자유의 이념과 마음을 여는 사람들, 동무로서 내재력과 지속적이 중요한 공동체여야 합니다. 마르틴 부버가 '키부츠'라고 하는 구체적 공동체를 지향했던 것도 그러한 일환이었을 것입니다. 자본주의와 중앙집권에서 벗어난 작은 사회, 지역을 중심으로 한 작은 사회주의, 그것은 인종, 국가, 민족의 경계를 넘어선 키부츠 공동체만의 특징이라고 할 수 있습니다. 이런 차원은 '대화'라고 하는 철학적 사유와도 연관됩니다. 참된 공동생활은 개방된 인격과 인격의 만남과 대화이기 때문입니다. 대화의 가능성 속에 살고 있는 모든 것이 종교라는 성과 속의 거리도 더불어 사는 인격적 공동체를 지향하는 그의 신념과도 잘 맞닿아 있습니다. 국가철학, 신학도 인격 현상을 넘어설 수 없다는 마르틴 부버의 입장도 다수성의 인간, 병렬적 관계를 거부하는 것입니다. 이러한 그의 신념은 교육에서도 잘 드러납니다. 교육은 교사가 학생을 지배하고 강제하는 교육이 아닙니다. 대화와 상호성의 교육입니다. 강요는 학생의 성장을 방해합니다. 교육은 세계를 발견하고, 자신의 세계를 인식하는 것입니다. 더 나아가 타자의 입장을 헤아리는 것뿐만 아니라 타자의 포용을 지향합니다. 타자성을 발견하면 그를 관여하기 보다는 그를 통해서 자기의 한계를 발견하게 됩니다. 교사 역시 학생과 마찬가지로 학생을 통하여 자기를 발견하고 자기 자신을 교육하는 것입니다. 따라서 교육에서 자발성과 자유, 그리고 교통_{의사소통}은 매우 중요합니다. 이른바 자기 교육입니다.

부버에게 있어 신을 믿는다는 것은 사람을 믿는다는 것과 다르지 않습니다. 그는 "사람은 세상을 사랑하지 않고서는 신을 사랑할 수 없다"는 하시디즘^{Hasidism}의 영향을 받아 인간이 자기의 길을 가면서 신에게 이르는 길을 갈 뿐이라는 생각을 견지합니다. 우리는 그를 기다리고 있는 것뿐입니다. 신은 찾는 것이 아닙니다. 그렇다고 추론일 수도 없습니다. 그저 마주 서 있습니다. 그러기에 기도, 곧 기도를 하는 사람은 모름지기 이해할 수 없어도, 응답이 없어도 자기가 신에게 작용하고 있음을 압니다. 기도는 신 앞에 서며 거룩한 근원어^{Grundworte}

로 들어갑니다. 기도는 너라고 말하고 또 듣습니다. 신은 영원한 너로서 근원적인 관계입니다. 신은 나의 자기를 품고 있지만 나의 자기는 아닙니다. 그러면 신은 나의 그것이 되기 때문입니다. 그는 나의 소유가 될 수 없습니다. 신은 그저 영원한 너라고 말할 수 있을 뿐이고, 나는 그와 대화할 수 있을 뿐입니다. 그는 나의 자기를 품어 나를 무제한의 경지로 승화시켜 줄 따름입니다. 따라서 그는 영원한 너로서 그 영원한 너를 그것의 세계와 그것의 말 사이에 끌어들이게 합니다.

앞에서 언급한 바와 같이, 아나키스트 란다우어의 영향을 크게 받은 부버는 신칸트학파의 헤르만 코헨과는 달리 국가주의, 민족주의를 거부합니다. 부버는 "국가 자체는 신에게로 향하는 시간의 방향을 지시할 수 없다"고 외칩니다. 반면에 코헨은 국민의 정체성이 국가에 의해서 부여된 공동체라는 생각이 지배적이었습니다. 하지만 부버는 만민평등주의를 주장하면서 사유재산철폐를 외쳤으며, 종교적 귀족주의에 반대하고, 종교적 독점을 배제해야 한다고 보았습니다. 원리보다는 삶 자체를 중시하는 그로서는 당연한 논리입니다. 인간은 영원한 너에게서 등을 돌리고 국가, 권력, 돈, 지식 등을 우상화하려고 합니다. 한갓 '그것', 유희의 대상으로 소유하려고 합니다. 하지만 영원한 너에게 다가갈 수 없습니다. 돈과 신은 같이 섬길 수 없습니다. 사람이 신 앞에 나아갈 때는 책임적 인간의 자세로 나아가면 됩니다. 그리고 그가 있는 바 그대로[Ich bin der Ich bin Ich bin da als ich da bin]를 계시하는 그 계시자를 만나면 됩니다. 그는 생각할 수도, 측량할 수도, 그것으로 총화^{인식}될 수도 없는 존재입니다. 영원한 너는 그것Es으로 환원될 수 없습니다. 인간은 신을 소유하기를 갈망하지만 그것은 그것Es으로 신앙에 안주하는 것입니다. 인간은 이익을 위한, 조종을 위한 확신에 사로잡히는 것입니다. 그것이 아니라 영원한 너는 인격으로서만 나아갈 뿐입니다. 그럼으로써 신은 나-너 근원어가 울려 퍼지는 실현으로서만 이 세계에서 날마다 신과의 관계를 올바르게 할 수 있습니다. 모든 존재가 영원한 너가 될 때까지, 고양될 때까지 말입니다.

종교는 기도가 살아 있는 한 살아 있는 것이고, 종교의 타락은 종교 안에서의 기도의 타락입니다. 진실한 기도는 종교와 신앙 사이를 연결합니다. 유형의 성전이나 제의가 중요한 것 게 아닙니다. 오로지 영원한 너를 향한 고독을 통한 신의 얼굴 앞에서의 삶, 그 현실적 삶뿐입니다. 주관주의는 신을 영혼화하고 객관주의는 대상화할 수 있기 때문입니다. 가상의 해방이나 거짓된 고정^{고착화}에 빠지는 것도 경계를 해야 합니다. 가능한 한 말을 해체해야 합니다. 지연시키고 삭제하고 탈위치시킴으로써 신에 의한 본질적인 말이 나와 세계를 결합하도록 해야 합니다. 그런데 말이 위급해지면^{위기에 처하면} 삶은 비현실화되고 소외가 일어납니다. 반면에 신의 현현은 가까워질 것입니다. 존재와 존재 사이, 우리 사이에 숨어 있는 나라에 가까워질 것입니다. 종국에 그것은 세계적 전환으로, 신적 구원으로 나타날 것입니다.

8. 종교주의를 넘어선 평화주의자-톨스토이

"사랑이 있는 곳에 하나님이 있다"

레프 톨스토이Lev N. Tolstoy, 1828-1910가 아나키스트로서 시대의
성자처럼 비춰지곤 하는 것이 조합이 안 맞는다는 생각을 할 수 있
을지도 모르겠습니다. 하지만 투쟁과 그 내용과 방식으로서 산상설
교, 사랑, 비폭력, 신앙의 내면화, 그리고 무소유적인 삶을 통해 영지
를 농민에게 넘기고, 저작료를 사회에 환원하거나 수입을 나누고 사
치품을 매각하는 등 종교와 아나키즘을 삶의 실천으로 드러낸 것을
보면 후대의 긍정적 평가는 정당하다고 할 수 있을 것입니다.

그 역시도 여느 아나키스트처럼 공식적인 제도교회를 부정하
고 국가라는 제도 자체를 거부하는 것은 물론 자본주의 경제질서의
근간이라 할 수 있는 사적 소유를 타파해야 한다고 부르짖었습니다.
그에 대한 투쟁방식은 비폭력주의였습니다. 그것은 무능력한 포기

와도 같은 내려놓음이 아닙니다. 악에 대해 폭력주의 방식으로 대항하지 말라는 수동적인 무저항이 아니라 적극적인 의미의 악에 대한 투쟁을 포기하지 말라는 강한 논변이었습니다.

톨스토이에 따르면, 국가는 근본적으로 폭력 기관입니다. 국가의 폭력은 마치 테러처럼 위협을 가하는 기관이자, 군대, 관리자, 교도관, 정부, 경찰조직, 농노제, 자본주의 소유구조 등을 통하여 그 힘을 행사합니다. 심지어 그는 그러한 폭력을 신의 법칙으로 정당화하는 종교를 모든 악의 근원으로 간주합니다. 또한 국가는 노동자의 재산을 강탈하고 사람들의 정신적 성장을 가로막는 세뇌^{최면}를 하는데, 특히 의무교육과정을 거쳐 애국심을 배우게 합니다. 나아가 종교 제도를 통하여 사람들의 개인적인 삶을 통제 마비시킵니다. 국가는 이러한 사람들을 뽑아다가 정신적 마비 상태의 도구로 사용합니다. 결국 사람들은 국가권력기관에 복종하고 분별력이 없는 기계로 전락합니다. 아나키스트는 이러한 정부 혹은 국가를 비판합니다. 특히 국민개병제도는 권력기관의 물리적 폭력의 토대가 됩니다. 권력을 소유하면 타락하기 마련이라는 것은 이를 두고 하는 말입니다. 정부는 권력을 유지하기 위해서 군사력을 증강시켰기 때문입니다.

국민개병제도는 그런 의미에서 국가 유지에 폭력이 필요하는 순간 그 모순을 드러냅니다. 국민개병제도는 사회적 삶을 유지하기 위한 것이지만, 기실 군비와 전쟁을 위해서 징수한 세금^{국방비}은 노동 생산물을 빼앗아 가는 것이나 다름이 없습니다. 톨스토이는 이에 대한 거부, 곧 병역을 거부해서만이 인간의 존엄성을 지킬 수 있다고 말합니다. 애국심이나 민족주의는 어떻습니까? 애국심은 비이성적이고 인위적입니다. 지배계층은 학교, 군대, 교회, 언론을 손아귀에 넣고 민족적 정신, 애국심을 이식합니다. 그럼으로써 애국심 때문에 국가에 복종하는 의무를 배우게 됩니다. 애국심은 미개한 것입니다. 이는 자기 국민만을 사랑하는 감정을 고취시키는 것입니다. 자기들의 이익을 위해서 다른 나라를 침략하고 학살하는 악한 감정임에 틀림이 없습니다. 이로써 각 국가들은 자기 나라가 최상의 국가인 양 착각하고 서로 아귀다툼을 할 것이니 말입니다.

애국심은 부도덕한 감정이자 전쟁을 발생시키는 가장 최고의 악으로서 근원적인 악입니다. 따라서 애국심을 부추기면서 순응적으로 복종을 하게 하는 국가에 세금을 납부해서는 안 됩니다. 정부에 속아 넘어가 분노를 길러서도 안 됩니다. 우리가 추구해야 할 것은 폭력을 근절하고, 공동재산을 확립하면서 보편적인 종교를 지향하는 것입니다. 더불어 전 세계적인 동포애, 이른바 세계시민적 동포애를 지향해야 합니다. 그리스도는 겸손, 유순함, 용서를 가르쳤기 때문입니다.

그렇다면 정부 대신에 어떤 형태의 정치체를 지향해야 할까요? 톨스토이는 아무것도 없다고 말합니다. 사람들은 하나님의 아들^{자녀}라는 사실을 기억하면서 국가나 조국의 아들이 아닌 하나님의 아들로서 누구의 노예나 적이 되지 말아야 합니다. 자본주의는 다스리는 자 혹은 지배자가 있어서 만들어집니다. 따라서 동물적 본능을 버리고 이성과 사랑에 따르면 됩니다. 정부 조직에 참여하거나 정부 권력을 증대시키는 일을 하지 말고 사유, 연설, 행동, 삶을 통해 정부와 싸워야 합니다. 민주국가의 민중도 정부에 참여하고 있다는 점에서 국가의 폭력의 정당성을 인정하고 있는 것입니다. 민주국가도 언론, 출판, 집회, 양심의 자유를 누리고 있다고 생각할 수 있지만, 그것은 권력의 허가 범위 내에서 가능하다는 점을 인지해야 합니다. 따라서 진정한 자유는 국가로부터의 자유입니다. 이것이 그리스도의 가르침입니다. 이를 위해서 톨스토이는 당대 사회주의나 민족주의자, 자유주의자와도 논쟁을 마다하지 않았습니다.

영구적인 혁명, 혹은 도덕적인 혁명, 영혼의 갱생만이 답입니다. 그것은 반드시 비폭력 혁명, 비살인 해법을 통해서만 이루어져야 합니다. 이러한 혁명의 방법은 간디에게도 영향을 주었습니다. 억압으로부터 해방을 위해서 노력하고 전쟁을 방지하고 현대의 상황을 정확하게 파악해야 합니다. 군대는 살인의 도구이며 징병과 군대 운동은 살인 준비의 도구라는 것을 명백하게 깨달아야 합니다.

자본주의는 주인과 노예와의 관계를 나타내는 경제체제입니다. 생산수단이 자본가에게 있습니다. 사회주의자는 생산수단을 공유화하면 되지 않겠느냐고 합니다. 하지만 문화적 측면에서 전등전화, 콘서트, 공연, 전시회, 담배성냥, 치열교정기, 자동차 등은 모두 지옥으로 휩쓸려 들어가도록 만드는 것으로서 여전히 민중을 노예

상태로 있게 하는 것들입니다. 옷을 하나 만드는 과정을 놓고 보더라도 우리의 편익을 위해서 형제와 동포의 삶과 생명을 희생시키고 있습니다. 그것은 그들을 노예상태에 놓이게 하는 것이며 자연을 폭력으로 다루는 것입니다. 자본가와 경쟁을 하려고 할 것이 아닙니다. 세금, 토지, 사람들의 필요와 욕구를 충족시켜 줄 상품을 지배하는 사람은 노예가 될 수밖에 없습니다.

여기에서 또 짚어봐야 할 것이 있습니다. 법을 만들 수 있는 권력, 혹은 입법권을 가진 사람들이 존재하는 게 문제입니다. 그들에 의해서 노예제는 계속 존속하게 됩니다. 입법은 민중 전체의 표현 행위입니다. 하지만 법이 있는 곳에 법을 지키게 만드는 힘이 존재하고 특정한 이들의 의사에 복종하도록 만드는 것, 그것이 폭력입니다. 법을 강요하고 있기 때문입니다. 그러므로 국가 조직은 허상입니다. 민중의 행복을 위해서 존재하지도 않습니다. 정부는 민중에게서 세금을 걷어 무기를 사고, 야만적 지휘관을 고용하여 사람들을 군사훈련시켜서 살인기계로 만듭니다. 정부는 민중의 이성적 자유를 말살하는 조직체입니다. 교회도 마치 이러한 정부를 위해서 존재하는 듯이, 교회는 민중들에게 신성하고 근원적인 어떤 것을 강요합니다. 교회는 복종을 선으로 여기게 하고 정부기관을 숭배하게 합니다.

이와 같은 맥락에서 노동자들은 이웃을 노예화하는 모든 일을 그만 두어야 합니다. 일개 병사, 세무 관리, 장관, 국회의원 등 국가 폭력과 관련된 어떤 일도 거부해야 합니다. 그러한 정부를 위한 세금도 납부하지 말아야 합니다. 토지 재산을 위해 국가 폭력을 이용하지 않도록 해야 하고 자기 자신은 다른 사람의 노동으로서 만족을 해야 합니다. 물론 어려운 일입니다. 하지만 정부의 폭력에 참여하지 않기 위해서는 최선을 다해야 합니다. 공범이 되지 않기 위해서, 살인 행위라면 손도 대지 않기 위해서, 범죄라면 손을 내밀지 않기 위해서 거부할 수 있어야 합니다. 그럼에도 정부의 폭력에 대해서 폭력으로 맞서거나 사용하지 말아야 합니다.

사회주의자는 모든 자본을 국가에게, 인류에게 양도함으로써 불평등과 억압을 제거할 수 있다고 주장합니다. 하지만 이것은 역사적으로 나타난 바와 같이 중앙통제권력으로는 해소가 안 됩니다. 근본적인 것은 물질적 행복이 아니라 영적인 행복을 추구할 때 나와 너가 더불어 행복할 수 있습니다. 자신만의 이기적인 행복이 아니라, 다른 사람의 행복을 위해 살아야 합니다. 다시 말해서 자기 자신을 비워야 합니다. 이것이 그리스도가 가르쳐준 진리입니다. 구원은 물질적 안녕을 버리고 이웃의 행복 욕구를 충족시켜주며, 서로 사랑하며 이 세상을 하나님 나라로 건설하는 것입니다. 왜곡되지 않는 양심, 감정, 이성, 신념, 곧 삶의 규범을 따르는 것, 그것이 진정한 그리스도인의 길입니다.

자기 자신의 행복은 다른 사람에 의해 좌우됩니다. 개인의 행복만을 고려하다가는 다른 존재의 행복과 생명을 빼앗게 됩니다. 전기, 여행, 터널, 전화, 전쟁, 당파싸움, 대학, 학회, 기타 활동들이 과연 참된 인생일까요? 우리들이 알지 않으면 안 되는 것은 '자기 자신'자기 자신이 되는 것입니다. 우리들의 행복을 위해서 동물적인 자아를 내려놓고, 동물적 자아를 버림으로써 진정한 삶이 시작됩니다. 따라서 상호 행복을 추구해야 합니다. 자신을 사랑하는 것처럼 다른 존재를 사랑해야 행복할 수 있습니다. 서로 사랑해야 합니다. 서로 다투기보다는 서로 봉사하는 모습, 상호간의 봉사 없이 세계의 존재가 무의미합니다. 상호간의 투쟁이나 다툼이 아니라 타자에 대한 행복과 사랑을 위해서 사는 사람은 죽음이 결코 사멸이나 소멸이 아닙니다. 단절이 아닙니다. 타자와 자아는 서로 봉사하고, 그 법칙에 따른 삶을 살아갈 때 최대의 행복을 누릴 수 있기 때문입니다. 톨스토이는 이렇게 말합니다. "인간생활의 법칙이란 서로 다투는 것이 아니라 서로 봉사하는 것입니다." 이성의 법칙은 적의와 불화가 아니라 화합과 결속입니다. 이에 따라 노예, 살해, 반동물, 살육, 군대의 자만이 중지될 것입니다.

사람은 무엇으로 사는 것일까요? 사랑으로 삽니다. 동물적 자아는 다른 사람의 자아를 이용합니다. 하지만 다른 사람을 행복하게 하는 삶이 행복한 삶이자 사랑입니다. 사랑이란 인간의 유일한 이성적 활동입니다. 좋은 일을 하고 싶다고 바라는 것이 사랑입니다. 그것은 누구나 자기 자식과 자기 아내와 자기의 조국을 사랑함과 동시에 다른 사람의 자식과 다른 사람의 나라를 사랑하는 것입니다. 사랑은 또한 미래적 활동이 아닌 현재적 활동입니다. 특정한 사랑을 편애하는 것은 사랑이 아닙니다. 사랑은 보편적 사랑이어야 합니다. 편파적이고 편애의 감정은 생존경쟁을 격화하고 강화합니다. 따라서 다른 사람을 미워하고 악을 행하는 것을 중지해야 합니다. 특정 사랑을 멈추어야 합니다. 진정한 사랑은 생명 그 자체로서요일 3:14 자기 이외의 다른 대상을 행복하게 해주려는 욕구입니다.마 22:37-29; 눅 10:27-28 사랑만이 인간의 이성적 본성을 완전히 만족시킵니다. 이에 다른 사람의 고통을 제거해 주려고 노력해야 합니다.

신앙은 세속적 목적을 이루기 위한 수단이 아닙니다. 다른 사람에게 선한 사람으로 보이게 하고 싶은 욕망도 아닙니다. 다른 사람에 의해 연출된 놀이도 아닙니다. 신앙은 오로지 자기 자신이 되는 것입니다. 나 자신의 자리를 지속적으로 물으며, 인류의 이상, 인류의 최고선이 실현될 수 있도록 도와야 합니다. 신앙이란 인간 삶의 인식이며, 신은 바로 그것 없이 살아갈 수 없는 것이요 생명입니다. 정교회는 교리 혹은 교의에 의해서 톨스토이에게 강한 인상을 심어 주었고 사랑에 의한 화합과 일치 속에 진리가 있다고 생각하도록 했습니다. 하지만 그는 정교회에 배타성이 있음을 알게 되었습니다. 자신들 속에만 참된 신앙이 있다고 주장하는 것을 그대로 믿을 수 없었습니다. 그래서 톨스토이는 정교회로부터 이탈을 하였습니다. 전쟁이 일어났을 때 정교회 신자들은 그리스도의 사랑이라는 허울좋은 이름으로 동포를 살육했으며, 신앙의 본질에 어긋나는 악을 행하였습니다. '우리 군대가 승리하게 해주소서'라고 기도하는 신앙의 지도자는 살인행위를 정당행위로 인정하는 것이나 다름이 없었습니다. 따라서 거짓이 되었든 진리가 되었든 교회라고 불리는 것들에 의해서 전해지고 있었습니다. 그에 의하면, 교리나 신조는 의무가 아닌 오직 이성의 필연적 상태가 될 때 이해가능해집니다. 톨스토이는 신앙 속에 진리도 있지만 거짓도 있다는 사상을 뼈저리게 느꼈습니다.

언론, 도로, 전신, 전화, 사진, 감옥, 요새, 부, 교육사업, 군대가 정부의 수중에 있다는 것은 자본가가 있기 때문에 그렇습니다. 권력의 부도덕성을 인식하고 그것을 철폐하고 보편적 행복과 정의를 추구해야 합니다. 그러기 위해서는 국가의 조직과 재산을 소멸시키는 것이 급선무입니다. 그러나 무력은 안 됩니다. 사람들이 서로를 억압하지 않고 공동생활을 영위하기 위해서는 무력에 의해 유지되는 조직이나 강압이 아닌 내적 신념에 따라 행동해야 합니다. 자신의 삶을 통해 이웃에게 도움을 주도록 해야 합니다. 그것은 "남에게 대접받고자 한다면, 너희도 남을 대접하라"는 보편적 도덕률에 따라서 좋은 삶을 살아가는 것을 의미합니다. 이에 훌륭한 삶이 존재하기 위해서는 훌륭한 사람이 되는 것이 먼저입니다. 또한 하나님이 완전하신 것처럼 너희도 완전하라는 명령에 입각하여 살아가는 것, 그것이 참 그리스도인이라 할 수 있습니다.

종교적 혁명은 마태복음 5:37-42절에 근거하여, 악은 악으로, 폭력은 폭력으로가 아닌 비폭력적 혁명을 일컫습니다. 혁명의 진정한 목적은 권력에 대한 복종이라는 기만행위로부터 인류를 해방시키는 데 있습니다. 또한 자신의 삶에 질서를 부여하고 다시 권력기관에 복종하는 것을 거부해야 투쟁을 멈출 수 있으며 남을 강압하는 일을 더 이상 하지 않을 수 있습니다. 이것이 가능하기 위해서 그리스도교의 규범을 기초로 하여 새로운 형태의 작은 공동체 연합 혹은 소규모의 연합공동체를 꾸리는 것도 생각할 수 있습니다. 이를 통해 상호합의하고 평등과 협동을 통해 국가 권력의 승인이 없는 자유로운 삶을 일궈나가야 합니다. 물론 국가에 속해 있는 한 누구도 자유로울 수 없습니다. 그러나 정부에 복종하지 않고 하나님에게 복종하고 올바로 산다면 진정한 자유, 상호협력과 상호부조가 가능한 삶이 될 수 있습니다.

톨스토이는 이성과 종교_{사랑}이 대립이 아니라고 보고, 오히려 이성이 명령하는 최고의 행위가 바로 사랑이라고 믿었습니다. 따라서 그는 정교회가 이성적인 종교로서 회복하기를 요청하고 마태복음 7:12절의 황금률을 그리스도교 정신의 핵심으로 제시하였습니다. 그는 모든 종교가 근원에서는 동일하다고 생각했습니다. 하지만 정교회는 자신의 종교 이외의 다른 종교는 이단으로 낙인을 찍는 것은 물론, 교리를 앞세워 사랑이라는 이름으로 자신의 형제를 죽이기까지 하는 것을 보고 교회가 저지르는 악에 대해 공포감을 느꼈습니다.

그럼에도 그에게 있어 그리스도교가 의미가 있었던 것은 사랑을 최고의 법칙으로 강조했기 때문이었습니다. 톨스토이는 이것을 선도적으로 깨우치고 살았던 존재는 '인간' 예수였다고 보았습니다.

그에게 예수는 신이 아니었습니다. 그 뿐만 아니라 그리스도교, 특히 정교회에서 말하는 대부분의 도그마와 신조를 부정했습니다. 이로 인해 1901년 2월 24일 러시아 정교회에서는 톨스토이를 공식적으로 파문한다는 발표를 하기에 이르렀습니다. 그 이후에도 비밀요원에 의해 감시당하고 자신의 저작에 대해서 혹독한 검열과 출판까지도 금지당하는 삶을 살았습니다. 그렇지만 『참회록』, 『나의 신앙』, 『교리신학 연구』 등은 비합법적 출판물의 형태로 계속 퍼져나가는 것은 어쩔 수 없었습니다.

톨스토이는 교권을 향해 신을 거역해서 정교회를 버린 것이 아니라 영혼의 힘을 다해 그를 섬기기 위해서 버렸다고 항변했습니다. 예수의 가르침이 시행되지 않는 이유는 국가 때문이라는 그의 비판 저변에는 결국 국가가 교회를 비호하기 때문이라는 생각이 짙게 깔려 있었습니다. 그럼으로써 성서에서 말하는 사랑의 법칙과 국가가 행사하는 폭력의 법칙이 상충된다는 것이었습니다.

톨스토이는 프루동의 "소유는 절도다"와 같은 주장, 그리고 크로포트킨의 상호부조론에 깊은 영향을 받았습니다. 하지만 톨스토이는 나름의 종교적 아나키즘의 색채를 띠고 활동할 수 있었던 것은 그가 종교적 가치를 완전히 부정하지 않았기 때문입니다. 종래의 아나키즘은 반종교적이었지만, 그렇다고 해서 그가 종교적 가치를 완전히 부정했다고 볼 수는 없습니다. 그런 의미에서 톨스토이의 사상은 그리스도교적 아나키즘이문영이라고 해야 할 것입니다. 이는 레닌조차도 1905년 제1차 러시아 혁명이 실패한 원인 중 하나를 톨스토이주의라고 여겼던 것을 보면 잘 알 수 있습니다. 레닌은 톨스토이의 평화주의가 반동적이기 때문에 민중들에게 해롭다고 매도를 할 정도였습니다. 하지만 톨스토이의 병역 거부에 대한 주장은 러시아의 종교적 신념에 의한 병역면제법이 만들어지게 되는 배경이 되었다는 점에서 그의 사상이나 실천은 결코 무의미하지 않았습니다.

특이할 만한 사실은 톨스토이가 니콜라이 2세의 주도로 소집되었던 헤이그평화회의를 반대했다고 하는 것입니다. 얼핏 보면, 그것은 평소에 국가나 군대가 철폐되어야 한다는 톨스토이의 신념과는 완전히 반대되는 행위처럼 보입니다. 하지만 그가 평화회의를 반대했던 이유는 좀 더 근본적인 데에 있었습니다. 군대가 국가의 존립 기반이라고 할 때에 국가가 마치 평화의 문제를 해결할 것이라는 환상을 심어주기 때문이라는 것이었습니다. 따라서 개인의 병역거부라는 개인의 평화행동만이 군비철폐와 전쟁근절을 가져올 것이라 강조했습니다. 그즈음 일어난 러일전쟁은 바로 헤이그평화회의의 무용성을 입증하는 것이라고 비판하면서 전쟁의 원인은 신앙과 사랑을 잃는 행위라고 하였습니다. 톨스토이의 이러한 절대평화주의는 간디의 비폭력저항운동이나 노자의 무위, 중국의 아나키스트, 일본의 초기사회주의, 우리나라의 최남선과 이광수에게도 문학적·철학적·종교적으로 상호교차적인 영향을 주었다는 점에서 큰 의의가 있다고 하겠습니다.

9. 탈국가주의적 신정통주의 신학자−칼 바르트

"국가는 그 자체로 악하다."
그리스도교 신앙의 하나님은
"모든 민족들 가운데 수립될 하나님 자신의 의로운 국가"를 지향한다.

"교회는 예수가 아니며, 예수는 교회가 아니다." 독일의 신학자 칼 바르트K. Barth, 1886-1968가 한 말입니다. 그는 신학계에서 자유주의신학에 대해서 반성적인 목소리를 내었던 신정통주의신학자로 알려져 있습니다. 하지만 그와 달리 칼 바르트는 강력한 정치적 영혼의 소유자로서 제3제국의 위협에 철저히 저항했던 신학자입니다. 정치신학적 측면에서 그는 성서와 정치를 유기적 관계에 있다고 생각합니다. 따라서 그에 의하면 하나님은 정치적으로 행동합니다. 이처럼 나치 정부와 불편한 관계를 지속했던 그는 국가의 본질이 단지 민족주의적 관심사를 추구하는 데 있지 않다는 신학적 입장을 분명히 했기 때문입니다. 그의 입장은 확고합니다. 국가는 필연적으로 폭력국가이며 무력국가입니다. 국가의 근본성격은 억압하는 역할입니다. 한마디로 "국가는 악합니다." 그럼으로써 그는, 그리스도인은 만일 자신의 민족 국가 안에서 드러나는 의로운 모습과 조화롭지 못한 것을 알아차린다면 위기 시 대립하고 저항을 불사해야 한다고 말합니다. 바르트는 고백교회의 신학위원이었기에, 바르멘 신학선언은 그의 신학을 대변한다고 할 것입니다.

바르트는 국가나 정부보다 그리스도교 신앙의 토대를 "전적 타자"der ganz Andere, 바르트는 3인칭 남성 단수를 사용하면서 하나님의 인격성을 지시하였습니다. 이에 반해 3인칭 중성 단수를 사용한 루돌프 오토의 das ganz Andere는 신이 인격성이 제거된 사물처럼 간주됩니다.를 드러내고자 했습니다. 그런 의미에서 국가는 하나님의 은총에 달려 있습니다. 바르트에 따르면 국가는 항상 스스로를 절대화하려는 유혹에 시달립니다. 하지만 국가는 예수 그리스도에 속하며, 그의 인격과 사역에 봉사를 해야 할 뿐만 아니라 죄의 칭의를 위해 봉사해야 합니다. 또한 국가는 신적 은혜의 기관이자 신적인 봉사의 형태입니다. 따라서 국가는 결코 하나님 나라가 아니며 그럴 수도 없습니다. 만일 그러한 국가가 정의를 창조하고 그 의무를 시행하지 못할 경우, 게다가 전체주의적 맹세를 강요할 경우, 하나님 나라가 되는 것처럼 행동할 경우에는 무시하거나 반대할 수 있어야 합니다. 모든 정치는 다수화의 악마적 기술입니다. 노예화, 의회민주주의도 크게 다르지 않습니다. 국가의 권력적 성격과 강제적 성격은 하나님 국가Gottesstaat, 하나님 나라의 의와 자유에 대립해 있기 때문입니다. 교회는 이 때 평등성과 공평성과 사회정의편에 서 있어야 하고, 획일화, 통제검열에는 거부할 수 있어야 합니다. 이러한 교회론에 입각할 때, 교회는 국가의 모본이요 원형이 될 수 있습니다. 계급적, 관료적, 민족주의적 국가에 대해서는 교회가 가장 직접적 형태로 정치적 책임을 수행해야 할 것입니다. 그로 인해 세상은 교회가 세상의 빛이요 소금이라는 것을 보여주는 것이기 때문입니다.

바르트의 이러한 신학적 견해는 교회가 세상에서 정치적일 수밖에 없다는 것을 단적으로 말해주는 것입니다. 그는 민중들을 통제, 감독하는 관료주의 국가와의 타협을 거부하면서, 죄는 다른 것이 아니요 다름 아닌 자기 독재autocracy임을 확실하게 깨달아야 한다는 것입니다. 오히려 그는 국가의 모든 권력은 근본적으로 국민민중으로부터 나온다는 것을 믿고, 그리스도는 우리의 실존을 의롭게 하시는 존재라는 것, 그것이 믿음이라는 것을 거듭 강조합니다. 그러므로 한 인종이 다른 인종을 다스리는 일 따위는 전혀 있을 수가 없습니다. 관료국가는 계산가능성의 인간, 사물적인 인간으로 전락시켜 인간이 인간에 의해서 노예상태로 살게 합니다. 하지만 화해한 인간은 하나님에게 순종하고 하나님과 이웃을 위해 자신의 행위 속에서 주체적인 인간, 존재 통합의 인간이 됩니다.

그렇다면 그 당시 어떻게 사유해야 하고 행동해야 하는가에 대한 신학적 실존의 기초는 어디에 있었을까요? 그는 "우리가 들어야 할 유일한 말씀은 예수 그리스도의 말씀이다"라고 말하면서, 교회는 반드시 말씀의 능력을 신뢰하고 복종할 것을 종용했습니다. 그는 하나님의 계시 이외에는 어떠한 것은 인정할 수 없다고 단호하게 말합니다. 계시에 입각한 배타성이 겨냥한 목표는 분명합니다. 정치적 이데올로기에 따른 유사 종교적 요구에 거부하겠다는 강한 의지였습니다. 그가 『로마서주석』에서 밝힌 전적 타자로서의 하나님은 시대적 언어였습니다. 시대가 요청한 언어요 신학으로서 국가사회주의를 반대하고 반공주의를 주창하지 않았다는 데서도 잘 드러납니다. 이 역작 1판에서 밝힌 것들이 의미가 있는 것은 자본주의, 국가 및 군국주의 우상들의 지배에 대해서 통렬하게 비판했다는 점입니다.

그에 따르면 자본은 인간을 지배하는 사물입니다. 특히 국가의 지배, 혹은 국가의 존재는 인류와 신적 기원의 부정적 관계를 나타낸다고 지적합니다. 나아가 국가는 하나님의 진노 현상이요 혐오요 왜곡현상이라는 것입니다. 그러므로 바르트는 국가와 사회 안에서 군국주의가 부상하게 된다는 우려와 함께 국내의 억압정치와 자본증식을 위해서 국가들의 무기 산업과 전쟁산업이 일어나면서 국제적 전쟁정치를 발전할 수 있다고 보았습니다. 그럼으로써 이 둘이 서로 보완한다는 것을 정확하게 주목했습니다. 이러한 입장에 따라서 그는 군국주의가 결국 폭력주의의 본질을 드러낸다는 것을 간취하였습니다. 이러한 의미에서 바르트의 정치신학과 정치 사유에는 지배구조, 억압 및 폭력의 철폐, 자유와 자율의 촉진, 소외와 물화의 억제라고 해도 과언은 아닐 것입니다. 물론 여기서 자유는 개인의 자유와 다른 사람의 자유요 사람들 간의 연대와 평화를 의미합니다. 이것을 위해서 하나님의 혁명은 사적 소유와 정치적 소유 철폐, 계급 사회와 정치적, 이데올로기적 제도들과 도구들의 사라짐이라 할 수 있습니다. 더군다나 하나님 나라 운동은 아래로부터의 운동이요 그 주체는 작은 자들의 하나님을 뜻하기 때문입니다. 그뿐만 아니라 하나님의 혁명은 자의Eigenwille나 사사화가 아니라 철저한 세계 혁명이고 여기에 동참하는 교회는 국가에 대항하며 하나님 나라를 지향하는 공동체입니다.

앞에서 말한 것처럼 교회는 국가의 여러 형태에 잠정적으로 참여하며 현실적 혁명의 기회를 얻기 위해서 노력해야 합니다. 교회는 국가적 의무를 수행하면서도 종래 국가의 문제들에 저항하고 투쟁할 수밖에 없습니다. 그에 의하면, "참된 하나님의 혁명은 하나님에게서 나"옵니다. 악한 질서가 옹호되는 그곳에서 혁명은 필연적으로 일어납니다. 하나님 안에서만 혁명과 질서는 모순되지 않습니다. 혁명적인 것은 배타적으로 하나님의 행동뿐입니다. 하나님의 혁명은 우리와 맞서서contra nos 일어납니다. 따라서 혁명가의 행동은 하나님의 혁명에 상응하는 정치적 행동일 뿐이며 그로인한 개혁정치는 체제를 파괴하는 특성을 부여합니다. 바르트가 이러한 신학적, 정치적 입장을 띤 것은 헤르만 쿠터H. Kutter나 레온하르트 라가츠L. Ragaz, 블룸하르트C. F. Blumhardt와 같은 종교사회주의자와의 관계 속에 있었기 때문이었을 것입니다. 바르트는 독일의 군국주의나 비잔틴 제국식의 봉건국가인 러시아와 같은 폭력적 지배에 대해서 신랄하게 비판하였습니다. 이에 군사나 군대의 무력에 대해서 우려를 표명하는 설교를 행한 적도 있었습니다. 당시의 사회문제와 관련해서도 누가복음 10장 28절 이하에 근거하여 사랑의 이중계명을 인용하면서 개인의 신성과 인류에 대한 책임을 거론하였습니다. 한때 사회민주당에 가입했던 바르트는 노동자 문제와 관련하여서도 외면하지 않았습니다. 그는 무기력한 자, 소수자들, 가난한 자들, 낮은 자들을 위해서 보냄을 받았다고 느꼈습니다. 사회계층에서 예수보다 더 아래인 사람은 없습니다. 주님이자 스승이신 분의 정신에서 벗어난 교회, 곧 곤궁을 외면하고 선행을 하지 않은 교회는 가장 심각한 타락을 한 것이요 그리스도로부터 타락을 했다고 생각했습니다. 그에게 있어 하나님의 나라는 현실적인 삶을 온전히 지배해야만 했습니다.

나아가 하나님의 창조는 어떠한 영역도 하나님의 은총의 영역이 아닌 곳이 없다는 강한 신학적 배경도 한몫을 했습니다. 하나님이 세상을 창조하신 것이라면 그 어떤 곳에도 하나님의 빛이 비치지 않는 곳이 없습니다. 하나님의 은총은 우리의 삶 전체에 주권을 요구하신다는 의미입니다. 바르트는 칭의란 정화, 성화, 갱신과 동의어나 다름없다고 생각했습니다. 바르트의 『교회교의학』은 단순한 신학적 체계가 아닙니다. 이 교의학은 정치 상황을 더 분명하게 밝힐 수 있어야 한다는 것이 바르트의 지론입니다. 다시 말해서 교의학은 정치적이어야 한다는 것입니다. 교의학은 독자적 책임을 가지고 그리스도인으로서 사고하며 발언하도록 지시하는 것입니다.

특히 이러한 과정 속에서 화해는 혁명입니다. 이것들은 이웃과 더불어 존재하게 하는 협동의 존재, 하나님 안에서 공존해야 하는 존재, 그 계약질서, 자유, 평화, 연대성, 돌봄을 의미합니다. 화해는 그리스도의 낮춤과 높임 받은 인간의 아들을 통하여 인간 존재의 드높임을 상징적으로 보여주는 사건입니다. 모든 인간의 인간성의 높임, 고향으로의 소급과 환원, 해방과 희망의 사건임을 여실히 드러내주는 일대 인간과 세계 상황의 변혁입니다. 그러므로 화해는 보편적, 전체적 변혁입니다. 바르트는 화해론을 통하여 예수 그리스도를 참 혁명가로 해석합니다. 하나님 나라와 자유로운 인간 사회 투쟁은 결코 서로 대립하지 않습니다. 예수 그리스도의 예언자적 투쟁사와 인간의 자유, 정의, 연대를 위한 투쟁도 배제하지 않습니다. 모름지기 화해와 구원의 세계사 내의 하나님의 행동과 인간의 행동은 공존하는 게 당연합니다. 하나님에 의한 인간의 자기 규정이 자유를 되찾게 하지만, 그 능동적 주체는 이웃과 관계 맺을 때 형성되는 것입니다.

인간 공동체에게 있어 연대성과 상호교류통교, 교제, 친교, Kommunion는 인간의 공존원리가 됩니다. 그런 의미에서 바르트 신학은 이론신학이 아니라 실천의 이론입니다. 그것은 이웃을 위하여, 이웃과 더불어 인간의 자유, 자율결정을 통하여 예수 그리스도의 역사에 동참하고 협동하는 능동적이고 주체적인 인간의 실천을 말합니다. 소외된 인간은 하나님을 타율로 생각합니다. 그러면서 하나님과 이웃의 책임에서 벗어난 초인이 되려는 잘못된 자율을 낳게 됩니다. 이로써 도둑질, 강도질, 폭력과 살인, 전쟁과 세계대전으로 치닫게 마련입니다. 물화된 자율은 관료적 관계, 이웃 없는 인간이 되고 맙니다. 사물들은 권력의 지배에 종속되고 하나님과 주고 받는 관계로 전락합니다. 하지만 화해한 인간은 그리스도의 역사에 참여하여 그와 더불어 투쟁역사, 혁명 역사를 만들어갑니다. 성화는 타율에서 자유의 상태로 끌어올리는 것이요, 해방이요 이웃과 하나님을 위한 자유로운 인간이요 모든 권력들의 지배로부터 자유로운 인간입니다. 자유는 다른 사람의 자유요 연대성이요 평등이요 이웃과 섬김, 친교에서 일어납니다. 따라서 그에 따르면 교회란 "하나님의 법칙, 그의 명령, 질문, 그의 경고, 그의 고발이 가시적으로 파악될 수 있도록" 해야 하며 "세상과 국가, 사회를 위해서 그래야 한다"는 것입니다. 교회는 결코 피안만을 생각할 수 없습니다. 신체성, 사회문제를 생각하지 않을 수 없습니다. 그에게 있어 신앙과 정치는 뗴려야 뗄 수 없는 관계입니다.

이러한 칼 바르트의 신학적 기조는 "하나님의 질적인 차이는 무한이며, 모든 인간적인 것들과 대척점에 서 계신다"는 말에서 잘 드러납니다. 그가 지닌 신론이나 교회론 혹은 그리스도론에 의하면 국가신학은 용인할 수 없는 것입니다. 하지만 그 당시 일부 루터교 신학자들은 히틀러를 영도자로 선물하신 하나님께 감사하고 국가사회주의야말로 선한 정부라고 지지하며 선언을 하였습니다. 그러나 바르트는 국가권력은 그 자체로 악한 것이며, 하나님의 뜻과 완전히 대립한다고 비판하였습니다. 더군다나 모든 정치는 다수를 점하기 위한 권력을 향한 투쟁이며 악마적 방법에 불과하고 근본적으로 추악하다고 피력하였습니다. 그런 이유에서 바르트는 신적인 것이 정치화되어서도, 인간적인 것이 신학화되어서도 안 된다고, 심지어 민주주의와 사회민주주의를 위해서도 그래서는 안 된다고 강력하게 맞섰습니다. 국가를 진지하게 받아들임으로써 국가에 지나치게 의미를 부여하는 것도 자칫하면 국가를 긍정할 수 있기 때문입니다.

따라서 과격한 혁명분자도 이데올로기로부터 자유로운 정치를 추구해야 합니다. 그러기 위해서 민중은 신적인 것에 쏟는 열정, 진심, 중요도를 배제해야 합니다. 당시의 국가들은 민중들에게 영혼까지 바칠 것을 요구할 정도였습니다. 이에 바르트는, 국가의 도덕적 의무, 윤리적 의무는 다할 수 있지만, 하나님의 이름을 빌려 국가와 타협하지 않아야 하고, 그리스도교적 애국주의나 민족주의적 십자군 행동을 거부해야 한다고 말했습니다. 군복무를 위해서는 사병이나 장교로 복무를 할 수 있지만, 그것이 전쟁목적이 되어서는 안 된다는 의사도 분명히 밝혔습니다. 종교적 운동과 관련해서 바르트는 종교사회주의와도 결별합니다. 복음을 배신하는 행위라는 것입니다. 다만 그리스도인은 예수를/하나님을 따를 뿐 그보다 먼저 이루고자 하면 안 된다는 신학적 입장을 더욱 굳힌 것이라 볼 수 있습니다. 이는 바르트가 비이데올로기적 측면에서 사태 그 자체에 뿌리박은 정치를 지향하기 위한 몸부림이었습니다. 그에 따르면 정치란 인간적 가능성, 즉 인간에게 있어 가능한 것들을 다루는 기술에 불과한 것입니다. 그런 연장선상에서 파시즘, 민족주의적 국가사회주의와 반대유대주의는 정치의 불가능성입니다. 또한 다른 민족을 억압하는 지배자 민족Herrenvolk도 동의할 수가 없는 것입니다.

바르트는 같은 맥락에서 인종주의, 아리안 문제에 관련하여 '아니오'라고 말해야 한다고 외치면서, 교회와 신학의 영역에서 국가사회주의 정치질서와 사회질서를 거부하였습니다. "우리는 삶의 특정 영역에서 예수 그리스도 외에 다른 주님이 더 적합하다는 거짓된 가르침을 더 단죄한다", "우리는 국가가 그에게 위임한 영역을 넘어 인간 삶의 유일하고도 총체적인 질서가 되어야 하고, 그럴 수 있다고 말하는 거짓된 가르침을 단죄한다"는 이같은 선언은 제국주의 제도와 전체주의에 강하게 반발하는 신학을 정초한 것입니다. 바르트는 복음을 위해서라도 올바른 토대 위에 세워진 국가와 평화를 지향한다고 지인들에게 편지를 보냈고, 정당한 목적을 위한 평화를 이루는 데 필요하다면, 교회는 국가를 향해 검을 겨눌 수도 있다고 봄으로써 폭력적 혁명을 시사하기도 하였습니다. 정부가 하나님의 자리에 올려놓는 것에 대해 저항하되 하나님의 순종이라는 것과 폭력적 저항을 등치시킬 수 있다고 생각했기 때문입니다. 이른바 폭력의 수단은 최후의 수단ultima ratio이라는 것입니다.

바르트에 의하면, 교회의 숭고한 과제는 복음을 자유롭게 선포하는 것입니다. 여기서 교회 혹은 교의학이 정치적이지 못하다면, 복음을 중립적이거나 일반적이거나 무시간적이거나 무디거나 초점이 없는 것으로 위조하는 것으로 신학자나 교회를 무용하게 만든다고 생각합니다. 이것은 단네만U. Dannemann이 말하는 것처럼, 신학은 인간의 정치가 잘 되도록 도와주는 게 목적이라는 데서도 잘 드러납니다. 이것이야말로 교회나 신학이 국가의 한계를 정하고 절대주의와 전체주의로부터 국가를 보호할 수 있는 최선의 방법이기 때문입니다. 이로써 그는 국가가 스스로를 절대화하지 않도록 해야 하는 것이 교회의 임무라는 것을 명확히 밝힌 것입니다. 국가 혹은 국가사회주의가 특정한 민족이나 인종에 대해서 본질적으로 살 가치가 없다고 주장한 것은 그 어떤 변론을 늘어놓는다 해도 악하다는 비난을 면하기 어려울 것입니다.

바르트는 독일이 패망을 했을 때조차도, 비난과 비판만 한 것이 아니라 스위스가 독일의 진정한 친구 혹은 이웃이 되어주어야 할 것을 제안하고, 그리스도인인 인간은 자기 자신뿐만 아니라 공적 책임이 있음을 부르짖었습니다. 이로써 그는 국가에 대한 강한 거부를 나타내는 측면에서는 확실히 아나키스트라 할 수 있으며, 동시에 그리스도교적 측면에서는 근본적으로 사랑과 용서, 그리고 환대라는 예수의 복음에 기초한 신학자라 할 수 있을 것입니다.

바르트는 정치적 혼란기에 헝가리에서 행한 강연에서 "오직 개인의 자유만이 유효한 국가는 법치국가가 아니라 무정부주의로 탈선할 우려가 있다"고 말한 바 있습니다. 하지만 무정부주의에 대한 반감을 하나의 문장으로 표현했다고 해서 그가 원리적인 의미의 아나키즘을 비방했다고 할 수는 없습니다. 오히려 그는 종래 국가^{부르주아 국가}의 해체를 주장한 것으로 보아 급진적 무정부주의자라 해야 할 것입니다. 다만 그의 사상적 기초는 그리스도교 공동체와 자유로운 민중의 시민공동체이기 때문에, 국가 안에서는 모든 것들이 '잠정적'vorletztes이라는 것을 말하고자 함이었습니다. 신적인 것이 인간적인 것이 되는 것, 사물적인 것이 인간적이 되는 것, 복음을 배반하는 것, 이데올로기적 그리스도교가 되는 비복음적인 것에 대한 반작용으로서 국가나 이념을 거부한 것이라고 볼 수 있습니다.

다시 말해서 공산주의 혹은 사회주의나 국가주의에 대해서 긍정함으로써 그것을 그리스도교적 증언의 한 부분 혹은 신앙 명제의 하나로 만드는 것에 대한 강한 부정이었습니다. 이른바 신학적 오류를 범하지 말아야 한다는 것입니다. 이것은 프랑크 옐레Frank Jehle가 바르트의 정치신학을 적확하게 기술하고 있는 다음과 같은 말에서도 확인할 수 있습니다. ""교회의 정치적 책임"이 "진지"하다면, 그것은 "결코 무비판적 참여"가 되어서는 안 된다. 그리스도인은 "그 어떤 정부나 권력을 가진 다수 또는 소수, 단체 혹은 개인들이 다루기 편한 국가시민"이 될 수가 없다. "그리스도교적 정치"란 세계에 대하여 "언제나 하나의 낯설고, 불명확하며, 놀라운 사태"여야만 한다. 그렇지 않다면 그것은 "결코 그리스도교 정치"가 될 수 없다."- Frank Jehle, 2016, 168-169 이런 논지에서 볼 때, 칼 바르트는 그리스도교 국가를 추구한 적도 없으며, 외려 비판적 정치참여자요 그리스도교 신앙을 근거로 하는 비타협주의자였다고 말할 수 있을 것입니다. 따라서 칼 바르트는 명약관화하게 "우리 삶에서 예수 그리스도보다는 다른 주님을 섬기는 것이 더 적절한 영역"은 존재하지 않는다고 말합니다. "그리스도교는 진정한 인간을 위한 종교다. 이때 진정한 인간이란 진리에 속한 이들을 가리킨다.… 그리스도의 십자가 안에서는 예수의 전 생애가 하나의 혁명이며, … 이것이 이 세상을 이긴 진리다. … 우리의 이상은 순수해야 한다. 우리의 투쟁수단은 우리가 하는 일이 참되다는 것을 드러낼 수 있어야 한다." 1915년 4월 25일 사민당 정당 지역회의에서 행했던 강연입니다. 그러므로 그는 철저하게 그리스도교에 토대를 둔 아나키스트라고 말해도 과언은 아닐 것입니다.

"신학에서 일어나는 논쟁은 아무리 선하고 불가피한 일이라 해도… 다만 잠정적vorletztes으로만 이루어져야 한다. 즉 절대적인 진지함과 분노를 가지고 진행되어서는 안 된다." 신학논쟁이 필연적이라 해도 우리는 오직 "공동의 희망" 가운데에서 수행해야 합니다. 디

트리히 본회퍼가 "우리는 잠정적인 것 안에서 살고 있으며, 최종적인 것das Letzte을 믿는다"고 입버릇처럼 말했던 그대로, 바르트는 항상 절대화와 교조화에 대해서 경고했습니다. 국가나 정치체제, 인간적 가능성, 신학적 명제 등은 잠정적인 것이어야 합니다. 어쩌면 아나키즘은 그 마지막 혹은 최종적인 지점에 있는 것이 아니라 '과정'에 있을 수 있습니다. 절대적 시원으로 무한히 회귀하려는 것, 절대적 시원인 그리스도, 복음, 하나님이라는 존재로 무한히 환원 소급하려는 바르트처럼 말입니다. 그것을 "그리스도의 왕적 지배론"이라는 바르트의 정치윤리로 정의내릴 수 있습니다. 곧 국가의 법칙성이 독자적이거나 절대화되어서도 안 되며, 그리스도교 신앙이 개인화되거나 사사화되어서도 안 된다는 것입니다.

이는 그리스도의 지배가 우리의 삶 전체를 요구한다는 것입니다. 바르트는 "하나님의 논리"Logik Gottes 혹은 하나님의 관점을 절대시원에다 두었습니다. 모든 것의 초점은 하나님이어야 하며, 그에 따른 운동Bewegung의 초점 또한 하나님이어야 합니다. 이처럼 "종교가 아니라 하나님을 통한 우리의 움직여짐이 초점"이라고 말한 바르트의 신학적 논리의 귀결점은 그리스도 안에서 사회와 삶을 파악하고 갱신하려는 하나님 중심von Gott her, 그리스도 중심에 시원 혹은 근원을 두려고 했다고 볼 수 있습니다.

10. 맑스를 넘어선 아나키스트–자끄 엘륄

"자유는 언제나 우리를 기원으로 돌아가게 한다"

자끄 엘륄Jacques Ellul, 1912-1994의 학문적 이력은 법학을 넘어서 철학, 사회학, 신학을 아우릅니다. 그럼에도 한국 사회에서 엘륄에 대한 연구가 확산되지 못한 것은 그가 마르크스주의자이면서 동시에 아나키스트라는 입장을 취하는 매우 진보적인 학자이기 때문이라고 생각합니다. 엘륄 자신이 명시적으로 맑시즘에 대한 비판도 서슴지 않고 있는 것은 사실입니다. 그런 것은 아마도 하나의 이념이 가진 폭력성을 경계하고 있기 때문이라고 봅니다. 우선 그가 생각하는 국가는 한마디로 폭력성을 지닌 기관이라고 단정짓는 듯합니다. 그의 신학적 견해에서 볼 때, 이스라엘이 조직력이 있고 정치력이 있는 왕을 원했다는 데에는 정치력에 대한 불신과 하나님에 대한 거부였다고 비판합니다. 정치력은 모름지기 독재적이고 도를 넘고 불합리할 수 없음을 보여줍니다.삼상 8:10-18 물론 공동체가 정치력과 조직이 필요할 수는 있습니다. 하지만 행정관이나 왕은 스스로 권위라 자부하기 때문에 하나님의 자리를 대신하려고 하는 데 문제가 있습니다. 따라서 애초부터 권력은 거부되고 부인되고 인정되지 않아야 합니다. 권력은 겸손할 때, 미약할 때, 선을 베풀 때, 하나님의 종으로 변해 있을 때만 수용되어야 합니다. 국가 자체는 근본적으로 비합법적이기 때문에 선을 보호할 때를 제외하고는 제거되어야 마땅합니다. 엘륄의 확신에 찬 결론에 의하면, 어떠한 권력도 인간에게 자유를 줄 수 없기 때문입니다.

아나키즘은 인간의 선함을 믿습니다. 그러나 권력은 인간을 타락하게 합니다. 그리스도교의 자유를 위한 가능성, 그것은 예수 그리스도 안에서 하나님의 사랑을 받고, 하나님이 인간에게 제시해 준 진리 안에서 살아가는 것입니다. 이것은 아나키즘이 억압적 체제에서 인간을 변형하려 애쓰는 것과 동일한 맥락입니다. 기독교 아나키즘의 근거는 무엇보다도 예수의 삶에서 찾아야 합니다. 예수는 권력의 포기non-puissance를 선택했습니다. 지배와 권력과 권위의 수단들을 사용하고, 남들을 압제하고 착취하는 사람들은 사탄을 섬기는 것이나 다름이 없습니다. 남들에게 행사하는 모든 형태의 권력, 곧 돈, 개인적 권위, 사회적 신분, 경제 구조, 군대, 정치, 기만술책, 감정적·물질적 위협, 유혹, 영적 권력 등 모든 권력의 '수단'들은 사탄이 제시하는 권력입니다.마태의 유혹사화 예수는 하나님을 기계적으로 이용하지 않습니다. Deus ex Machina 예수는 하나님의 자유를 존중합니다. 하나님을 향해서, 심지어 사탄을 향해서도 자유롭습니다. 죄와 육체와 세상에 대한 복종은 노예적 소외를 불러오지만 하나님의 뜻에 대한 복종은 자유입니다. 하나님은 인간을 절대 노예화하지 않습니다. 자칫하면 하나님도 사탄과 같이 인간을 노예화 한다고 생각하여 혼동할 수 있습니다.

하지만 하나님의 뜻에 순종한다고 해서 노예가 되는 것은 아닙니다. 오히려 자유입니다. 이 자유는 '이 세계에서의 자유'입니다. 여기에 엘륄의 탁견이 있습니다. 이 세계에서의 궁극적 자유를 실현하고자 하는 아나키즘과 맞닿아 있습니다. 그것은 구체적 현실에서 경험되는 자유이지 신비적 경험이나 회피적逃避的 자유가 아닙니다. 다만 인간의 자유는 선천적인 것이 아니라 하나님의 말씀에서 혹은 하나님에게서 부여된다는 점에서 다른 것입니다. 자유는 순종주의와는 달리 당대의 문화의 틀을 벗어나거나 개인의 성향과 기질을 극복하고 애착과 집착을 끊으라고 요구합니다. 케제만E. Käsemann이 말했듯이 자유는 그리스도의 삶이자 그리스도인의 삶의 조건입니다. 그럼에도 자유는 하나님을 섬기기 위한 자유입니다. 하나님의 자유와 권위를 인정하는 바로 그럴 때만이 진정한 자유라고 말할 수 있습니다. 그 자유를 말하는 종교가 권세로 작용할 수 있는 것입니다.

인간의 근원적 자유를 저해하는 것이 있습니다. 그것은 '기술'技術입니다. 기술은 본질적으로 폭력입니다. 엘륄이 기술에 대해서 심도있는 비판을 가하는 것도 이 때문입니다. 기술은 민주주의를 흔들고 천연자원을 고갈시키며 문명을 획일화합니다. 그렇게 조직된 전체는 사회를 이용하고 변모시킵니다. 그럼으로써 기술사회는 점차 "거대기계"가 되는 것입니다. 이제 국가는 폭력이 정당화되던 19세기의 헌병국가에서 20세기의 복지국가로, 다시 기술국가로 변화되기에 이르렀습니다. 기술국가는 기술적인 기능, 기술적인 조직, 합리화된 경쟁체제를 지닌 국가를 의미합니다. 국가권력은 기술을 통해서 구조화되고, 그것은 행정력의 증가와 관리를 위한 기술적인 조직으로 변경하려고 합니다. 심지어 인간의 가치를 만들어내기까지 합니다. 앞으로 정치적 계층이라 불리는 기술전문가들에 의해 컴퓨터의 힘을 통한 정치, 행정적 구조를 수행하는 것, 행정기술이나 경찰기술을 사용하는 것은 더 증대될 것입니다. 이와 더불어 인간은 점차 노동에서 소외될 것은 뻔합니다. 이미 주어진 기술과 기술 가운데 태어난 인간이 기술적 장난감, 기술적 물건을 사용할 뿐만 아니라 학교는 기술적인 기능에 대해 준비시키는 것을 전혀 문제시하지 않습니다.

그러나 기술전문가는 인간을 기술체계와 기술세계에 순응시킬 것입니다. 나아가 기술적인 도구는 광고에 의한 소비의 독점, 유통의 독점, 건강의 독점, 지식의 독점 등 총체적이고도 근본적인 독점을 가져오게 할 것입니다. 과거를 경험 삼아 현재적인 시점에서 예측해 볼 때, 인간은 대부분의 결정과 판단을 기술적인 판단에 맡기게 될 수 있을 것입니다. 기술적인 과정이 아니면 노동자는 전혀 방향 설정도 할 수 없을지도 모릅니다. 인간은 어떠한 순간에도 선택체계에서 나오지 못하게 되어버리는 것입니다. 암울하지만 인간은 결코 기술체계와 독립적인 주체에 있지 않습니다. 인간은 기술체계 속에 있으며 기술요인에 의해 변화됩니다. 실상이 그렇습니다. 이제 기술을 사용하는 인간은 결국 기술을 섬기는 것이며, 기술을 섬기는 인간은 기술을 사용할 수밖에 없습니다. 그런 뜻에서 기술은 중립적이지 않습니다. 기술 수단은 힘의 수단이요 소유, 지배, 조직, 사용수단이 되어버렸습니다. 따라서 자유의 행동은 기술적 행동의 자유를 의미합니다. 다만 우리의 관계가 소유, 지배, 집착이 되어서는 안 됩니다. 핵발전소, 노동, 영화, TV, 도시도 새 예루살렘에 들어가도록 부름 받을 수 있습니다. 하지만 다 들어가는 것이 아닙니다. 판단은 우리의 몫이 아닙니다.

　기술체계système technique, 기술제품의 사용은 인간이 전체 체계에 참여하는 것이나 다름이 없습니다. 이것은 부르주아 계급의 연대성이나 경찰의 유대성 보다 훨씬 심각한 문제입니다. 이 기술체계 혹은 기술제품은 인간의 자유로운 개인적인 행위를 하나로 만들면서 물질적인 통합과 일치시킵니다. 따라서 기술 참여에 부정적이고 파괴적인 것은 없는지 살펴봐야 합니다. 자유는 책임과 연결되어 있습니다. 우리의 자유는 하나님의 영광과 이웃사랑에 유익하도록 선택되어야 합니다. 왜냐하면 기술적 야만성은 자연을 약탈하고 자연의 비밀을 침해하며 아담처럼 겁 없이 지배욕을 분출하기 때문입니다. 인간은 자연을 비신성화하면서 자유를 명분으로 내세운 대가로 섬김, 절제, 존중은커녕 자연을 고갈시키는 반자유적, 정욕의 노예가 되어버렸습니다. 기술의 유용성 혹은 기술로 인한 물건의 유용성은 물건이 유용해짐에 따라 인간의 자유는 상대적으로 축소될 수 있습니다.

이와 맞물려 경제적 인간은 유용성을 추구하는 인간이기 때문에 자유는 비효율적이라 생각합니다. 특히 자본주의, 국가주의, 기술관료주의에서는 결국 인간은 사물과 같이 도구로 이용되고 노예가 됩니다. 급기야 다른 사람을 사물과 같이 사랑하는 것도 모자라서 사유하는 것도 효율성이나 유용성에 배치되는 행위가 될 수 있습니다. 욕심은 다른 사람을 지배하려는 욕구입니다. 욕심은 다른 사람을 자기 것으로 차지하려는 데서 문제가 생깁니다. 하나님과 같이 되려는 마음이 바로 욕심입니다. 이에 마음에 존재하는 욕심은 조직체, 권력, 돈, 국가와 결합하여 작용하며, 소유와 지배와 독점을 야기합니다. 궁극에는 사람들과 사물을 독점하고 노예화하여 자신의 자유를 누리는 데 이용합니다. 다른 존재자들을 노예화하면 할수록 자신의 자유로운 가능성은 점점 희박해집니다. 다른 존재자의 노예화는 나 자신의 노예화가 됩니다.

반면에 그리스도 안에서 욕망하게 될 때 훨씬 더 자유로운 욕망으로 발전하게 됩니다. 목적이 없는 무상성이야말로 자유로 나아가게 합니다. 집착하지 않는 강제나 의무가 없는 자유로운 인간으로 살아가게 됩니다. 자칫 무상성도 효율성, 효율적인 도구, 효율적인 법, 도구적 삶에 집착할 수 있기 때문입니다. 그런 의미에서 자유란 사랑 안에서 그 가능성을 발견합니다. 다시 말해서 자유에는 오직 사랑만이 영속성을 가진다는 말입니다. 이데올로기, 도피, 환상이 자유가 될 수는 없습니다. 오락, TV, 스포츠, 신비화한 경제적 장치들, 민족의 위대함을 위한 국가 주도적 목표들, 제국주의 투쟁, 폭력, 민주주의, 생활수준의 향상 등이 자유일 수도 없습니다. 여기에서 사도 바울이 말한 "너희는 사람들의 종이 되지 말라"고전 7:23; 비교 6:12는 훈계를 기억해야 합니다.

자유는 나에게 속한 것이 아닙니다. 또한 자유의 궁극적인 목적은 내가 아니고, 하나님의 영광과 사랑입니다. 그리스도인에게 있어 자유에 대한 선택권은 존재하지 않습니다. 이 자유의 값을 위해서 예수는 고통과 죽음을 통해서 스스로 비운 것입니다. 그러므로 자칫 정치적 자유주의에 대한 착각은 계급지배를 정당화하고, 압제에 대한 제도적인 형태를 부여합니다. 자유는 국가를 구성하기 위한 명분일 수도 있습니다. 기만입니다. 자유라는 구실로 인간을 방어하는 모든 체계를 무너뜨리고, 국가에 반하는 단체들을 무력화시키고 개인을 모래처럼 파편화시킵니다. 그럼으로써 국가는 인간에게 자유의 배분자 역할을 하고, 국가의 절대 권력으로 인간의 자유를 축소시키기도 합니다. 국가는 자유를 측정하고 부여하고 회수하며 제한하는 권력을 자행합니다. 마침내 국가는 자유에 대한 유일한 재판관이 된 것입니다. 인간에게 노예가 만드는 것들, 예컨대 직업, 노동, 가족, 조국, 문화, 진보, 지성, 과학, 정의, 전문성, 교회 제도, 예배, 경건, 자선도 소외를 가져올 수 있습니다. 민족이나 국가에 영광을 돌리는 우를 범하기도 합니다. 나아가 돈, 기술, 사회, 예술이나 도덕에 심지어 인간에게 영광을 돌리는 어처구니없는 일이 벌어지게 됩니다. 따라서 그리스도인에게 있어 자유의 본래 의미는 하나님의 영광이다라는 데에 분명한 방점이 놓여 있어야 합니다. 국가 기관은 땅 위에 있는 존재자들을 위해서 일하고 봉사를 하는 합법적 기관 이외에 아무것도 아닙니다. 신성한 것도, 종교적인 것도 아닙니다.

권력은 그 자체로 아무것도 아닙니다. 그것은 타자에게서 나와야 합니다. 모든 권력 기관들은 하나님이 아닙니다. 하나님은 권력 기관들 안에 없습니다. 따라서 그리스도인은 정치에서 자유롭기 때문에, 정치에 불복하거나 수용하거나 필수적으로 여기지 않아도 됩니다. 진정한 자유는 위계질서를 신성한 것이 아니게 하며, 권력이 종교성을 가지지 않도록 합니다. 만일 국가를 세워야 한다면, 그 기초는 자유여야 합니다. 그 역은 성립되지 않습니다. 신적인 명령에 복종하지 않는 국가는 스스로 법과 의도로 자신의 원리와 의미가 됩니다. 종국에는 전체주의 국가가 되어버립니다. 과학과 국가를 자유와 동일시하면 자유를 파멸시킵니다. 일반적으로 민주주의의 위선과 자유주의와 자유의 몰이해에서 빚어지는 사태가 왕왕 발생하는 것도 그 때문입니다. 경제자유주의는 인간 존중이 결여되어 있고, 자유의 결여는 전쟁으로 이어졌다는 것을 상기해야 합니다. 자유와 민주주의를 수호한다는 명분으로 전영역에 걸쳐 폭력과 전쟁이 일어났던 것도 국가의 이익을 위해서였다는 것을 간과하지 말아야 합니다. 교회의 제도는 이러한 국가주의나 자본주의와 밀접한 관계를 띠고 있습니다. 심지어 종교적 인간도 위선자가 될 수 있습니다.

로마 가톨릭, 개신교, 민족종교, 공산주의, 마오주의Maoism 등은 하나의 체제, 즉 스스로를 의롭게하여 하나의 가치체계나 사회적 법규나 종교적 법규를 만들어냄으로써 위선자가 되기도 합니다.영웅, 성인, 평화의 특사, 독립을 위한 순교자 등 그런 시각에서 교회의 제도화는 자기기만에 빠지거나 영원하기를 바라는 욕망, 자유의 기만입니다. 제도는 표준규격의 인간l'homme modulaire이라는 새로운 유형의 시민을 출현 가능하게 합니다. 그렇기 때문에 그리스도인은 한시적인 것과 일시적인 것이 절대적인 것이 되지 않도록 저항해야 합니다. "이념적으로 혹은 감정적으로 국가가 조국으로 절대화되는 순간부터 전쟁을 저지하는 것은 불가능하게" 되는 것도 이러한 까닭입니다. 어느 쪽이든 전체주의 혹은 독재적인 절대국가의 탄생을 불러올 수 있는 가능성을 배제할 수 없는 것입니다.

3세기 말까지만 해도 자기의 목숨을 버리면서 군복무를 거부하는 순교자가 있었습니다. 권력의 기초는 인간이 아닌 국가의 기초로서 남용되었을 뿐만 아니라 교회도 자신의 이익을 위해서, 재산을 보호하기 위해서 권력을 남용하고, 이에 따라 정치권력은 폭력으로 나타나기 시작했습니다. 공직자는 공직에서 사임을 하였습니다. 4세기까지 공식입장은 비폭력이란 하나의 절대화된 어떤 행동 가치가 아니라 이웃에 대한 정당한 사랑의 표현이라고 생각했습니다. 그러나 하나님의 뜻을 이루는 것은 폭력이 아닙니다. 오히려 비폭력은 국가가 폭력적인 도구가 되는 것을 막는 것입니다. 희생, 비협조, 시민불복종을 통해서 폭력에 대응하지 않는 것입니다. 폭력 혁명을 통한 화해는 그리스도교의 진리를 무시하는 행위입니다. 십자가와 부활은 돈, 국가, 생산성, 과학, 기술 등에 대한 승리를 상징합니다. 정부와 국가는 반대자를 제거하고 새로운 구조를 정당화하기 위해서 폭력이 자행됩니다.

폴 리쾨르Paul Ricoeur가 주장하듯이, 역사는 폭력의 산물이고, 비폭력은 그 자신에 맞서는 역사가 존재하더라도, 폭력을 사용하는 그 순간 폭력은 결코 멈출 수가 없습니다. 폭력은 결국 폭력을 낳습니다. 당연한 논리입니다. 또한 폭력은 어떤 형태라도 정당한 폭력, 부당한 폭력, 해방하는 폭력, 속박하는 폭력을 구분하기 어렵습니다. "모든 폭력은 다른 폭력과 같"습니다. 폭력은 윤리적으로 최종적 선택이나 유일한 선택이 될 수 없습니다. 따라서 자본주의자, 착취하고 압제하는 정부, 식민주의자, 경찰, 군대의 폭력 심지어 애국주의 운운하면서 행하는 장군의 폭력에 이르기까지 모든 폭력의 정당화에 대해 거부해야 합니다. 복음서 속 예수는 돈의 법을 어기는 법은 다름 아닌, 주는 것donner이라는 것을 깨우쳐 줍니다. 그는 스스로 포기하고 내어주고 버림으로써, 국가, 권력, 권위, 율법을 꺾었다는 것을 기억해야 합니다. 그러므로 사도 바울이 "악을 악으로 갚지 말고 모든 사람 앞에서 선한 일을 도모하라. 악에게 지지 말고 선으로 악을 이기라"롬 12:17-21고 말합니다. 이처럼 사랑의 폭력 이외에, 사랑을 적용하는 것 이외에, 사랑에 참여하는 것 이외에 다른 방법이 없습니다. 오직 "방어 없는, 보존 없는, 계산 없는, 거래 없는 전적인 사랑 뿐"입니다.

그러기 위해서 최후의 수단ultima ratio은 기도와 하나님을 의지하는 것입니다. 나, 가정, 돈, 노동, 소유, 이념에 뿌리내린 자에게 은총을 통한 뿌리 뽑힘으로서의 부름은 자유의 부름입니다. 내가 돈을 비롯하여 나 자신, 내 국가, 내 정당, 내 가족, 내 계층, 내 직업, 내 교회를 섬기는 한 타자를 수단화하고 노예화하는 데 목적으로 할 수 있습니다. 이 때 필요한 것은 거리 두기, 냉정함, 무관심, 비판, 의사소통을 통해 허용되는 모든 것과 더불어 자유를 누리는 것입니다. 이 자유에서만이 타자의 진실을 발견하고 자유롭게 할 수 있습니다. 진리는 예수 그리스도입니다. 그럼에도 서로 각각 다른 고백이 있을 수 있습니다. 다른 그리스도론, 다른 신학이 있을 수 있습니다. 하지만 모두 교회에 필요합니다. 다른 목소리를 통한 아름다운 합주를 위해서라도 말입니다. 엘륄에 의하면, 자유는 개인의 자유만 있을 뿐입니다. 집단적 자유는 존재하지 않습니다. 개인의 자유를 거부하고 집단적 자유를 추구했던 자유는 하나 같이 문제가 되어 독재체제를 낳았습니다. 자코뱅주의, 민족주의, 나치즘, 스탈린 체제 등이 집단적 자유를 추구하면서 개별 인간의 자유를 부정했습니다. 교회의 자유 역시 개별 인간의 자유가 공동체적으로 나타난 것에 불과합니다. 따라서 개별 인간의 자유를 가두는 어떤 정치적, 경제적, 법적 체제도 인정하면 안 됩니다. 키르케고르와 동일하게 인간은 단독자, 곧 그리스도 안에서 개인적인 자유이기 때문입니다.

참된 "자유는 언제나 우리를 기원으로 돌아가게" 합니다. 삶의 원천인 예수 그리스도에게 돌아가는 것이 자유입니다. 처음으로, 회귀 소급하여 예수에게 되돌아가야 합니다. 모든 삶, 진리의 직접적 기초인 예수 그리스도에게로 말입니다. 엘륄에 따르면, 자유란 모름지기 '비판'에서 옵니다. 더불어 자유는 '반대' 나옵니다. 그것은 욕심의 노예, 체제나 제도의 노예가 아니라 예수 그리스도의 소유가 되는 자유로운 삶을 의미합니다. 예수 그리스도 안에서 자유와 순종은 일치하기 때문이며, 각 개인에게 하나님의 말씀에 대한 응답으로서의 순종은 중립이 없기 때문입니다. 그것은 세상의 권위, 주권, 권력이 아닌 하나님의 주권을 인정한다는 자유로운 행위입니다. 앞에서도 이야기했듯이, 국가는 사물입니다. 그렇다 하더라도 그리스도인은 정치적 행위에 참여할 수밖에 없습니다. 권위적인 정부에서 예수 그리스도를 구주로 증언testis한다는 것은 하나의 정치적 행위입니다. 자유란 자유 안에서 자유와 더불어 무언가를 해야 하기 때문입니다. 무관심하거나 돌보지 않거나 행동하지 않는 자유는 그리스도인의 자유가 아닙니다. 우리가 자유롭게 되는 것이 제도들의 변화에 의해서는 결단코 아닐 것입니다. 경찰, 행정, 정치 조직, 민주주의, 경제조직이라 할지라도, 정치는 인간에게 단 한 순간도 자유를 준 적이 없습니다. 엘륄은 이렇게 설파합니다. "자유는 시민의 의지, 희생, 금욕, 엄격, 근면, 통찰에 의해서만 지속"됩니다. "시민이 안락, 편이성, 무책임, 여가, 권위, 외부에 의한 사태 해결을 찾는 즉시, 그것은 독재"입니다. 거듭 강조하거니와 국가는 힘을 행사하기 위해 존재합니다.

그래서 하나님의 말씀을 말하는 교회와 권력 숭배는 이질적입니다. 국가는 관료적, 권위적, 독단적이며 숭배받기를 원합니다. 만능이기를 원합니다. 국가는 오만하게도 항상 절대를 지향합니다. 이를 위해 전체주의적인 이론들, 통제, 계획, 경제적이고 행정적 관리, 예측, 연구, 표본조사, 앙케이트, 심리적 행동 등의 전체주의적 수단을 사용합니다. 그들의 권위는 하나님에 의해서 세워지지 않습니다. 따라서 아나키즘은 견제, 이의제기, 단절의 표시 역할을 할 수 있어야 합니다. 이념, 선전, 직접적 행동, 투표거부, 양심적 병역 기피, 세금납부거부 등의 행태 등을 통해서 말입니다. 이는 총체적 이의 제기를 통한 행동입니다. 마찬가지로 그리스도인은 자유로서의 인간을 짓누르는 모든 독재, 모든 억압, 모든 운명에 맞서 일어나야 하며, 노예화하려는 것에도 분노할 수 있어야 합니다. 무엇보다도 그리스도인은 정치, 사회적인 자유를 위해서, 물질적 행복을 추구하는 참여를 거부해야 합니다. 이는 해방과 아무런 관련성이 없습니다. 연대soridarity라는 자율적 세포조직도 겸하여 행동하여야 합니다. 명심해야 할 것은 자유의 수단은 엄격한 정직성뿐이라는 사실입니다. 폭력과 거짓은 절대로 안 됩니다. 그것은 독재와 협력하는 것이나 다름이 없습니다. 바쿠닌이 말한 것처럼, 우리는 우리 주위에 노예 인간들이 남아 있는 한 결단코 자유로울 수가 없습니다. 급진적으로 말하자면, 그리스도인으로서 자유를 위해서 거부해야 할 제도는 돈, 노동, 결혼 같은 것입니다. 엘륄에게 있어 이러한 관료화돈, 노동, 결혼의 투쟁과 관습과의 투쟁을 넘어서 이 현실을 어떻게 바꿀 것이냐 하는 것은 기독교 아나키스트들에게는 매우 중요한 문제입니다. 그리스도인의 궁극적인 자유를 위해서 말입니다.

11. 사유하는 개별적인 씨알로서 세계시민주의자–함석헌

"가족주의, 민족주의, 국가주의, 다 소꿉질이다. 때가 되면 버려야 한다"

"이외에도 일본 근대 기독교의 독특한 측면이라고 할 수 있는 사회주의와 기독교의 느슨한 결합 역시 당시 한국인 유학생들에게 영향을 주었다. 김교신. 함석헌 등에게 영향을 주었던 무교회주의자 우치무라 간조內村鑑三는 일찍부터 사회주의자들과 교류했다고 알려져 있는데, 그가 교류했던 대표적인 사회주의자가 고토쿠 슈스이 [幸德 傳次郎, 본명은 고토쿠 덴지로幸德傳次郎]였다. 일본 기독교주의자들은 일왕에 대한 숭배분위기가 광적으로 사회를 지배했던 메이지 시기부터 자신들의 신앙과 일왕 숭배 분위기 사이에서 갈등했다. 이와 같은 상황 아래서 역시 늘 일왕 암살을 꿈꾸었던 아나키스트들과 교류하는 것은 자연스러웠다. 대표적인 진보적 기독교주의자 우치무라 간조가 1910년대 도쿄조선기독교청년회의 구성원들에게 준 영향, 또 그 기관지 『기독청년』이 민족주의와 사회주의의 동거 공간이었다는 점은 이미 연구된 바 있었는데, 이와 같은 상황 역시 1910년대 일본 거주 한국인들에게 아나키즘이 인식되는 통로로 작용했다."김택호, 아나키즘, 비애와 분노의 뿌리, 소명출판, 2015, 56쪽

이러한 논거로 볼 때, 함석헌은 항간의 부정과는 달리 아나키즘에 많이 경도되었을 것이라고 추정해도 큰 무리가 없다고 생각합니다. 아나키즘과 유사한 논법을 구사하는 함석헌咸錫憲, 1901-1989에 따르면, 인간은 '자기 생각'이 중요합니다. 사유든 행동이든 타자에 의한 억지, 강제와 억압, 비자발적 행위는 폭력이 됩니다. 더군다나 인간의 혼은 정신이고 자유인데 혼을 헤치면 폭력입니다. 자기 생각대로 하지 못하고 타자가 시키는 대로 하면 정신이 망가지고 혼은 노예가 되기 때문입니다. 따라서 혁명이란 단순한 뒤집어엎음이 아닙니다. 모든 사람에게 언제나 옳은 것이어야 합니다. 시공간을 초월한 것, 곧 참이어야 하고 정의여야 합니다. revolution은 다시 돌아간다는 맨 처음 원리, 곧 아르케로 돌아감을 뜻합니다. 사회, 인간을 바른 길 위에 올려놓는 것, 제 궤도에 올려놓는 것을 의미합니다. 그런데 그 원리로 돌아간다는 것은 무엇을 말하는 것일까요? 하나 됨입니다. 나와 너가 하나 됨, 사람과 초월자, 하늘과 땅, 절대와 상대가 하나 됨입니다. 이것을 구체적으로 실현시켜야 할 '기관'이 '나라'입니다. 함석헌이 기관과 나라라고 표현한 점에 주목하십시오. 나라는 개별적 존재의 연합체로서 단독자의 개별 욕망을 대행하는 권위

정도가 아닐까 싶습니다. 보편적 계급이 아닌 특수한 계급의 영토와 재산을 보호하기 위한 계약 공동체로서 등장한 국가는 근대적 개념입니다.

　나와 너라고 하지만 이것은 분리된 나와 너를 지칭하는 것이 아닙니다. 나와 너는 점點, 저임, 자기임과 다르지 않습니다. 따라서 진정한 나, 참나를 찾는 것이 혁명입니다. "등 뒤에 지면 나인데 가슴에 품으면 너다"함석헌, 『함석헌전집2, 인간혁명의 철학』, 한길사, 1984, 89 그런데 이 참나 곧 아르케가 되는 나, 혹은 개별적인 나를 고치는 것이 종교입니다. 이를 통해 선험적 자아, 나로 돌아가야 합니다. 그것은 불변성의 아르케, 곧 모든 것의 토대가 되는 것, 하나님의 말씀입니다. 달리 숨, 목숨, 생명입니다. 숨을 고쳐 쉼, 들숨날숨을 새롭게 하는 것이 혁명이고 종교입니다. 따라서 인간은 변할 수 없는 나의 바탈 [보편성], 그 바탈을 찾아야 합니다. 이 바탈 없이 나라도 없습니다. 나라는 바탈의 확장이요 구체성입니다. 바탈의 가시적 형태가 민족이요 세계입니다. 그렇다면 혁명을 어떻게 해야 할까요? 협화協和, harmony해야 합니다. 폭력으로는 안 됩니다. 경쟁은 폭력으로 발전됩니다. 자기희생을 통하여 상호 좋은 점을 끌어내어 자기 자신을 잃지 않으면서 자기 자신의 것을 줄 수 있는 상호부조, 협화가 이루어져야 합니다.함석헌, 위의 책, 49

　생존경쟁은 전쟁을 일으키고 사람을 망하게 합니다. 생존경쟁은 생태계의 법칙이 아닙니다. 만물은 서로 돕는 힘으로 살아갑니다. 자연법칙이 생존경쟁이라고 하는 것은 폭력주의의 근거가 되었던 이론입니다. 생존경쟁이야말로 폭력주의의 온상입니다. 그러므로 상호부조가 생태계, 곧 사람 사이의 존재적 삶의 대원칙이라고 재천명해야 합니다.함석헌, 위의 책, 47

국가정의를 내세우는 국가주의는 대립과 경쟁을 부추깁니다. 그것은 결국 삶의 악입니다. 삶의 쓰레기입니다. 정치업자들은 폭력주의를 통한 힘의 철학으로 삶을 조각냅니다. 하지만 추상적 국가보다 더 긴요한 것은 이념이고 정신입니다. 정신이 좀 더 원본적인 것입니다. 정신없이 나라가 설 수 없고, 정신없이 민중이 역사의 방향을 선회시킬 수 없습니다. 따라서 비폭력혁명의 기조가 되는 새로운 세계관, 새로운 종교가 있어야 경쟁 없는 삶, 승자도 패자도 없는 전체를 위한 나라가 가능할 것입니다.

그러자면 관점 변경이 필요합니다. 참에 대한 회의skepsis, 참에 대해서 증언testis을 해야 합니다. 정확하게 사태를 바라보는 눈을 가지고 지금의 역사와 삶의 밑바닥에 흐르고 있는 의미를 파악해보려고 해야 합니다. 그런데 그러한 눈이 없습니다. 순수한 바라봄이 없습니다. 바라봄이라고 해봐야 이미 편견과 아집과 학습으로 만연된 눈으로 보고 있으니, 사태를 꿰뚫어 보지도 못합니다. 함석헌이 '바라보지만 보지 않음'을 역설하고 있는 것은 이 때문입니다. 사회나 공동체, 혹은 삶의 자리에서 사태를 근원에서 속 깊이 보는 '참 봄'의 태도가 아니라 무언가에 빠져 있습니다.

지금의 봄은 빠져 있음, 경도되어 있음, 겉의 현상에만 맴돌고 있음입니다. 함석헌은 이를 두고 "얼이 빠져 앉았다"고 표현하고 있습니다. 쉼 없이 돌아가는 것을 주어진 사태로 포착하여 그것을 전방위적으로, 혹은 전체적으로 바라보고 해석하지 못하는 것을 빗댄 말입니다. 사태는 계속 정신없이 흘러가고, 멈춤 없이 민중 곁을 지나가기 때문에 겉봄으로만 일관할 수밖에 없습니다. 당연히 민중의 시각과 시선은 깊이 파고 드는 정신적 눈으로 참 봄을 견지할 수 없습니다. 따라서 함석헌의 안 봄으로써 본다고 말한 것은 매우 적확한 해석학적 관점을 제시한 것입니다.

현재의 사태를 비판하고 새로운 세계관, 새로운 종교를 통한 비폭력혁명을 구현하려면, 정신의 퇴보Ungergehen, 정신의 내려감, 정신의 퇴락, 정신의 후퇴를 문제시할 수 있어야 합니다. 시대가 바뀌었다 하더라도, 새로운 과학기술의 혁명을 목도하더라도, 새로운 매체와 문화가 등장하였다 하더라도 정신은 살아 있어야 합니다. 그래도 인간은 정신일 수밖에 없기 때문입니다. 이것을 놓치고 자꾸 현상appearances만 논한다는 것은 결국 "겉봄"에 머무르고 마는 것입니다. 함석헌은 항상 사태를 근원으로 환원하여 짚어내는 말이 있습니다. 그것은 "죽어서도 생각은 계속해야 한다. 뚫어봄은 생각하는 데서 나온다"는 말입니다. "생각을 한다. 생각을 하는 것이 사람이니, 무엇을 생각하는 것인가? 생각이 생각을 낳고 생각이 생각을 먹는다. … 생각을 하고 나면 무엇이 있지만, 무엇을 생각하자 해서 생각이 나는 것은 아니다. 생각 속에서 생각이 나오고, 생각 속으로 들어가건만 되돌아오는 것도 아니요, 생각은 찰나도 머물지 못하고 번져 나가건만 생각의 알은 알대로 남아 있고, 제 알금이면서도 한 꿰미에 꿰어 있다"함석헌, 위의 책, 164 이렇듯 "모든 생각이 나에게 나오고 나로 돌아가기 때문에 생각을 할 때는 '나'할 수밖에 없"습니다.함석헌, 위의 책, 170

행동도, 혁명도, 종교도, 교육도, 정치도 그 모든 사태들의 원인을 추적, 소급하여 진단해보면 문제는 '생각 없음'입니다. 인간은 생각하는 동물입니다. 이 생각하는 동물은 그냥 생각하는 것이 아니라 제 생각, 자기 생각, 자율적인 생각을 하는 존재를 의미합니다. 생각은 할 수 있으되 그것이 자기 정신에서, 자기 이성에서 흘러나온 것이 아니라면 생각이 아닙니다. 남의 생각입니다. 남의 행위입니다. 남의 삶입니다. 남의 역사입니다. 그것은 살았어도 죽은 것입니다. 나의 정신에서 비롯된 나의 생각으로 펼쳐지는 삶과 세계가 아니라면 가상Schein입니다. 그것은 나의 원본적 삶과 세계가 아닙니다. 그런 의미에서 "생각하는 백성이라야 산다"고 부르짖었던 함석헌의 한결 같은 논조를 "'자기 스스로' 생각하는 백성이라야 산다"라고 문장을 고쳐 읽으면 뜻이 좀 더 분명해집니다.

함석헌을 아나키스트로 바라본다고 할 때, 결코 간과할 수 없는 지점도 바로 이 부분입니다. 아나키스트는 근본적으로 절대자유를 위한 저항에 토대를 두고 모든 사태에 대한 비판적, 성찰적 태도를 취합니다. 이때 가장 우선시해야 할 것은 그 사태를 바라보는 근본적, 원본적 시각이 '나'로부터 출발하느냐를 물어야 합니다. 다시 말해서 나의 생각이냐 타자에 의해서 지배된 생각이냐 하는 것을 묻지 않으면 어느새 강권, 강압, 강제의 힘에 빠져 있는 채로, 나 아닌 채로 폭력적 전쟁, 생존경쟁을 감행하게 마련입니다. 아나키스트라 하더라도 이 인식론과 존재론에 입각한 현상학적 의식을 갖지 않으면 결코 부자유한 사태로부터 자유롭지 못한 역설에 놓이게 됩니다. 그렇기 때문에 함석헌은 늘상 바탈이니, 생각이니, 정신이니 하는 말을 입에 달고 살았던 것입니다. 심지어 아나키스트an-archist가가 아르케arche를 캐물어야 하는 그 순간에도, 아르케에 규정되거나 고착화되지 않도록 해야 합니다. 이것이 아르케의 아르케로 향하는 함석헌의 생성철학입니다.

함석헌의 시대적 진단과 해석은 매우 진취적입니다. 그럼에도 다소 그의 철학에서 애매성과 모호성이 등장하는 것은 사실입니다. 이러한 개념과 논법은 동일성의 철학이 아니라 생성, 변화의 철학에 바탕을 두고 있습니다. 자신이 규정한 개념이나 생각이 지배적이거나 폭력적으로 행사되지 않도록 하기 위한 사유의 배려라고 볼 수 있습니다. 명확하거나 확신에 찬 논리는 사람이나 생각을 강제하여 우상숭배로 이끌 수 있기 때문입니다. 함석헌은 이를 배제합니다. 실례로 그는 시대나 사람에 대한 평가를 선악의 이분법적 구도로 보지 않습니다. 그것은 작은 도덕이라는 것입니다. 또한 폭력적인 국가주의에 대해서도 폭력으로 맞서야 한다고 주장하지 않습니다. 오히려 이것을 무화無化시킵니다.

그럼에도 함석헌은 나라의 주체가 민중이라는 점을 누누이 강조합니다. 그런데 거듭 이야기하거니와 주체로서의 민중은 사람으로서 자기 생각, 자기를 가지는 주체를 말합니다. 시대가 발전하여 민중은 자기 자신을 갖고 자기가 자기 자신임을 자각하는 주인이 되었습니다. 그러면 당연히 나라의 주인 노릇을 해야 하는데 그러지 못하고 있는 상황입니다. 왜 그렇습니까? 정치적 역학 관계에서 생각하는 민중을 지배하는 그나마 생각을 할 줄 아는 권력자archos가 실질적인 원리, 곧 아르케arche를 막고 있기 때문입니다. 생각을 한답시고 오히려 악을 저지르는 지식을 쌓고, 그 지식으로 민중을 기만하고 지배하기 때문에 그렇습니다. 따라서 지배자에 대해 조직적, 연대적, 과학적으로 저항해야 합니다. 여기에는 이성적이고 논리적인 사유의 연습은 물론 토론능력을 함양하는 훈련이 요구된다고 하겠습니다.

더군다나 오늘날 우리는 민주주의라고 하는 정치체를 채택하여 정치적 삶을 구현한다고 하지만, 정작 민주주의 뒤에 국가주의가 도사리고 있는 것을 잘 모르고 있는 듯합니다. 민주주의는 민중demos이 지닌 자기 자신의 힘kratia으로 자기 몫을 현실화는 정치체입니다. 하지만 권력자, 지배자는 이와 같은 원본적 사실을 대놓고 무시합니다. 지배자 개인의 감정으로 민중의 마음과 뜻이 담긴 헌법을 넘어서는 무소불위의 권력을 마구 휘두릅니다. 이것은 강제, 강압, 강탈, 강권의 형식과 내용으로 자행됩니다. 함석헌이 민주정체의 아르케가 올바로 실현되기 위해서 연대적, 과학적, 이론적 훈련이 필요하다고 한 것은 민주주의의 토대가 되는 민중 개인이 전체로서 나라의 대표성을 띤 개별정신이 되어야 한다는 것을 의미합니다. 그러므로 한 개인의 대표적 감정 혹은 욕동^{정동, affectus}이 마치 나라 전체의 감정인 양 호도할 때 민중은 냉철한 이성으로 맞서야 합니다. 정치의 원본적 사실은 민중, 생각하는 민중이 주인이 되는 나라이기 때문입니다. 민중은 개인이요 전체입니다. 그 의지의 반영이 나라로 구현되지 않으면 나라는 한 개인의 몰지각한 지성과 사적 감성으로 매도됩니다. 종국에는 그 자신이 나라를 이끈다는 소박한 자연적 태도의 권력 이념에 사로잡혀 폭력적 정치를 하게 됩니다.

국가주의는 개인이 나라의 대표성을 띤다는 착각에 빠져서 공公을 죽입니다. 공을 죽인다는 것은 무엇입니까? 공을 전체로 알고 공의 실체로 살아내는 민중의 자기 생각을 짓밟는 것입니다. 따라서 민중의 생각이 살고 민중의 정신이 분연히 일어나야 세계가 살고 인류가 삽니다. 개별적 인간인 민중의 생각이 죽었는데 세계의 정신, 세계의 복지, 세계의 정의가 가당키나 하겠습니까? 이를 위해서 민중과 민중이 서로 배우고 깨우쳐야 합니다. 누구에게 기댈 것도 아닙니다. 차라리 민중의 생각이 그들보다 앞서서 혁명이 일어나고, 그 협동과 협화의 결과로서 세계의 지성이 달라질 수 있는 '아래로부터의 생각', '아래로부터의 혁명'이 전개되어야 합니다.

　그러기 위한 대전제는 개별자의 절대자유의 함양입니다. 개별자의 절대자유의 함양은 개인의 이익을 앞세운 이기주의와는 다릅니다. 만일 그렇게 된다면 집단주의, 민족주의적 정체적正體的 힘은 이익공동체로 변질되기 마련입니다. 개별자의 절대자유는 인간이라면 당연히 향유해야 할 선험적 사실입니다. 하지만 자칫 개인의 이성, 개인의 생각, 개인의 서사를 지배하는 또 다른 이기적, 경쟁적, 폭력적 이념과 별반 다르지 않을 수 있습니다. 이것이 확장되면 마치 국가가 전체나 다수의 이익을 대변하는 것처럼 왜곡하는 국가주의로 나타납니다. 다시 말해서 국가가 전체를 가장하고 속이는 우상숭배가 되어버리는 것입니다.

　그러나 "전체가 개체 안에 있고 개체가 전체 안에 있다"는 상호부조적 삶, 협화적 연대의 삶이 가능하려면 '개별자의 자유가 먼저 보장'되어야 합니다. 함석헌은 이 문장에 '절대로'라고 부사를 넣어 자신의 생각에 쐐기를 박았습니다. 전체의 자유, 전체로서의 공동체적 삶이 가능하기 위한 선결조건은 개별자의 절대자유를 서로 존중해야만 합니다. 그럴 때 비로소 "생각을 전체로써 하는 사회"가 열릴 것입니다. 이 생각과 이 혁명, 이 새 시대의 논리는 약하디약한 민중, 개별 민중에 의해서 실현될 것입니다.

　모름지기 정신은 혁명입니다. 혁명 정신이 살 길입니다. 그러면 이 혁명정신의 구체적 행동은 무엇일까요? 비폭력혁명입니다. 민주주의는 다수결을 가장한 폭력에 지나지 않습니다. 따라서 새로운 인생관, 새로운 종교, 새로운 윤리, 새로운 정치철학이 나와야 합니다. 너와 나의 대립, 좌와 우를 초월하고 차별상을 넘은 비폭력 철학이 나와야 합니다. 인격의 차별이 없고, 인종의 차별이 사라짐으로써 삶-폴 리쾨르Paul Ricoeur가 자신의 철학에서 술어 단계 이전의 가장 근본 층위를 '삶'이라고 말한 것처럼, 함석헌에게도 삶은 참이며 삶보다 더한 것도 덜한 것도 없습니다-에 대해 절대적으로 존중하는 도덕이 필요합니다. 그러기 위해서는 모든 사람 속에 불멸의 영이 있다는 생각을 해야 합니다.

이러한 서사를 불가능하게 만드는 민족주의-민족 혹은 국가라고 번역이 되는 독일어 Volk는 독일의 농민들이 함께 살아가는 마을 사람들을 지칭할 때 사용했던 말입니다. 따라서 민족이나 국가는 유연, 유동, 흔적일 뿐 고착화된 개념이 아닙니다-는 폭력주의의 온상입니다. 내 민족은 정의이지만 다른 민족은 불의이기 때문입니다. 내 국가는 표준국가요 다른 국가는 비표준국가이고, 내 종교는 정상正統이요, 다른 종교는 비정상異端이라는 논리적 오류도 비슷한 폭력주의입니다. 이러한 생각은 민중의 정신이 전혀 성숙되지 않은 것입니다. 정신은 중재하고 화해하는 것이며, 화和는 공公이고 인仁이고 비움이고 꿈틀거림[화합운동]이고 무혈혁명의 대명사입니다.

정신혁명이 가능하기 위한 조건은 철학하는 일입니다. "철학은 구더기 같아 민중 속에 있"습니다. 철학함을 통해서 자기가 어떤 문제를 앓고 있는지를 스스로 알고 스스로 깨우쳐야 합니다. 민중은 스스로 앓고 있는 씨올입니다. 또한 민중은 스스로 알을 품은 씨올입니다. 그렇기 때문에 자기 문제를 스스로 풀어가는 씨올이 될 수 있습니다. 무엇이든 시대적 고민을 들이파서 말로는 다 할 수 없는 것을 들여다보는 사람, 곧 철학자로서의 민중이 되어야 합니다. 이러한 철학자로서의 민중이 근본을 찾는 새 종교를 만들어낼 수 있습니다. 종교는 제도, 조직, 체제, 교리, 형식으로 그 본질이 흐려졌습니다. 종교의 본질을 직관해보면 창교자의 모습을 구현해야 할 민중종교의 방향도 보일 것입니다. 새로운 종교, 근본을 찾는 종교는 영의 자람, 믿음으로만 사는 삶을 목적으로 합니다. 따라서 제도의 노예가 된 낡은 종교를 탈피하고 서로 감응해서 하나가 되는 종교를 지향해야 합니다. 이것은 성령*이 하는 일입니다.

"국가요, 민족이요, 다 소꿉질이다. 소꿉질은 쓸데없는 일은 아니다. 어느 아이도 소꿉을 놀아야 어른이 되는 모양으로 가족주의 아니고는 민족에까지 자랄 수 없고, 민족주의 아니고는 국민으로까지 자랄 수 없었고, 국가주의 아니고는 전쟁해보지 않고서는 오늘의 역사 단계에 오지 못했을 것이다. 그러나 자라고 나면 모든 것이 소꿉질이요, 소꿉질이 돼 버리면 버려야 한다. 철이 든다 했지만, 철이란 때란 말이다. 때가 오면 안다는 건 다른 것 아니요, 내가 한 사람,

---

* 막스 슈티르너((M. Stirner)는 이를 달리 "천상의 정신", "이상적 정신"으로 풀이합니다

곧 통일된 인격이 되는 일이다"^{함석헌, 위의 책, 385}

　　앞에서 말한 것처럼, 폭력국가는 생존경쟁 위에서 자라납니다. 폭력국가와 자본주의는 서로 연동합니다. 이것들은 사람들로 하여금 갈라서게 하는 삶을 조장합니다. 더불어 특수한 종교가 자신만의 절대성을 주장하는 것도 제국주의적 발상과 다르지 않습니다. 이제는 민중 '스스로' 마음이 깊어지고, 생각이 자라고, 정신이 성숙되어서 자유로운 실존이 되었다면, 인격으로 대우하고 삶에 대한 존중을 공통으로 부르짖어야 합니다. 남을 탓할 일이 아닙니다. 오직 나의 정신이 문제입니다. 생각의 근본은 어디에 있습니까? 나에게 있습니다. 내가 무엇인지 생각해야 합니다. 나의 생각으로, 나 자신의 생각으로 나 자신이 무엇인지 생각해야 합니다. 생각은 생명의 자발성입니다. 이것이 모든 생명을 갖고 있는 존재들의 공통분모가 아니겠습니까? "사람은 생각하는 동물이다. 생각하지 않는 사람은 사람이 아니다. 생각은 다른 것 아니요, 물질을 정신화함이다. … 살려거든 생각해야 한다. 제 철학을 가지고, 제 종교를 가지고, 제 역사를 가지고, 제 세계를 가져야 한다"^{함석헌, 위의 책, 377-378} 자기 자신의 생각, 삶, 자유. 이것이 인간이 저항해야 할 이유입니다.

12. 교회주의를 넘어선 문학가-권정생

"우리 성서라는 책을 맹신하지 말자"

시인 **권정생**權正生; 아명은 권경수權慶秀,1937-2007 을 아나키스트로 분류하는 것이 타당한가에 대한 쟁론은 무의미합니다. 왜냐하면 그의 글과 삶속에는 평화와 통일, 그리고 어린이다운 순수성과 본질에 입각한 어떤 아르케가 존재하기 때문입니다. 작가이자 사상가이자 그리스도인으로서의 정체성을 가진 그의 작품을 보면 어느 것도 강제와 강압이 없습니다. 심지어 좌도 우도 없이 오직 그 현상을 있는 그대로 기술합니다. 그 기술의 논법에 무슨 사심이 없습니다. 위가 있거나 아래가 있는 것도 아닙니다.

〈고까옷 입은 새야〉에서 권정생은 신분 질서와 관련하여 모두가 서로 친구가 되고 동무가 되는 수평적 관계를 묘사하고 있습니다. "… 난 이렇게/ 눈이 커다만 말라꾕이고/ 그래도/ 고까옷 입은 새야/ 나하고 동무해 줄래?// 울 아부진/ 마구 더러운 것 주물르는/ 농사꾼인데도// 고까옷 입은 새야/ 나하고 동무해 줄 테니?"권정생, 고까옷 입은 새야, 『동시 삼베 치마』, 문학동네, 2011, 23 자신의 생긴 모습은 차별과 구별의 척도가 될 수 없습니다. 무엇을 향유하는가에 따른 위계적 인간이 된다는 것도 있을 수 없습니다. 인식론적 시선 속에서 그 사람이 지닌 외형적, 형식적 평가가 그 자신의 자신됨, 그 자신의 인간됨에 대한 평가로 작용해서는 안 됩니다. 그 사람이 지닌 재산과 학식과 직업에 따른 인간의 수직적 구분이 이루어지는 것은 그리스도교의 신앙본질에 어긋납니다.

모두가 하나님의 형상imago Dei에 따라 평등하게 창조되었기 때문입니다. 권정생은 시를 통해서 이러한 인간의 평등성과 동등성을 설파하고 있습니다. 가족의 권력과 신분에 따라 개별 인간의 자유가 구속되거나 제한되는 것에 대한 강한 반감이 드러납니다. 한국사회에서 사어死語가 되다시피 한 "동무"는 평등과 수평적 연대를 지향하는 그의 저항적 언어입니다. 언어 속에 감춰진 권정생의 구조적 폭로는 종래 기득권자들이 지닌 의식을 타파하는 것입니다.

고까나라는 차별도 없고 편견도 없이 오직 하나님의 시선 속에서 평등한 삶이 가능한 공동체를 꿈꾸는 세상의 상징입니다. 그 나라는 이 세계와 다릅니다. 폭력과 편가름과 자본과 국가의 질서에 의해서 보편적 공동체를 가장한 나라와는 다른 세계입니다. 그 세계에서 비롯되는 시선의 관대함은 곧 "나"라고 하는 개별적 자아를 있는 그대로 인정하고 있습니다. 개별적 자아인 "나"라고 하는 존재는 인식론적 전환을 통하여 서로 함께 놀이를 하는 주체로서 나타나고 있습니다. 또한 그런 의미에서 그의 언어적 장치 역시 종래의 틀 짜인 언어를 넘어선 근원적으로 순수한 사유를 파생시킨 그 원본적 원리arche로 환원시키고 있다고 볼 수 있습니다.

이것은 〈바다와 하늘〉이라는 시에서도 엿볼 수 있습니다. "바위 꼭대기에 올라서 보면/ 아랫바닷물도 파아랗고/ 윗하늘 빛도 파아랗고// 누가 먼저 파랬나?/ 누가 나중 닮았나?/ 바다는 하늘을 쳐다보고/ 하늘은 바다를 내려다보고// 바닷물은 무거워 가라앉았고/ 하늘은 가벼워 떠올랐나 봐// 용왕님은 바다 주인/ 옥황님은 하늘 주인/ 누가 먼저 났나?/ 누가 나중 닮았나?// 파아란 옛날에 파아랄 적/ 바다 하늘 요래 둘/ 함께 났나 봐"권정생,〈바다와 하늘〉,『동시 삼베치마』, 문학동네, 2011, 24-25 인간의 인식론적 구조 속에는 하늘은 높고 바다는 낮습니다. 하늘은 초월의 세계라고 하는 인식이 짙게 깔려 있습니다. 바다는 반대로 하늘 보다는 열등한 세계로 생각하는 경향성이 있습니다. 하지만 권정생은 그 틀을 무너뜨립니다. 그는 위도 아래도 어느 하나도 우월하거나 열등하다고 생각하지 않습니다. 색깔론도 마찬가지입니다. 바다는 파랗습니다. 그런데 하늘도 파랗습니다. 둘은 마주 서 있는 듯이 서로 닮아 있습니다.

권정생은 하늘은 내려다보고 바다는 쳐다보기만 할 뿐, 원본성에서는 하나의 아르케에서 흘러나왔다고 말합니다. 바다는 무거웠고, 하늘은 가벼웠을 뿐, 그래서 서로의 자리가 달라졌을 뿐입니다. 하늘이라고 해서, 또 바다라고 해서 지배와 피지배자로 나뉘는 게 아닙니다. 그의 수사학적 묘사가 매우 탁월하다고 생각되는 부분입니다. 사실은 그의 수사학적 표현은 단순한 문학적 기교가 아닙니다. 그의 무권력, 무강권, 무지배적 사유의 반영입니다. 하늘이고 바다고 다 하나님의 창조물이기에 말입니다.

마지막 연에서 그의 사유의 백미를 만납니다. "파아란 옛날에 파아랄 적/ 바다 하늘 요래 둘/ 함께 났나 봐." 감탄을 자아냅니다. 권정생은 '바다 하늘'이라고 합니다. '하늘 바다'가 아닙니다. 시선을 위에다 두지 않습니다. 시선을 지배자로 향하지 않습니다. 그의 겸손한 삶의 자세가 반영되어 보이는 듯이 먼저 시선을 낮게 드리웁니다. 그리고 하늘을 응시합니다. 그래서 바다 하늘입니다. 그것도 동시성입니다. 누가 먼저랄 것도 없습니다. 권정생의 고민이 담긴 시적 지혜가 아니었을까요? 바다 하늘은 한 근원에서, 한 원리에서 함께 더불어 난 것입니다. 권정생은 애써 바다와 하늘을 '바다 하늘'이라고 나란히 붙여서 그들이 하나였음을 깨닫게 해줍니다. 바다는 바다대로 하늘은 하늘대로 그렇게 서로를 향해서, 초월적 존재 안에서 하나임을 다툼 없이 공존, 상호부조하고 있는 듯이 이야기하고 있다면 지나친 해석일까요?

〈패랭이꽃〉은 어떨까요? "억쇠풀 속에/ 사알짝/ 숨어 피었다/ 패랭이꽃은 시집 안 간/ 누나 같다" 권정생, 〈패랭이꽃〉, 『동시 삼베치마』, 문학동네, 2011, 29 패랭이꽃을 본 적 있으신가요? 자그마한 패랭이꽃이 수풀 속에서 피어오르게 될 때 그들이 얼마나 수줍어하는 듯이 보이는지 모릅니다. 하지만 억쇠풀은 짓밟거나 억압하지 않습니다. 억쇠풀은 패랭이꽃이 자신의 자태를 드러내도록 한 곁을 물러줍니다. 길을 내주고 볕을 맞아들일 수 있도록 해줍니다. 그것이 우주의 이치요 인간의 삶이라고 하는 것을 말해줍니다. 생존경쟁과 전쟁과 아귀다툼과 독점과 독식이 아닙니다. 더불어 같이 살고, 화합하고 조화를 이룹니다. 이것이 권정생이 꿈꾸는 세계요 평화요 사랑입니다.

〈우물〉이라는 시도 같은 맥락에서 이해할 수 있습니다. 〈우물〉권정생, 〈우물〉, 『동시 삼베치마』, 문학동네, 2011, 44이 가진 속성을 잘 묘사하고 있지만, 우물 또한 공동의 것이지 누구의 것도 아닙니다. 소유하지 않고 향유합니다. 그것이 권정생의 시선이요 철학입니다. 삶은 소유가 아닙니다. 향유와 자유입니다. 향유하니 자유로운 것입니다. 우물은 우물 자신의 것으로서 물이 물을 만듭니다. 사물이면 그러지 못할 것입니다. 그것은 만물의 속성으로서 만유의 것이기 때문입니다. 우물은 혼자 있습니다. 단독자이자 독아자입니다. 모두를 위해서 혼자 있고 자기 자신을 위해서도 혼자 있습니다. 그러지 못하면 물은 물을 만들어내지 못합니다. 혼자 있음 속에서 자유가 있고 관조가 있고 평화가 있습니다.

〈들남새〉권정생, 〈들남새〉, 『동시 삼베치마』, 문학동네, 2011, 47에서, 권정생은 삶이란 고달프고 강압적 노동만 있지 않다는 것을 말해줍니다.

엄마가 되었든 머슴이 되었든 감알 짱박이, 피아리까지도 모두 쉼이 있습니다. 사람, 자연, 신분, 자본과 상관없이 쉼을 고루 향유할 수 있는 세상을 상정한 것입니다. 〈꾀꼬리〉라는 시는 고부간의 갈등을 묘사한 것입니다. 이 시는 시어머니와 며느리의 위계성, 주종 관계의 서러움과 안타까움, 그리고 고발과 호소가 담겨 있습니다. 분명 가족이나 친인척의 혈연관계 등에서 벌어질 수 있는 강제, 강권, 강압, 지배에 대한 타파로 볼 수 있습니다. 〈골목길〉에서는 아무도 눈길 주지 않아도 모두의 공간이요 평안이요 놀이요 해방이요 삶의 흔적들이 여유롭게 묻어납니다. 〈방천둑〉은 어떨까요? 방천둑과 냇물이 멀리 떨어진 관계가 아닙니다. 서로 곁에 있습니다. 둑과 냇물은 생명이 살고 자연과 사람이 어우러지는 생태적 시간을 느끼게 합니다. 그 중에서도 〈밭 한 뙈기〉는 권정생의 아나키적 사상이 물씬 풍기는 대표적이라 할 수 있겠습니다. 이는 그리스도교적 가치와 무소유 철학을 펼친 것이라 해석할 수 있습니다. 소유에서 공유, 그리고 궁극적으로는 무소유에 이르는 시적 흐름을 살펴보면, 소유로부터 완전히 자유로운 인간 세계의 모습을 이상화한 듯합니다. 내 것이 없으니 자유롭습니다. 이 세상의 땅과 하늘, 심지어 돌 하나도 모두의 것이지 누구의 것도 아닙니다. 하나님도 자기의 것이라 하지 않는다는 시구에서는 그의 아나키의 백미를 맛보게 합니다.

이와 연관하여 『하느님의 눈물』에서도 무위와 무욕의 신을 표현하면서 세상의 모든 존재자들도 신처럼 살게 해주겠다는 약속을 합니다. 그 전제는 폭압이나 폭력적 방식의 생존경쟁, 의식주의 해결이 아닙니다. 서로 생명을 아끼고 사랑해야 한다는 관계적 배려를 일컫습니다. 생명에는 위아래가 없으며 정상과 비정상이 없습니다. 『두꺼비의 눈물』 목숨은 모두가 다 가치가 있습니다. 수직적 차별은 폭력입니다. 하나님의 시선에서 보면 다 사랑받을 만한 존재입니다.

한 때 그의 교회 문간방 삶의 일화는 가난을 그리스도교적 진수로서 살아내는 마치 누가복음 16장의 나사로를 연상하게 합니다. 그는 성과 속, 혹은 정결과 오염의 이분법적 사유를 넘어섭니다. 종지기로 살아가던 날, 종지기로서 부자든 가난한 사람이든 병자든 아이들이든 산새든 다람쥐든 하나님을 만나도록 하는 그 새벽종 소리는 차별 없이 들려야 한다는 것이었습니다. 그것은 하나님과 같은 마음입니다. 사랑의 메시지는 모든 존재자에게 수평적인 친구에게 전달되듯이 퍼져야 한다는 지론입니다. 그러기에 그 추운 겨울 새벽종을 칠 때마다 장갑을 끼지 않고 맨손으로 칠 수 있었던 것입니다. 이것은 그의 에코 아나키로 이어집니다. "풀 한 포기, 꽃 한 송이도 절대 베어서는 안 돼요. 그것들도 다 생명이 있고 의미가 있어 이 땅에 온 것입니다. 절대 베지 마세요!" 흙집 작은 마당 풀숲은 마치 거대한 우주의 생명을 품고 있는 듯했을 것입니다.

이와 같은 철학과 종교 사상은 『몽실언니』에서도 잘 드러납니다. 사람에게는 저마다의 인생이 있습니다. 그런데 남자라고 해서 혹은 여자라고 해서 그의 삶이 차별이 발생하면 안 됩니다. 여자라고해서 남자에게 종속되어서도 안 됩니다. 심지어 권정생은 이념까지도 초월합니다. 북한군이니 국군이니 할 때, 어떤 편견의 시각으로 두 이념적 집단을 선과 악으로 대하면 안 된다고 말합니다. 그들은 그저 '사람'이라는 일반적 속성을 지닌 존재자요 모두가 다 삶이웃입니다. 여기서 권정생의 사해동포주의나 세계시민주의가 잘 드러납니다. 사람들은 개별적인 자기 생각을 가지고 자기의 길을 가야 합니다. 단독자입니다. 남의 힘, 곧 주변 강대국의 힘에 의존하면 결국 종속과 지배에 시달릴 수밖에 없습니다. 권정생이 "자기의 길은 자기가 알아서 걸어가라"는 논리로서 자기 생각의 중요성을 강조한 다고 해서 생존경쟁적 자아를 주장했다고 생각해서는 안 됩니다. 그 는 험난한 인생을 살아오면서 생존, 싸움, 소유, 전쟁 권정생은 대구매일사에 〈아기양의 그림자 딸랑이〉라는 응모작품을 냈지만, 베트남 전쟁 참전에 부정적 견해를 담고 있다는 당치않은 이유로 가작에 밀리고 말았던 적이 있습니다. 이른바 국가주의나 폭력적 전쟁을 거부하는 소리를 내었던 것입니다, 욕심 등으로 인한 인간의 편협된 결과로서의 고통을 체험적으로 느꼈던 사람입니다. 나아가 자본주의와 공산주의에 대해서 신랄한 비판을 가하기도 했습니다. 『초가집이 있던 마을』에서는 한국전쟁이 강대국의 이득 때문에 발생했으며 그로 인해 많은 사람들이 고통을 겪었다고 했습니다. 이렇듯 그는 자본주의가 되었든 혹은 공산주의가 되었든 결코 어느 것도 행복을 가져다주지 못한다고 보았습니다. 오히려 『강아지똥』에서 볼 수 있는 바와 같이, 자기 희생과 사랑을 통해서만이 삶이 바뀌고 세계가 변혁된다는 것을 교훈적으로 알려주고 있는 것입니다. 하나님은 쓸데없는 물건은 하나도 만들지 않았다고 본 그가 정작 말하려고 했던 것은 선한 인간, 악한 인간의 이분법적 세계가 아닙니다. 진과 선, 선과 악의 세상이 아니라 세상과 인간을 미적으로 인식하는 아름다운 세상, 아름다운 인간입니다. 이것을 한마디로 말한다면, 미적 아나키즘입니다. 김종철은 이러한 권정생의 약자의 관점과 시선에 대해서 마뜩치않게 여겼습니다. 하지만 권정생이 핍박 속에서도 약자들이 서로 보살피고 상호부조하고 연대하는 모습에 대해서는 높이 평가했습니다. 원종찬은 권정생에게 "사적 영토화"가 전혀 없었으며, "그는 종교인이었지만, 동시에 철저한 우상파괴자였다"고 논하였습니다.

"…올해 '목'자가 든 직업 가진 몇 사람/ 헌병대 잡혀가서/ 곤장 백대 맞는다면/ 두 시간 반 동안 동안 춤추겠다. …"〈임오년의 기도〉일부 이렇듯 권정생은 제도, 조직, 성직의 사람들이 정신차리며 살기를 간절히 기도했습니다. 또한 권정생에 의하면, 교회는 건축물이 중요한 게 아닙니다. 도시적이거나 현대적인 교회당이 반드시 내면적 성숙과 비례하지 않는다는 생각입니다. 순수하고 순박한 마음을 지닌 그는 가난한 교회, 가난한 사람 곁에 있는 교회를 꿈꾸었습니다. 그것은 복음서에서 드러난 예수의 삶이란 부흥사나 예언자나 혁명가가 아닌 바로 가난한 사람들 곁에 동고동락한 33년의 삶이라는 신앙 때문입니다. 권정생은 "우리 성서라는 책을 맹신하지 말자… 아

닌 것은 아니고, 부당한 것은 부당하다고 말하자꾸나. 하나님 앞에
아첨하는 못난 인간이 되지 말자. 불의가 가득 찬 천국 가느니보다
깨끗한 지옥에서 살자"라고 이현주 목사에게 말할 정도로 그리스도
교에서는 낯선 사람 취급을 받았습니다. 그는 거미줄보다 더 더러운
게 호화판 교회 장식품이요 교회는 정치와 결탁해서 하나님의 자연
들을 기만하고 있다고 비판했습니다. 권정생에게 있어 예수의 일대
기는 태초에 있었던 하나님의 뜻이 아닌 한 고독한 인간의 투쟁 기
록입니다. 이렇게 나눔과 배려, 겸손과 낮아짐, 자연 속 풀 한 포기,
가난한 북한 동포, 가장 약한 아이들을 생각하는 일념으로만 살다간
권정생은 그리스도교의 평화와 사랑, 그리고 생명의 화신이었다 해
도 과언은 아닐 것입니다.

　　그는 생태적, 자연주의적 문학을 통해 미물에 대한 미적 감수
성, 생태적 감수성으로 사랑과 평화를 풍부하게 전달하였으며, 폭력
에 대한 저항과 신랄한 비판을 마다하지 않았습니다. 권정생의 글에
서 등장하는 모든 존재자들은 하나 같이 수난받는 메시아사 55장의
모습입니다. 특히 어린이들의 모습을 통해서 거시담론, 애국담론,
국가담론 등을 거부합니다. 거대담론은 폭력이요 전쟁의 씨앗이기
때문입니다. 반면에 가장 작은 자연의 존재자에서 약하디 약한 어린
이들은 고통과 평화의 상징입니다.

　　권정생의『하느님의 눈물』에서는 인간중심주의, 생존경쟁에서
벗어나 모든 만물이 서로 돕고 살아야 한다는 것을 잘 보여주고 있

습니다. 이런 권정생의 사상은 마치 만유내재신론 혹은 범재신론을 연상하게 합니다. 살아 있는 모든 생명체는 소중하고 그들이 있는 곳에 하나님이 있다는 것을 새롭게 깨닫게 해주고 있기 때문입니다. 그는, 우리가 사는 것은 결국 가난한 사람의 몫partage을 빼앗고 동식물의 몫을 빼앗는 일이니 사람답게 살려면 다른 사람과 공존해야 한다고 역설합니다. 이러한 사상에 초점을 맞추면서 살아가기 위해서는 농촌공동체농사는 짓는 것가 제격으로 생각했는데, 그것은 인간이 살아갈 생명의 힘을 생산해내는 거룩한 직업이기 때문이라는 것입니다. 그는 자본주의 욕망 체제, 자본이 만들어 내는 필요에서 해방되는 무욕의 삶을 이행한 예수처럼 살아갈 것을 요청했던 것입니다. 그는 마치 지구생태미학적 시선을 견지하면서 벌레 한 마리, 풀 한 포기를 내 몸처럼 여긴 사람이었습니다. 평상시 자동차에 기름 한 방울 더 채우려고 전쟁을 한다고 한탄을 했던 그는, "승용차를 버려야 파병을 막을 수 있다"고 안타까운 마음을 토로한 적이 있었습니다. 그는 그만큼 행복한 무소유, 소박함, 가난함, 서로 사랑을 외치면서 지극히 작은 자에 대한 사랑이 곧 하나님에게 한 것이라는 신념을 가지고 살았던 톨스토이와도 같았던 삶이었습니다. 권정생은 자유와 평화, 자연의 행복이 주는 풍요로움을 강조하였고, 권력이나 제도는 물론 심지어 대안적 권력조차도 말하지 않았습니다. 오직 사람답게, 자연답게, 아름답게 살아가면 된다는 것이 삶의 지론이었습니다.

13. 메노나이트의 평화주의자-존 하워드 요더

"예수와 같이 되라"

존 하워드 요더John H. Yoder, 1927-1997는 성서적 현실주의자biblical realism 혹은 성서적 실재론자라고 할 수 있습니다. 그는 철학적 해석학에 기반하되 역사비평과 문학비평을 충분하게 수용하는 것은 물론 형이상학과 하나님의 성품을 초점으로 하는 해석학을 지향합니다. 그러나 성서와 교회로부터 분리시키지 않으면서 현학적인 성향을 배제하려는 연구방법론을 고집합니다. 그리스도인이 예수의 제자가 된다는 것은 기존과 다른 리더십과 혁명적 삶을 살겠다는 것을 의미합니다. 제자공동체의 삶은 세상의 삶에 참여하는 동시에 동화되지 않는 질적으로 다른 삶을 뜻합니다. 우리는 그것을 복음서의 성전청결사화를 통해서 알게 됩니다. 성전청결사화는 결코 폭력을 상정하지 않습니다.exebalen은 단순히 '내어 보낸다'는 뜻 예수는 재산의 재

분배눅 12:30-33; 마 23:32를 설파하고 정의와 긍휼의 단계를 실현하는 것으로 신앙 실천의 매우 성숙한 지표로 삼고 있음을 알게 됩니다. 특히 과부의 재산 전부를 바친 이야기는 급진적 공산주의의 처방이라기보다 만물의 회복, 곧 희년의 규정을 실천하라는 무혈의 혁명적 선언과도 같습니다. 분명 희년은 역사 속에서 구체적으로 실현가능하고 주기적인 개혁입니다.

예수의 비폭력 저항은 실제로 로마 군대를 상대로 유대총독 빌라도 당시 두 번이나 성공을 거둔 전례가 있었습니다. 이로 미루어 보아 예수의 열심당젤롯 방식의 폭력을 거부한 것이나 세상의 종말이나 광야로 물러남이 단순한 역사의 도피가 아닐 것입니다. 특히 십자가는 사회적 영합 혹은 순응의 거부social nonconformity가 아니며, 새로운 사회적 현실이 세상속에 도래할 새 질서를 드러내는 것입니다. 그것은 폭력의 사용이라는 기존 권력을 인정하지 않겠다는 것입니다. 또한 비개입적 제의적의례적 정결주의를 거부하는 것입니다. 예수의 윤리는 새로운 삶의 태도로서 제의적이지 않습니다. 오히려 정치적인 현실적인 언어들입니다. 하나님의 나라는 희년적 순종, 사면, 회개, 실제적 사건, 실제적 역사 행동, 현실을 아로새긴 실제적 처방prescription입니다. 더욱이 산상설교는 이웃에 대한 철저한 소명, 이웃에 대한 사랑을 지향합니다. 폴리스 정치는 사회적 인간됨, 치유와 용서의 부름 속에서 구현되는 새로운 사회를 일구어야 합니다. 그런 의미에서 예수는 개인과 사회를 나누지 않습니다. 예수의 회개운동, 하나님 나라 운동은 인격적인 것으로서 무력해 보이는 비폭력적인 절대적 사랑과 폭력을 사용하여 가져올 수 있는 현실적 효력 사이에서 하나님의 지혜와 능력으로만 하기를 원합니다. 따라서 예수의 제자는 하나님의 본성을 공유하여 하나님처럼 용서하고, 하나님처럼 차별 없는 사랑으로 사랑하는 것입니다. 나아가 그리스도 안에 거하며 그리스도와 함께 죽고 그의 부활 생명에 동참하는 것은 물론 자신을 내어주는 그리스도의 사랑처럼 사랑하고 섬겨야 합니다. 고난과 낮아짐과 위계적으로 군림하지 않고 오히려 고난을 당함, 무고한 고난을 불평없이 받아들임, 천국의 대의명분을 지닌 자로서, 그리스도처럼 혹은 그리스도와 함께 세상의 적대감을 감당하고, 섬김의 자세로 제자도를 실천해야 합니다. 마 20:25-28; 막 10:42-45

　그뿐만 아니라 제자는 권력, 폭력, 전쟁, 갈등의 상황에서 피흘리기까지 싸울 준비가 되어 있어야 합니다. 가족과 유대를 포기할 준비, 형제를 섬기기 위한 대가를 치를 준비가 되어 있어야 합니다. 고전 1:22-24; 골 2:15 이것은 책임윤리나 힘의 윤리가 아닙니다. 고난의 종의 윤리입니다. 예수의 십자가는 끊임없이 반복적으로 이루어진 자발적인 선택이요 정치적이며 권력과의 불가피한 충돌이고 법적으로 예상되는 결과입니다. "십자가의 언어는 또한 내적 참담함, 교만과 자기 의지의 포기라는 방향으로 진화하기도 합니다." 요더 우리는 "그리스도의 행위는 무엇이든 우리에게 가르침이 된다" omni Christi actio nostra est intructio, Aurelius Augustinus 는 성 아우구스티누스의 주장에 동의할 수 있어야 합니다. 하나님은 우리를 창조하시면서 동시에 구조subsist=system, 골 1:15-17도 만드셨습니다. 조직화된 규범, 규칙들도 그가 만드신 것입니다. 우리는 구조 없이 살 수 없습니다. 하지만 섬기는 일에는 실패를 하고 말았습니다. 자유와 사랑으로 살 수 있도록 하지 않습니다. 자신을 절대화하고 개인과 사회에 무조건적 충성을 강요합니다. 함께 살 수 없습니다. 우리는 권위exousia, 권세에 동조하기도 했지만 자기 자신에 도취된 이들에 의해 깨뜨려졌습니다. 권력의 지배를 거부했습니다. 십자가가 무장을 해제하도록 했기 때문입니다. 교회가 존재한다는 것은 세상의 권력이나 권위에 대한 저항이요 공격이요 민족주의에 대한 거부는 민족간의 차별을 인정하지 않는 데서 시작해야 합니다. 교회의 타자성은 연약함이 아닙니다. 강함에 기반을 둡니다. "교회의 타자성은 해방의 전령사가 되는 것이지 노예들의 공동체가 되는 것이 아닙니다." "교회가 받은 선물은 칼이 아니라 십자가를 통해 창조된 새로운 인간이 되는 것이었습니다." 존 요더의 말입니다. 교회는 경제적 차별과 인종 차별의 극복이 실현되는 새로운 인간성의 본보기가 되어야 합니다. "교회가 교회되게 하라." 이것이야말로 지금 우리가 지향해야 하는 본질입니다.

이를 위해 교회는 권력과 권위가 하나님에 의해 창조되었다 하더라도, 가치있는 목적을 위해서라도, 무가치한 수단을 활용하지 않겠다는 의지가 중요합니다. 교회의 사명은 신실함, 곧 사회를 위한 양심에 부합하는 따르미가 되는 것입니다. 돈, 법, 기술, 폭력에 관해

무서워하지 말아야 합니다. 예수를 제일 원리로 생각하는 게 필요합니다. 예수와 교회는 이 세계의 힘이자 구조로서 존재하는 것입니다. 따라서 반역적 세상의 되어버린 이 세계에 그리스도의 통치를 선포하는 교회가 되어야 합니다. 그렇다면 가정가족은 어떻게 해석해야 할까요? 성서의 가정규례엡 5:21-6:19; 골 3:18-4:1; 벧전 2:13-3:17 혹은 가정교훈은 복종이나 기계적인 질서를 합리화하는 것이 아니라 반전입니다. 종속적 입장에 처해 있는 이들에게 복종을 '자유롭게' 받아들이라고 요청합니다.종을 존중하라 군림하는 대신에 '자발적 섬김'의 태도를 취하는 것은 지배적 위치에서 군림하려는 것을 끊어버리는 것입니다. 남자도 여자도 없습니다. 자유인도 노예도 하나님 앞에서는 모두가 평등합니다. 차별을 넘어선 현실이 됩니다. 예수에 의해서 실현되고 전복된 "현실"이 됩니다.

그리스도교에서 항상 논란의 중심에 되고 있는 로마서 13장에 대한 해석은 어떻게 해야 할까요? 사도 바울은 어떠한 특정한 정부가 하나님에 의해서 제정된 것이라고 인정하지 않습니다. 다만 하나님이 공인하신 것은 '합당한' 정부입니다. 따라서 불의한 정부에 저항하는 것은 시민들의 의무입니다. 그리스도인들은 군대나 경찰 업무를 수행하도록 부름받지 않았습니다. 지배적이거나 치안적, 사형집행machaira이나 전쟁을 위해서 부름받은 것이 아닙니다. 그리스도의 도덕적 독립성과 판단력을 유지하고 정부가 행하거나 시민에게 요구하는 일이면 무엇이든 다 선하다고 말하지 않습니다. 정부나 정치는 단지 하나님 섬김의 수단입니다. 공세, 국세, 존경은 정부에게 하지만 경외만은 오직 하나님께 드려야 합니다. 정부에 대해 혹은 정부의 지위에 무조건적 의무나 순종만 있는 것이 아닙니다.

모든 그리스도인은 비저항적 관계, 자세를 견지해야 합니다. 예수는 제자들에게 이 세상이 '복수' 또는 '정의'라고 떠벌리며 전개하는 이기주의의 놀음에 가담하지 말라고 촉구합니다. 칭의, 곧 의롭다 함을 얻는 것은 화평을 이루는 것, 막힌 담을 허무는 것입니다. 이방인들, 유대인들은 그리스도 안에서 시작된 새로운 존재들입니다. 그러므로 그리스도인은 서로 용납해야 합니다. 하나님의 사랑의 특징은 안에 있는 친구든 밖에 있는 적이든 모두가 축복을 받는다는 것, 그 사랑을 적과 이방인과 죄인에게 베풂으로써 우리가 가진 진정성이 구체적인 현상이 됩니다. 적개심이 해소되고 이웃사랑이 원수까지 확장되며, 우리의 공로와 무관하게 나의 적과 하나되어 상대의 목숨을 내 것으로 취하지 않는다는 이른바 새로운 인류 안에 있게 됩니다. 이것이 진정한 의미의 복음이요 칭의입니다.

예수의 역사적 의미는 칼이 아니라 십자가이며 무자비한 힘이 아니라 고난입니다. 의로운 자의 승리는 무력에 있지 않습니다. 하나님의 백성은 순종이요 하나님의 목적은 부활의 능력이요 십자가입니다. 따라서 그리스도인은 효율성을 포기할 줄 알아야 합니다. 원수 사랑은 효율성을 포기하라는 명령입니다. 효율성이냐 순종이냐 그 판단 사이에서 예수가 기준이 되어야 합니다. 그리스도의 이름 안에는 압제받은 백성들의 마음에 희망을 성취하는 것과 그 관심 사들을 나눠서 생각할 수 없습니다. 또한 하나님의 육화는 신으로서 의 주권의 포기요 효율적으로 행동해야 할 의무를 포기한 것입니다. 아무런 제약도 없는 그가 아무것도 포기할 필요가 없었는데도 말입 니다. 폭력의 포기보다 더 중요한 핵심은 강한 자들로 하여금 약한 자들의 존엄함을 무시하도록 만드는 태도입니다. 이것은 반드시 목 적을 이루겠다는 어떤 '강박증'입니다. 이를 조심해야 합니다. 그리 스도인은 그저 하나님의 고난에 동참하는 것, 하나님의 사랑이라 는 성품을 드러내는 것, 곧 순종입니다. 하나님의 궁극적인 선은 어 린 양의 승리입니다. 그리스도인은 그러한 신실함에 의해 결정되는 것입니다. 사회 전체 위에서 무력을 통제하는 방식의 승리가 아닙니 다. 도덕적 엘리트의 평화주의도 아닙니다. 역사의 수호자가 오롯 이 그리스도인이어야 한다는 강박증 또한 벗어나야 할 과제입니다. "우리 어린 양이 승리하셨다. 그를 따르라"vicit agnus noster, eum sequamur 이 얼마나 멋있는 말입니까? "예수는 더 이상 우리의 사회윤리를 위 한 규범이 아니라는 현대적인 잣대의 한 요소는 우리가 '실용적' 혹 은 '현실적'이라는 부르는 생각의 움직임이다." 예수를 따르는 것은 막연하게 효율성을 거부하는 것이 아닙니다. 예수 안에서 어떤 종류 의 공동체 건설이, 예수 안에서 어떤 종류의 갈등관리방식이 우주의 본질과 어울리는가에 대한 실마리를 얻을 수 있다는 것입니다. 이를 명심해야만 합니다.

복음euangelion은 변혁이요 혁명이란 용어와도 짝을 이룹니다. 가난한 자들에게는 기쁜소식이지만, 거만한 자나 부자에게는 나쁜 소식이 될 것이니 말입니다. 희년의 해에, 마리아찬가Magnificat는 경제적 평준화, 가시적 변혁이 이루어집니다. 예수는 열심당의 언어를 사용했고, 그들처럼 가난한 자들의 편에 있었고, 악을 비난했고 헌신된 제자공동체를 만들었으며, 신적인 대의명분을 위해 죽음을 준비했습니다. 하지만 예수는 칼로 만들어낸 질서를 거부했습니다. 광야로 들어가 도심의 긴장과 갈등으로 물러나 있었고 정부와 상업으로 물든 장소로부터 순수하고 완벽하게 믿음을 지켜낼 수 있는 장소를 찾을 수 있었습니다 이전과는 다른 공동체, 자발적 사회intentional community를 통해 고난을 겪음으로써 폭력을 처리하는 새로운 길을 제시하고, 분배를 통해 돈을 처리하는 길, 비천한 자들, 옛것, 가족 유형, 위계질서의 급진적인 새로운 질서를 제시하였습니다. 예수는 회개를 통해 인종적 차별, 사회계급, 자본, 권력을 처리하는 새로운 방식을 제시하였습니다. 이러한 비전을 통해 예수의 제자는 성공이나 효율성보다 그리스도의 눈으로 성찰합니다.

요더에 따르면, 비폭력보다 더 강력한 윤리는 비저항nonresistance, 마 5:19입니다. 이 근거는 사랑입니다. 그리스도인은 하나님이 사랑이시기 때문에 사랑을 하는 것입니다. 십자가는 사랑이 효율성이나 정의의 추구가 아니라 어떠한 손해나 외관상의 패배를 감수하기까지 복종한다는 극단적 시위입니다. 국가는 악을 구현합니다. 국가의 이익을 위한 것이라면 전쟁도 불사하고, 국가의 목표를 하나님의 이름으로 축복하는 우를 범하기도 합니다. 자칫 교회는 현재의 질서를 유지하는 특권을 소유하고, 질서를 합법화하기 위해 종교적 수단을 제공합니다. 이처럼 국가이기주의는 승인되어서는 안 되며, 선교조차도 교회와 국가의 밀월 관계인 것처럼 보여서는 안 됩니다. 교회는 본연의 당신이 되라는 명령입니다. 교회는 다른 무언가로서 사회의 정신이 되어왔습니다. 진정한 국제주의, 세계시민주의는 종으로서의 교회를 회복하는 것입니다.

요더는 바르트와 동일한 신학적 입장을 가지고 자연신학을 반대해야 한다고 주장합니다. 그것은 주어진 국가, 독단적인 상위 권력의 합리성, 효율성과 정치적 책임 기준이라는 현실주의, 그리고 다른 대안에 대한 수용불가 때문입니다. 어딘가에 진리가 존재하며, 진리가 주어졌다는 자명성이 문제가 될 수 있습니다. 예수의 인간성은 하나님의 뜻을 행하려는 사람을 위해 하나님의 목적을 드러내는 계시입니다. 육화의 사건을 떠올려보면 예수의 인격 안에 윤리의 심오한 원천이 있음을 알게 됩니다. 우리는 육화 사건을 통해서 칼과 보좌의 거절, 채찍과 십자가의 선택, 폭력의 거부라는 종교적 아나키즘을 읽을 수 있습니다. 이러한 육화적 시각에서 교회는 세상의 권위와 권력에 겸손을 요구해야 합니다. 교회는 파시즘이나 권력 숭배에 빠지지 않도록 해야 하며, 특정정부, 특정 사회, 특정지배계급의 종이 되어서도 안 됩니다. 그나마 어렵사리 종교개혁으로 교회의 제도적 자율권을 폐지했는데도 불구하고 다시 권력을 숭배하는 것은 어불성설입니다. 이와 달리 교회는 권력에 맞서서 교회 안의 사역을 수행하기 위해 마땅히 요구되는 "도덕적 독립성"의 모습을 견지해야 합니다. 또한 교회는 초월적 이상을 가지고 우상을 폭로하고 강제력과 억압의 수단으로서 권력을 휘두르기보다는 이웃의 섬김과 종이 되는 표지sign로서 시위를 할 수 있어야 합니다. 더 나아가서 교회는 이데올로기의 통제에 대해 더 높은 권위로 "아니오"라고 말할 수 있어야 합니다. 비순응주의자, 민주국가가 아닌 민중적 관점이 필요합니다. 폭력과 폭동으로는 결코 건강한 사회를 만들 수 없습니다. 사랑과 비폭력만이 불의한 제도를 무너뜨릴 수 있습니다. 폭력은 궁극적으로 폐기되어야 합니다. 강제적 폭력의 포기는 비폭력 기술입니다. 그것은 유용하고 효과적입니다. 평화주의의 적실성입니다. 따라서 폭력사용은 우상숭배이자 세상의 순응입니다. 다만 예수님과 같은 가치, 주되심, 반항, 사랑의 방식만이 그리스도인다움입니다. 그것이 그리스도교 평화주의자입니다.

평화는 하나님의 뜻입니다. 그리스도의 통치는 국가에 선을 권장하고 악을 제한하도록 격려함으로써 하나님을 섬기는 것이 국가의 의무임을 뜻합니다. 이것이 "그리스도는 주님이시라"Christos kyrios라는 진정한 뜻입니다. 정치인은 자신의 불의를 저지르지 말며, 자신의 공언한 이상적인 목표를 수행해야 합니다. 원수를 사랑한다거나 혹은 공격자를 사랑한다는 것은 그리스도 안에서 우리와 화해를 이루신 하나님의 사랑 때문에 그렇게 해야 합니다. 이것은 자신의 고난을 대가로 원수를 사랑하는 하나님의 무한한 사랑에 기초하여 원수에게도 동등한 사랑을 혹은 그와 같은 수준이나 정도를 넘어서 사랑해야 합니다. 그리스도 안에서 하나님이 나를 대하신 것처럼 내가 대접받기를 바라는 대로 공격자를 대하도록 노력해야 합니다. 하나님의 본성에 참여한다는 것은 하나님의 도구로서 하나님의 진정한 예수의 인간됨을 따르는 것이요, 예수의 인간됨처럼 되는 것입니다.

그렇게 예수의 인간됨을 체화하는 표지로서 화해를 위한 대화를 실천해야 합니다. 화해를 위한 대화는 공동체의 가장 강력한 능력입니다. 공동체 내에서 규칙들의 부적절성에 대해서 수정해나가는 것은 절실이 요구되는 신앙태도입니다. 이를 통해 함께 용서하는 것은 공동체의 상호신뢰로 나아가도록 도와줍니다. 갈등은 죄의식을 갖게 만듭니다. 죄의식을 치료하는 방법은 용서입니다. 성서는 매고 푸는 것을 위해 의사소통과정을 사용할 것을 요청합니다. 주의해야 할 것은 갈등해결을 위해서는 성직자사제나 해석학적으로 강제되는 여과장치로 하지 말아야 합니다. 갈등해결은 성서 본문을 읽는 개별 독자가 결정해야 합니다.

일부 신학계에서는 예수께서 직접 성체성사를 제정하셨다고 하는데, 실제로는 평상시에 함께 먹었던 식사를 했던 것뿐입니다. 사도행전 2장에서도 그리스도교 공동체는 함께 떡을 떼며 공동의 식탁, 나눔, 공동출자, 공동관리를 하였습니다. 공동의 식사는 오래된 만나 이야기에서부터 기원합니다. 이러한 전승의 기억에 따라 음식을 나누는 구제가 공평하게 이루어지도록 리더쉽 구조를 재편성^{행 6}^장했을 뿐만 아니라 원시 그리스도교 공동체에서 선교의 초석은 식탁교제 곧 메시아 잔치였음을 기억해야 합니다. 성찬식은 감사를 드리는 것이요 매일매일 물질적 생활을 사람들이 서로 나누어야 한다는 의미입니다. 제도나 상징만이 아닙니다. 환대와 공동체를 이룬다는 것입니다. 함께 먹는 빵은 경제적 나눔 이상입니다. 실제 가족으로 경제적 연합의 모임을 점점 확대해 나가는 것입니다. 고린도전서 11장은 경제적 평등과 경제정의의 회복 필요성을 역설하고 있습니다. 따라서 성체성사^{성찬식}은 경제적 행위요 나눔이요 경제윤리입니다. 사회주의나 경제적 민주주의의 원형입니다.

세례는 새로운 그리스도의 사람으로 옷 입혀지는 것입니다. 그리스도인의 세례는 그리스도 안에서 하나가 되는 것이요 새로운 창조입니다. 새로운 인류, 평화를 의미하는 의례입니다. 주인이나 종이나 자유인이나 노예나 남자나 여자나 계급과 무관합니다. 모든 인류는 동등하다는 인정과 고백입니다. 새로운 신분과 차이, 차별을 끌어 안는 새로운 연합이기에 입교식은 잔치이지 정체성을 강화하는 의례가 아닙니다. 세례는 그런 의미에서 인류평등주의, 사회계층화 및 계급화를 무력화하고 상대화시키는 행위입니다. 세례는 이웃과 함께 지내는 인류의 연합, 인류의 존엄성의 상징이요 인종주의,

국가주의를 넘어서는 인류평등주의를 지향합니다.

선교는 단순히 우리가 신적인 일의 과정에 보냄을 받았다고 그렇게 경축하는 것을 의미합니다. 성, 예식, 인종, 경제적 차이를 넘어선 사람들과 문화들 사이의 화해, 만민평등주의라는 뜻을 담고 있는 것이 선교의 본래성입니다. 선교적 과정에서 설령 세례의 유효성이 발휘되지 않더라도 반대자의 존엄성을 보호해야 합니다. 비폭력은 박해자의 양심에 호소할 뿐이어서 다만 화해로의 부르심에 대한 행위, 곧 세례를 통해 그것을 구현하고자 노력하기만 하면 됩니다. 또한 세례는 종교의 자유를 보장해야 합니다. 다른 종교를 가지고 있다고 할 때 초청 메시지에 대한 응답으로서 세례는 가능할 수 있을지 모릅니다. 하지만 그 운동에 합류하겠다는 의사는 자유로운 선택에 맡겨야 합니다. 자발적으로 구성원이 되는 게 중요한 일이기 때문입니다.

여기에는 세례의 적절성과 복잡한 이해 관계는 두 번째의 문제입니다. 단지 함께 끌어안는 것이 관건입니다. 교회의 진정한 정치는 복음이기 때문입니다. 그리스도의 충만함엡 4:11-13이 나타내는 것은 인간이란 상호유기적이요 상호의존적이라는 점입니다. 이성적인 의사소통의 존재인 인간이 함께 몸을 움직인다는 사실이 명백함에도 불구하고 위계, 권위, 독점하는 방향으로 흘러갔습니다. 원래 교회, 조직, 인간사회는 반수직주의였습니다. 몸의 이미지가 내포하는 것은 하나님은 사람을 똑같이 만들지 않았으며 지체들에게 개별

능력을 부여했다는 것, 결코 중앙집권화된 권위가 존재하지 않았다는 것, 남자 중심의 성직을 지시하지 않았다는 것입니다. 따라서 정치권력의 본질을 변화시켜야 합니다.

바울의 비젼은 누구도 권위권력, 권한를 내세우지 않는 목회가 되어야 합니다. 어떠한 사람도 소외되지 않도록 해야 하고 사도행전 15장처럼 열린대화를 통한 의사결정구조를 갖춰야 합니다. 그 회의는 결단코 논쟁disputation이 아니었습니다. 자유롭게 말할 권리, 곧 토론과 말하는 능력이 폭넓게 존중받아야 합니다. 어떤 일에 대해 관심을 보인 사람들이 스스로 충분히 마음을 털어놓을 때까지 기다려야 합니다. 성서의 뜻을 알기 위해서 갈등, 분쟁 상황에서도 대화의 가능성, 신중한 대화 방법을 적용해야 합니다. 열린대화는 이웃과 원수들의 목소리까지 경청하는 헌신에서 나옵니다. 그게 비폭력적 행동입니다. 일각에서는 다양성이 무질서가 될 수 있다고 우려를 표명하기도 합니다. 이는 가부장적 두려움일 뿐입니다. 권력의 분산이라는 긍정적 지향성이 중요한 초점입니다. 군주제의 칙령이나 다수결의 원칙이 빠른 결정을 내릴 수 있으나 분쟁의 소지를 남기게 됩니다. 성령을 통한 대화는 진리를 발견하는 통로입니다. 이와 같은 '하나님의 영에 기반한 대화'하나님의 영에 귀를 기울여서 그의 목소리에 기초한 복수적인 대화'는 민주주의적인 벌언권의 기초가 됩니다. 그리스도인은 세상을 위해 봉사할 수 있지만 다스리도록 부름을 받지 않았습니다. 통치가 아니라 섬기기 위함입니다. 교회는 믿음의 조직체로서 세상에 존재하며 세상을 변화시키는 도구입니다. 따라서 교회는 복음의 진정한 가치, 예컨대 평화, 비폭력, 사랑, 식사, 선교, 세례, 대화 등이 지닌 신학적이고 신앙적 본질을 그 시원arche에서부터 다시 생각해 봐야 할 것입니다. 기독교 아나키스트 요더는, 그것을 바로 근원의 근원에서부터 사유할 것을 우리에게 충실히 안내해 주고 있는 것은 아닐까요.

14. '근사성'을 추구하는 그리스도교 현실주의자–라인홀드 니버

도덕적 인간, "사랑의 법은 모든 법을 초월한다"

"우리미국의 권력을 미국 대륙 밖으로 확산시켰던 바로 그 힘이 … 우리를 광대한 역사의 거미줄 속으로 끌고 갔다. 그 역사의 거미줄 속에서 우리 자신의 의지와는 다른 방향, 또는 반대되는 방향으로 달리는 의지들이 우리의 가장 열렬한 소망을 방해하거나 부정하는 것을 피할 수 없다. 우리는 결코 만사를 우리 방식대로 처리할 수 없다. 설령 우리의 방식이 '인류의 행복'을 약속한다고 우리가 믿을지라도."Robert D. Kaplan, 장병걸 옮김, 『무정부시대가 오는가』, 코기토, 2001, 83 라인홀드 니버R. Niehuhr, 1892-1971 에 대해서는 이견이 있을 수 있으나, 그에게서 읽혀지는 아나키즘의 색깔을 잘 들어내주는 인용문이라고 생각합니다.

인간의 본성은 매우 이기적입니다. 라인홀드 니버는 이기적인 권력을 추구하는 존재를 어두움의 아들이라고 하였습니다. 그러한 어두움의 아들이 지닌 이기심을 가장 잘 견제할 수 있는 정치체를 민주주의로 보았습니다. 인간은 도덕적 존재라는 의미에서 빛의 아들인데, 빛의 아들은 공동체의 조화를 성취할 수 있다는 게 그의 주장입니다. 개인의 도덕에는 사랑이라는 규범이 적용되는 것과는 달리 집단 간의 도덕에는 정의의 규범이 적용되어야 한다고 말했습니다. 집단적 성격을 잘 드러내는 가족 관계에서는 다른 가족을 희생시키면서 자기 자신의 가족 이익을 추구하는 것을 볼 수 있습니다. 인간은 가족을 위해서라면 이기적인 추구도 서슴지 않습니다. 이른바 가족본능Family Instinct은 사유재산권을 신성시하는 근거가 되기도 합니다. 종교기관은 어떨까요? 종교기관들은 제국주의의 야심을 갖고 계량적 권력, 특권을 얻고자 하면 종교가 가진 본래적 이상은 약화될 수밖에 없습니다.

국가는 말할 것도 없습니다. 국가는 가장 비윤리적인 행동을 하기 쉬운 집단입니다. 애국심을 통한 따뜻한? 감성으로 국가를 바라볼 때 국가의 정책을 비판적으로 바라보기 어렵습니다. 국가라는 집단을 넘어서는 윤리적 가치를 인식하지 못하기 때문에 국가의 이기심에 대해 관대해지는 것은 당연합니다. 민주주의조차도 도리어 국가제국주의를 증진시킬 수 있습니다. 게다가 애국심은 최상의 도덕적 태도로 인정해줍니다. 따라서 국가의 교만과 자율성은 민주주의의 확장과 함께 발전되어 왔다고 해도 과언은 아닙니다. 산업화된 국가들은 경제적 제국주의를 추구하면서 원료가 풍부한 저개발^{미개}^발 국가들에게 눈을 돌립니다. 그럼으로써 강한 경제력을 지닌 국가들은 경제력이 약한 국가를 지배합니다. 죄의 감각은 무한 앞에서는 유한의 감각입니다. 유한과 영원이 뒤섞여 자신들의 나라나 계급을 실존의 중심이라 주장하고 있는 것은 제국주의의 뿌리입니다. 이것이 죄이며, 타락이자 하나님에 대한 반항입니다. 그러다 보니 그리스도교를 표방하는 나라에서 예수의 윤리는 오직 수직적인 차원이라면 하나님과의 사랑에서만 논해질 수 있을 뿐입니다.

하지만 그리스도교의 절대주의와 보편적인 차원, 완전주의 차원의 윤리, 사랑절대주의는 모두를 포용하는 사랑절대주의에 기반합니다. 그리스도교는 이웃에게도 공평한 삶을 살아갈 기회를 주어야 하며 공동생활권을 조직해야 할 의무가 있습니다. 이를 통해 정의와 공의와 평등한 삶이 실현되고 사랑의 법인 이웃사랑에 대한 흔적이 현실화되도록 해야 합니다. 전쟁은 불의한 나라들의 도덕적 태도라고 말하는 것은 어불성설입니다. 회개의 뿌리를 제거하기 위해서는 용서하는 사랑만이 국가 간의 원한을 풀 수 있게 합니다. 강대국의 도덕적 판단이 약소국에 대해 내리는 제국주의적 판단이 된다는 것은 결코 평화롭거나 공정한 판단이 될 수 없습니다. 인간의 유한성을 고려하여 국가 간 갈등을 해결하기 위해서는 결국 사랑의 법에 기초해야 되며, 평등의 정의에 기반해야 합니다. 앞에서 말했듯이, 정치경제에서 가장 중요한 것은 '정의'입니다. 이것은 서로 상충

하는 인간의 이익관심을 질서있게 조화시키고 인간들에게 상호 협조할 수 있는 최대의 기회를 제공하는 것입니다.

이를 위해서 그리스도교는 어떤 계급의 도구가 되어서는 안 됩니다. 인간의 이상적인 가능성은 자유와 평등입니다. 특히 최고의 선은 자유에 의해서 이루어집니다. 그 다음이 평등입니다. 평등은 사랑의 '근사치' 혹은 '근사성'approximation입니다. 그러나 사랑의 이상은 모든 법을 초월합니다. 그것은 모든 충돌을 해결하기 때문입니다. 정부는 창조질서의 일부라고 보기에는 너무 인간적인 요소가 많습니다. 다만 정부는 세상의 무질서들로부터 보호하기 위한 도구에 지나지 않습니다. 그러한 기형적 체제로서 독재적 국가사회주의는 정부에 절대적인 신성을 부여한 결과이자 무절제하게 통치자의 권위를 지지했기 때문입니다. 여기서 질서 원칙의 상징으로서의 정부와 불가피한 결합과 악을 지니고 있는 특수한 정부를 분리할 필요가 있습니다. 사람들은 정부를 마치 선물과 같은 것으로 인식합니다. 정부의 권력은 국지적으로 특수한 자리에서 행사되는 권력이지만, 신적인 권력을 행사하거나 선한 권력을 행사할 수 없습니다. 폭정과 무정부 상태에서 형제애와 어떻게 이룰 것인가는 과제가 아닐 수 없습니다. 국가 간의 질서와 조화가 중요한데, 자국의 이익을 앞세우면 제국주의적 성향을 띠게 될 것이고, 순수한 평화, 정의, 질서는 존재하지 않을 것입니다.

사랑이라는 이념을 계산적인 행동규칙으로 생각하게 되면, 도덕적 광신주의에 빠지게 됩니다. 평등은 사회적 계산에 의해서 완전하게 실현되지 않습니다. 따라서 국가 간의 증오를 치유하는 방식은 '용서하는 사랑'뿐입니다. 마르크스주의도 사랑의 법이 완전히 실현될 것이라 했지만, 결국 공산주의는 악마적 요소가 되어버렸습니다. 이에 라인홀드 니버는 메시아주의의 세속적 현상이 바로 공산주의라고 설파합니다. 이웃을 사랑하라는 명령은 이웃이 신적인 존재이기 때문이 아닙니다. 하나님이 그를 사랑하기 때문입니다. 부당한 경건주의나 권세에 대한 존경은 정치에 오히려 해악이 될 수 있습니다. 권세나 세력은 질서를 위하더라도^{필요악} 어쨌든 악이기 때문에 불의가 파생될 수 있으며, 그에 따른 견제가 필요하다는 것을 알아야 합니다.

"예언적 종교가 쇠퇴하지 않기 위해서는 삶의 경건의 힘과 영성의 힘, 적극주의와 소극주의가 균형을 유지해야 합니다." 나아가 사회적 폭력에 대해서도 비폭력 무저항으로 맞서야 합니다. 다른 사람의 관심을 보호하고 개인의 생명에 대한 의무를 다하기 위해서라도 말입니다. 최소한 사랑은 개인의 인격과 자아에 대해서 그리고 사회에 대해서 강요되지 않으며, 완전한 사랑은 하나님처럼 초월의 영역에 존재합니다. "참된 하나님에 대한 지식이 없이는 그 무엇도 인간 스스로를 하나님으로 만들려는 불경건, 그리고 이웃이 똑같은 망상에 사로잡혔다고 해서 이웃을 악마로 보는 잔인성에서 인간을 구원할 수 없을 것"R. Niebuhr, 노진준 옮김, 『기독교윤리학』, 은성, 1991, 213입니다. 그리스도의 죽음 사건에서 볼 수 있듯이, 인간이 이기심을 잠재울 수 있는 것은 자기희생의 완성, 곧 그리스도의 죽음 사건에서 일어나며, 그것은 이기적인 국가들의 도덕성으로는 가능하지 않습니다. 중세의 그리스도교 왕국의 권력구조는 최고의 권위를 가진 폭력적 요소를 은폐하였습니다. 집단의 이기심은 개인의 이기심보다 고질적인 세력입니다. 인간이 집단화될 때 이기심은 더 커집니다. 나아가 민주주의 국가라 하더라도 국가적 야망과 이기심이라는 악으로부터 자유로울 수 없으며 심지어 제국주의적이기까지 합니다.

역설적으로 국가의 도덕성은 이웃나라들에 대해 무력적 수단을 갖게 합니다. 영토공동체로서의 국가 개념을 생각할 때, 인간은 조직된 공동체보다 더 넓은 공동체로 확장할 수 있습니다. 나치처럼 잔인하고 냉소적으로 국가의 확장을 최고의 가치로 생각할 수 있다는 말입니다. 초강대국의 제국주의적인 힘, 종족적 편협성은 피조물의 자유의 한계를 의미합니다. 인간의 자유는 보편적일 수 있지만 조직된 공동체의 실현에 있어서는 언제나 편협하고 인종적입니다. 인간에 대한 편견은 종족주의적 한계 때문입니다. 이것은 인간의 비인간성의 모순을 보여주는 사태입니다. 하지만 소수인종도 동일한 인간성을 가집니다. 공동의 인간성을 가집니다.갈 3:28 이런 의미에서 볼 때 국가적 관심사가 항상 도덕적일 수 없습니다. 가정 공동체는 자아의 안전을 보장해주는 원천이고 자아로 하여금 삶을 성취하게 해줍니다. 민족국가, 도시국가, 제국도 그 역할을 담당합니다. 하지만 가정도 자신의 이익을 앞세우는 가족중심주의의 폐단이 나타납니다. 가족중심주의, 교파, 교회 신앙공동체에서는 타자에 대한 관심이 결여되어 있습니다. 종교적 광신주의와 편협성이 나타나는 것이 그 이유입니다. 극단적인 종교 신봉자는 우연적 관점들을 신성시하거나 종교적 독선에 빠져 인종, 민족, 교회의 규범에 내포된 미움, 편견이 작용하게 되는 것입니다. 무엇보다도 완전에 대한 가능성은 자주 독선적이어서 자기를 파멸하기까지 합니다. 자아가 진정한 자아이기 위해서는 더 성숙하고 건강한 다른 자아가 필요합니다. 단독적 자아보다 헌신, 충성, 책임을 강제하는 '일반 은총'은 민족주의, 인종주의와 유사한 가치체계를 가짐으로써 나치와 같은 맹목적인 집단적 자아를 통해 파멸로 치닫게 합니다. 말할 것도 없이 국가의 교만은 국가를 파멸로 몰아가게 됩니다. 강조하거니와 사랑의 법은 모든 도덕적 삶의 기초입니다.

이런 관점에서 라인홀드 니버는 그리스도교 현실주의자로서 현실적 요인이나 현실적인 것을 중요하게 생각한다고 해석할 수 있습니다. 그러나 그에게 있어 그 무엇보다도 중요한 것은 '근사성'approximation *이라는 개념입니다. 비록 그리스도의 사랑 이념이 완전히 실

---

* 이 개념은 달리 하이데거의 '친밀성'(Innigkeit)과 밀접하게 연관이 된다고 생각합니다. 또 다른 독일어 Affinität는 생물적 친화성이나 친족관계, 혹은 이웃관계를 나타내는 개념인데, 이 역시도 근사성이라는 라인홀드 니버의 개념과 잘 어울린다고 여겨집니다. 이것은 필자의 좀 더 엄밀한 분석이 필요하다고 봅니다만, 차후 아나키즘 연구를 위해서 더 깊이 사유하려고 합니다. 하이데거는 횔덜린의 시를 해명하면서, "일체는 오직 내재하는 것의 친밀성

현되지 못할지라도 정의를 통해서 도달하려는 끊임없는 노력이 수반되어야 한다는 것입니다. 라인홀드 니버에 의하면, 권력은 교만과 부정의불의로 이끕니다. 권력은 자연을 하인으로 만들고, 인간이 피조물이라는 사실을 망각합니다. 이러한 권력을 지닌 과학과 기술은 인간으로 하여금 잘못된 만족감으로 유도합니다. 이것은 권력이 인간에게 거짓된 안전감을 주기 때문입니다. 권력은 다른 국가들을 억압하기도 합니다.

그런 의미에서 정치란 권력투쟁입니다. 그것은 권력의 일시적 균형에 도달할 뿐입니다. 권력은 삶을 파괴하지 않는 데 역점을 두어야 합니다. 따라서 권력은 하나님의 법칙인 사랑이라는 가치와 행위에 토대 위에서 가능해야 합니다. 만일 권력이 행사되어야 한다면, 그것은 하나님의 법칙인 사랑이라는 가치와 행위의 토대 위에서 가능해야 합니다. 권력으로 무장한 선은 부패하고, 권력이 없는 순수한 사랑이 성공을 거둘 수 있는 것은 하나님 나라의 가능성과 현실성입니다. 생의 의지에 의해서 권력 투쟁은 지배계급이 피지배계

으로부터 출현함으로써만 존재한다. 성스러운 것은 친밀성 바로 그것이요-즉 '마음'이다"라고 풀어밝힙니다. 그에 있어, 친밀성이란 최초의 것, 일체를 자기 안에 간직하는 것, 원초적인 것, 그 원초적인 것으로서 거주하는 것, 그 머물러 있음은 영원의 영원을 의미합니다. 횔덜린에게 순수와 근원과 성스러움과 마음은 거의 동일한 말인 듯합니다. 우리는 신에게 '가까이' 거주할 능력을 갖출 때까지 사유의 사유를 거듭해야 할지도 모릅니다(M. Heidegger, 소광희 옮김, 『시와 철학』, 박영사, 1978, 98-101 참조; 비교. 신상희 역본, 『횔덜린 시의 해명』, 아카넷, 2009 참조).

급을 계속 억압하려는 불의를 낳게 됩니다. 이로써 보복적 억압, 보복적 힘으로 나타나고 무역과 산업과 상업은 국제경쟁, 국제주의로까지 확산합니다. 그렇다고 민주주의가 최선이 될 수 있다는 말이 아닙니다. 모든 사회와 개인은 하나님의 심판과 파멸 아래 있다는 것을 명심해야 합니다. 은총으로 사는 존재도 유한하고 죄인된 존재이기 때문에 교회도 인간적인 '제도'일 수밖에 없습니다. 교회가 특정집단과 계급들의 삐뚤어진 눈과 양심에 의해 지배당하는 것도 그 이유입니다. 교회는 결코 하나님 나라가 아닙니다. 인간적이고 상대적인 제도입니다. 이를 망각하면 안 됩니다. 또한 경건한 사람은 하나님의 뜻을 행합니다.

하나님과 맘몬은 동시에 섬길 수 없습니다. 파시즘처럼 종족적 단순성에 빠지는 것도 경계해야 합니다. 인간과 민족을 부분적으로만 보아서 부정직한 유치함으로 발전하고, 민족의 무질서를 더 가속화한다는 것을 잘 모르는 것입니다. 종교적 문자주의는 어린 아이와 같은 단순함에서 출발합니다. 그런 사람들은 신화적인 대답을 마치 과학적인 대답인 것처럼 생각합니다. 이것은 문화적 원시주의와 다르지 않습니다. 교의주의dogmatism는 특정시대의 관점과 특정계급의 도덕을 종교적으로 신성화시켜 줍니다. 그럼으로써 불관용이나 아집을 강화시키고 봉건적 위계질서까지도 신성시합니다. 주인과 노예의 관계를, 불평등의 관계를 정당화시킵니다. 보편적, 종교적 광신주의는 새로운 광신주의로 보편적 인간주의의 소산에 불과합니다. 하지만 그리스도교 보편주의는 모두가 하나님의 자비를 필요로 하고 있다는 점에서 차별이나 구별이 없습니다.롬 10:1-13 그리스도교의 보편주의는 사랑이며, 그 사랑은 삶의 법입니다. 동시에 그리스도의 아가페가 역사의 출발점입니다. 역사의 제도나 기구는 우주적 제도, 영원한 제도를 위한 임시방편이자 일시적인 것에 지나지 않습니다. 오늘날 권력 문제의 핵심에는 특수한 이익을 위한 공산주의라는 독선적 광포성과 전제적 과두정치와 부르주아 자유주의, 과학주의, 과학적인 방법의 세계구제의 신조가 역사적 운명을 지배하고 있습니다. 사람이 역사적 운명이 지배자가 될 것이라고 호도하며, 국가의 정신은 상호간의 공포를 불러일으킵니다.

하지만 국가의 의지는 개인의 의지를 상징하는 의지로서 다만 죄가 있는 자기일 뿐입니다. "그리스도 안에 계시된 신은 모든 나라를 그 심판 밑에 둡니다." 자칫 국가의 의지를 신봉할 경우, 국가를 신으로 예배하거나 우상숭배에 빠질 가능성이 농후합니다. 우상숭배는 국가, 종족, 문화 등을 신의 지위로까지 높이는 것입니다. 땅의 나라는 투쟁과 지배, 그리고 타락은 결국 과두정치의 우상숭배적 자기 예배의 결과입니다. 국가는 계급지배의 수단입니다. 종교적 열정주의나 나치즘은 원시적 정치종교를 초래하여 독재 권력의 사악한 정치임에 불구하고 오히려 정의의 왕국을 실현하는 것처럼 호도할 수 있습니다. 이러한 국가주의적 메시아주의의 어리석음, 사악함, 무지를 간과해서는 안 됩니다. 국가는 국민의 동의와 존경에 의존해야 합니다. 국가는 이기주의와 신에 대한 반항에 의해서 그 기관을 유지하려고 합니다. 하지만 신에 대한 국가의 반항은 왕이자 심판자인 메시아에 의해서 진압될 것입니다. 메시아시대는 오직 완전한 평화와 조화의 지배입니다. 역사적 공동사회는 인간의 선에 속해서라기보다 섭리와 우연의 일치일 뿐입니다. 유기체적 사회라 해도 자유 없는 삶은 아가페의 완전한 구현이 아닙니다. 사회적 속박에서 개인을 해방하는 것은 아가페의 일면입니다. 그러한 아가페에 의해서 "그리스도 교회는 희망에 찬 신자들의 공동사회"가 될 수 있습니다. 하지만 교회는 죄를 뉘우치는 공동사회인 동시에 그리스도를 반대할 위험이 도사리고 있습니다. 스스로의 이익을 추구하지 않는 참된 사랑의 조건만이 신앙과 희망의 조건이 될 수 있으며, 교회는 그 순간만이 하나님 나라를 접촉하는 공동사회라 할 수 있습니다. 믿음과 희망에 따라 사는 공동사회는 사랑을 소유하고 있다고 확신하지 않을수록 더 확실한 사랑에 다가갈 수 있으며, 인종 및 계급에 대한 완고성을 버릴 수 있습니다.갈 3:28 물론 인종적 편견, 국가주의, 계급의식 등이 공동사회에서 완전히 제거되기는 어렵습니다. 하지만 양심을 가지고 받아들이는 더더욱 어렵습니다.

　　라인홀드 니버가 누누이 강조하고 있는 바와 같이, 예수 윤리의 사랑절대주의는 보편주의적 윤리입니다. 그리스도의 사랑은 인간이 이성을 가진 존재여서 사랑하는 것이 아니라 차별 없이 사랑하기 때문입니다. 가족 윤리도 사랑은 모든 것을 포괄한다는 의미입니다. 집단이 국가와 같은 의지 기관이 되면, 집단의 도덕성이 개인의 도덕성과는 다른 괴리가 생깁니다. 집단이기주의는 개인이기주의보다 더 보편적인 가치를 추구하기 때문입니다. 국가는 최종적이고 궁극적인 가치를 인간에게 부여함으로써 권력이나 위엄을 가지고 개인을 초월합니다. 이는 국가가 신인 것처럼 위장하는 단계까지 나아갑니다. 집단적 교만은 인간 실존의 유한성을 거부하게 죄를 짓게 됩니다. 집단 내의 개인은 도덕적이고 합리적일 수 있으나 집단 간의 관계는 자칫하면 정치적이며 권력지향적이 될 수 있습니다. 특히 국가는 이기적인 동기를 가지고 행동하므로, 국가 내부에서 일어나는 모든 갈등과 사회적 통합은 강제입니다. 심지어 민주주의 사회는 진리가 지배하고 마음과 마음이 만나는 정치적 관계라기보다 이권과 이권이 균형을 이루는 이익집단에 불과합니다. 이렇게 사회적 통합과 갈등을 해소하기 위해서는 권력을 행사하게 되는데, 이때 폭정을 일삼게 되는 것입니다. 여기에서 평화와 정의는 매우 복잡해집니다.

반면에 국가기관은 크기가 크면 클수록 사랑의 정신은 약해집니다. 국가는 선의를 지닌 개인들의 총합으로 구성되어 있을지라도, 그 선의는 국가의 이기심을 강화시키는 경향을 나아갑니다. 그래서 라인홀드 니버는 권력이란 정신의 산물로서 물리적 힘과 결합되어 있지만, 물리적 힘 이상이라고 말합니다. 그가 말하는 기독교현실주의란 역사적 사건들을 지배하는 하나님의 주권이 역사 속에서 절대적 문화형식을 취해야 한다는 것이 아닙니다. 또한 입헌민주주의의 통제와 균형에 의한 정부를 가장 적합한 정치체라고 생각해서도 안됩니다. 역사를 기대할 수 있게 해주는 것은 자기를 초월하는 인간의 자유이기 때문입니다. 모든 권력은 그 자체가 인간 사회에서 일어나는 경쟁적인 힘들의 하나이기 때문에 늘 불의의 도구가 될 위험이 도사리고 있습니다. 율법주의는 억제되고 위축된 종교를 지칭합니다. 그것을 간파했던 예수가 신앙에 내재하는 민족주의적 경향의 메시아 해석을 거부한 이유가 분명히 있는 것입니다. 현대 정치권력은 독재적 소수지배체제이며 이는 민주정체를 위협하고 군중을 선동하여 종교적 신성으로 위장하도록 강제합니다. 나아가 권력은 군사력을 통제, 결탁하여 민주정체를 형해화하고 민중을 억압, 강탈하고 있습니다. 삶을 지배하려는 힘은 결코 지배와 노예화를 억제하는 형제애의 법과 모순된 요소가 있습니다. 정부는 공동체의 일부가 공동체 전체를 지배하거나 집단의 오만한 충동을 드러낼 수 있습니다.

그뿐만 아닙니다. 정부는 절대 권력을 가지고 질서라는 이름을 빙자하여 공동체를 지배합니다. 그리고 나서 자유를 파괴하려는 도덕적 불명예의 오명을 정부의 권위에 도전하려는 이들에게 뒤집어씌웁니다. 모든 정부와 통치자들은 물리적 강제 수단을 마음대로 사용하여 권력의 일부를 장악하고 위엄을 과시하기도 합니다. 하지만 진정한 위엄은 오직 강요되지 않은 복종을 통한 종교적 존경을 포함할 때 가능합니다. 물론 국가의 위엄은 공동체 구성원 전체의 권위와 힘을 구현할 때 나타납니다. 그 합법적 위엄은 신적인 명령으로서 확인되고 인정됩니다. 만일 국가 혹은 정부의 통치권과 힘으로 균형에 문제가 생겼을 때는 정부의 통치권에 대한 합헌적 저항권이 민중에게 있다는 것을 간과하지 말아야 합니다. 더불어 통치권은 신적 명령이자 신의 위엄을 반영하지만 신의 권위와 반드시 동일하지 않다는 것도 상기해야 합니다. 라인홀드 니버에게 있어 국가는 사회통합을 위한 절대적 집단입니다. 국가는 이러한 사회통합을 위해 애국심과 정부의 권위에 의해 제공되는 것인데, 이로써 국가는 이기적 집단이 됩니다. 국가의 이기성은 윤리적 비판을 허용하는 것이 어렵습니다. 윤리적 비판을 허용하게 되면 내적 일치를 가져오기 어렵기 때문입니다. 국가의 집단적 이기성은 애국심의 윤리적 역설을 통하여 개인의 이타심이 국가의 이기심을 더 부추기게 됩니다.

따라서 이러한 자기희생의 헌신은 국가권력에게 자유롭게 양도하여 '백지 위임장'carte blanche을 헌납하면 국가의 위선은 자연스럽게 증가합니다. 이에 반해 개인의 특수성 혹은 단독자 의식은 약화되거나 국가의 일이 보편적 가치와 이상인 양 부도덕적 해석을 제시하게 됩니다. 니버는 이러한 문제를 해결하기 위해서 관용적 힘의 균형을 갖춘 세계기구를 대안으로 제시했습니다. 집단의 도덕과 개인의 도덕 사이에서 발생하는 갈등이나 정치적 냉소주의보다 정치적 권력이 더 낫다는 니버의 생각이 반영된 듯합니다. 질서 있는 사회를 만들기 위해서는 자기이익이라는 상수를 넘어설 수 있는 보편적인 법과 지배가 중요하다는 것입니다. 이러한 사회를 지향하는 사람들은 빛의 아들입니다. 반대로 자기 이익의 법 이외에 어떤 다른 법도 관심에 두지 않는 사람들은 어두움의 아들입니다. 다인종사회에서는 자유와 사회적 통제를 완전히 해결할 수 없으니 끊임없는 대화가 필요합니다. 이와 맞물려 세계공동체의 창출 역시 보편적 윤리 규범의 수립이 요청되는데, 기술문명을 통해 제국의 확장을 도모하려는 것이 문제가 될 수 있는 우려도 있습니다. 이에 앞서 고려되어야 할 것은 권력의 제국주의화와 폭정, 폭력화를 견제할 수 있느냐를 따져봐야 합니다.

니버는 그리스도의 사랑과 도덕적 견제가 이기심을 극복해 나갈 수 있을 것이라고 낙관합니다. 윤리적 규범으로 청지기 정신의 경제적 활동에도 중요한 원리가 될 수 있을 것입니다. 갈등, 폭력, 하나님의 위탁물을 이기적 목적에 사용하지 말아야 할 실천철학적 사명감도 있어야 합니다. 1세기 원시그리스도교 공동체에서는 사유재산이 만들어지는 것을 인간의 타락으로 보았기 때문에 재산의 사회화는 완전한 사랑의 왕국을 구현할 수 있다고 믿었습니다. 마르크스주의도 그러한 생각에 동조를 하기도 했습니다. 그러한 의미에서 교파주의자들이 내세웠던 재산 제도, 정부, 기구의 도덕적 위험성은 원시 그리스도교 공동체로부터 꼭 필요한 교정제를 얻을 수도 있을 것입니다. 인종적 편견은 원죄의 한 형태입니다. 이는 집단적 생활, 집단의 교만이 인간을 자유롭게 하지 못한 양상이 빚어낸 결과입니다. 니버가 자신의 저서 여기저기서 말하듯이, 집단의 절대적 충성이 아닌 형제애를 가져야 합니다. 산상설교의 종교적 절대주의가 현대의 자유주의합리적 자유주의 혹은 합리적 평화주의의 이상이 되어야 합니다. 그리스도는 한낱 우리를 위한 그리스도Christus pro nobis, 곧 '가능성으로서의 그리스도'가 되어 국방의 의무전쟁 참여나 참여하도록 하는 존재가 아닙니다. 오히려 그리스도는 우리 안에 계신 그리스도 Christus in nobis로서 긍휼의 원천으로 이해해야 합니다. 그런 믿음에 따라 신학적 윤리와 그 실천의 한계를 깨닫고, 니버는 비폭력 평화주의기구를 탈퇴하였습니다. 그런 후 그는 정치경제적 강제형식을 사용해야 어느 편도 치우치지 않고 선입견이 없는 그런 분쟁해결을 할 수 있다고 보았습니다.

그의 신학적 입장에 대한 논란이 있을 수 있습니다. 더군다나 평화에 대해서는 절대적인 평화주의자도 아니며, 마르크스주의나 공산주의에 대해서도 비판적인 입장을 취했으니 말입니다. 또한 그가 민주주의란 자유와 동일하지 않다는 입장을 개진하였던 것은, 그 당시 유럽과 미국 사회의 격동적인 상황에 맞는 현실적인 신학을 내세운 것은 아닐까 하는 추론을 가능하게 합니다. 하지만 인간의 개체성을 보존할 수 있는 가능성에 대해서 긍정적인 생각을 하였다는 점과 그 개체성은 관계적 측면, 곧 공동체와의 관계성의 인간을 의미한다는 측면에서 볼 때, 온전한 의미의 단독자라 보기에는 어려울 수 있습니다. 하지만 그는 그리스도의 사랑에 근거한 '근사성'을 주장함으로써, 오히려 그 무엇도 완전할 수 없는 끊임없는 과정과 유예 속에 있는 인간을 상정하고 있다고 볼 수 있습니다. 따라서 그의 실용적인 신학에 대해서도 잠시 유보하고, 그가 역사적 상황에서 무엇을 기입하고 증언했는가를 살피는 것이 더 중요한 것이라 봅니다. 그리스도교인 태도를 지니고 정치, 경제, 종교, 과학, 기술을 바라볼 때에 그것이 하나님이라는 초월적 존재에 근원을 두고 사유와 실천을 이끌어내느냐, 아니면 다른 입장과 이념에 토대를 둔 자신의 생각을 기술하느냐에 따라서 아나키즘은 극명하게 갈립니다. 그런 의미에서 볼 때, 라인홀드 니버가 민주주의나 마르크스주의, 심지어 간헐적으로 등장하는 극단적인 아나키즘을 반대하는 입장도 하나님 중심에서 사유하려는 균형감이 있는 중도적 아나키즘을 표방한다고 보아도 무난할 것입니다.

　분명한 것은 그가 국가기관의 권력이 강대해지는 것에 대한 우려와 비판 속에서 그리스도교의 사랑과 형제애를 대안으로 내놓았다는 것입니다. 비록 그리스도인의 신앙과 사랑, 그리고 형제애가 불완전하다고 하더라도 하나님의 사랑이라는 그 시원에 가까이 다가가려는 그 노력, 곧 '근사성' 혹은 '친밀성'의 과정이 더 중요하다는 그의 입장은 시사하는 바가 크다고 할 것입니다. 그것을 실현하는 데 있어 민주정체도 근사성의 과정이요, 어쩌면 아나키즘도 그러한 '근사성'에 충실하려고 하는 운동과 이념일 수도 있습니다. 그렇다면 니버도 범상치 않은 기독교 아나키스트라고 명명해도 큰 무리가 없다고 생각합니다.

15. 탈지배를 거부한 종교적 실존주의자-베르다에프

새로운 공동체성,

"나는 언제나 정신적 영역에서의 아나키스트-그리고 개인주의자였다"

"자유는 무자비하다." 러시아의 철학자 니콜라이 베르다예프 베르다예프; Nikolay A. Berdyaev, 1874-1948가 한 말입니다. 그에 의하면 교회는 인간의 자유를 압박하고 억압하는 착취를 비난해야 한다고 말합니다. 교회도 하나의 제도이기는 하지만 사회적 조직보다는 좀 더 나은 제도를 탐구해야 하며 공평해야 합니다. 또한 교회는 정신적인 집단으로서 영혼을 위하여 창조하는 일은 물론이거니와 악마적인 적의를 낳는 죄와 싸워야 할 책임이 있습니다. 이것을 위하여 간디와 같은 비폭력적인 방법의 투쟁을 모색해야 합니다. 무엇보다도 그리스도교는 계급투쟁이 아닌 인격에 대한 태도, 곧 이웃을 위한 투쟁이어야 하기에 그렇습니다. 그리스도교는 노동자와 함께 존재해야 하며 노동자와 함께 하지 않으면 안 됩니다. 따라서 그리스도교는 자본주의에 의해서 압제 받고 있는 사람들의 이름, 노동자의 이름을 위해 저항해야 합니다. "그리스도교는 집단화보다도 개인화를 존중해야 한다"는 그의 주장이 이를 뒷받침합니다.

베르댜예프에게 있어 국가주의란 과거의 유산에 지나지 않습니다. 국가주의는 사회주의 계급투쟁처럼 증오와 적의를 낳기 때문입니다. 파시즘이나 히틀러주의는 이교도이자 그리스도교의 적입니다. 고로 그리스도교는 국가주의, 애국주의를 넘어선 초국가적 연합과 평화를 지향해야 마땅합니다. 나아가 그리스도교는 인간의 양심이나 인격적인 이성, 자유에 대치하는 것을 허용하지 않습니다. 인간은 모름지기 민족이나 계급보다 높은 존재이기에 계급에 저항하고 이해貽害와 증오를 대항해서 주장해야 합니다. 사람은 각자 하나님의 형상을 가지고 있다는 것을 간과하지 말아야 합니다. 이러한 지각에 의해 그리스도교적인 평등과 평화의 가능성이 열립니다. 따라서 그리스도교적인 거듭남 없이, 혹은 노동자의 영적 거듭남이 없이 사회주의 왕국도 자칫 부르주아 왕국이 되고 말 것입니다.

베르댜예프는 당시 정교회의 사회적 발언이나 사고가 낡은 것이라고 비판합니다. 순수한 그리스도교는 계급을 넘어서는 것은 물론 교회가 권력자를 옹호하는 집단이 되어서는 안 됩니다. 베르댜예프는 인간의 역사에서 민족, 국민, 가족, 종파, 종교, 조합의 투쟁, 사회계급의 투쟁 등 사회집단의 투쟁사건들을 두루 톺아보았습니다.

그가 볼 때, 특히 귀족 계급은 종족, 국민, 국가의 전쟁에서 형성되었습니다. 그러한 맥락에서 그는 부르주아 계급이 국가주의, 국가의 치안, 그리고 문명과 자유 가치, 종교의 가치까지도 이용하면서 계급투쟁을 한다고 비판합니다. 민주주의 정치체를 가진 민중국가, 혹은 인민국가에서도 계급투쟁은 말할 것도 없고 지배권을 행사하려고 했습니다. 민주주의도 사회적 불평등을 조장했던 것이 사실입니다. 따라서 그는 선량한 계급이란 있었던 적도 없었고, 미래에도 결코 존재할 수가 없을 것이라고 내다보았습니다. 그에 반해 선량하고 현명하고 고귀한 것은 계급이 아니라 오직 '인간'일 뿐입니다. 그에게 있어 계급이란 불완전하고 악하고 인간의 형제관계에 대립하기 때문입니다. 그러므로 인간은 계급의 탐욕과도 싸워야 합니다.

베르댜예프는 공산주의에 대해서도 예외 없는 비판을 가합니다. 국가의 강제 노동은 위선적이고 개인적인 기업, 그리고 사유 재산을 긍정하고 있는 자본주의와 동일하다는 것입니다. 정신은 자유와 동시에 활동이며 창조를 의미합니다. 그렇기 때문에 정신의 자유는 저항에 부딪힙니다. 노동의 강요, 노동의 부담, 노동의 규율은 군대와 같은 절대 조직이 되어버리기 때문입니다. 이것은 물질적 노동뿐만 아니라 지적 노동에서도 마찬가지입니다. 부르주아 자본주의는 말할 것도 없습니다. 자본주의 제도는 인간을 멸절시키고 노동자의 혼을 불구로 만들어버립니다. 부르주아는 결코 자유가 될 수 없습니다. 거기에 구속된 인간은 정신적으로 예속된 신분에 지나지 않습니다. 더욱 확고한 가치를 지닌 계급조직의 확립을 요구하고 자율권의 압제를 강화합니다. 이에 그리스도교는 인간의 자유, 정신의 자유, 양심의 자유, 사상과 자유를 지닌 인간 인격의 절대 가치를 옹호합니다. 과거 그리스도교도 군주교황제적 사회조직을 통해 인간 인격을 질식시키고 양심의 자유를 부정하였던 적그리스도교적인 조직이었습니다. 정교회는 상인계급과 결탁하고, 프랑스의 가톨릭은 귀족계급과 결속하고, 독일 개신교는 부르주아계급과 국민주의國家主義와 결합하였던 것을 잘 알 것입니다. 이에 베르댜예프는 "인간의 영혼은 영원한 것이며, 이것만이 하나님 앞에 설 수 있다"고 주장합니다. 사회 경제나 경제 문제는 결국 인간 영혼의 문제, 대중의 정신적 혁명과 교육의 문제입니다. 노동자의 왕국건설은 노동에 관한 인간의 정신적·도덕적 태도가 변혁되어야만 가능합니다.

인간은 전적으로 자유로운 존재이자 자유로운 정신입니다. 이것은 하나님이 요구하고 기대하는 것입니다. 인간은 성인이 된 존재로서 이러한 자유의 짐을 짊어져야 합니다. 그러기 위해서 계급의식과 계급존재를 거부해야 합니다. 계급에 의한 증오심, 인간의 부정, 계급투쟁은 무서운 독이 되어 하나님의 형상을 부정하기 때문입니다. 따라서 공산주의에서 자행되고 있는 강박과 강제, 살해, 공포, 인간의 기본적 자유의 박탈, 양심과 사상의 자유를 박탈하는 것은 용인할 수 없습니다. 소비에트 철학도 하나의 신학, 계시, 교리, 교회와 같은 권위를 가집니다. 따라서 그리스도교만이 인간의 영혼을 구제할 수 있으며, 하나님 나라의 추구와 실현만이 해답이 될 수 있습니다. 그리스도교는 참다운 창조적 정신을 의미하며, 하나님-앞에-있음을 지향함으로써 그 존재의 신비 속으로 들어갈 수 있게 해줍니다. 그러기에 자유는 하나님의 존재, 그 신비에 복종할 때만 나타날 수 있습니다.

바쿠닌과 톨스토이에게서 영향을 받은 베르댜예프에게 있어 자유란 인간의 독립성이자 창조적 힘입니다. 종교적 정신에 힘입어 그리스도교와 자유의 관계성을 설명하는 그는 "하나님다운 삶, 하나님에게서 나타나는 삶은 자유, 해방되어 있는 것, 자유로운 비상, 무정부성이다"라고 말하는 데 주저하지 않습니다. 그는 "진리는 자유를 통해서 인식된다"고 말할 만큼 자유의 전령사였습니다. "자유는 자기 개발이며, 창조성이며 나 안에 있는 우주를 개발하는 길"입니다, "최고의 가치, 최고의 의미의 이름에서만, 곧 하나님의 이름으로만 사람은 반항할 수 있는 것이다"라는 표현에서는 철학적 신학의 극치를 드러냅니다. "정신은 자유이고, 자유는 정신"입니다. 그에 따라 반역하고 거역하려는 힘은 자유의 지속적인 힘에서 나온다고 볼 수 있습니다. "나의 전 생애는 정신의 격투였다"는 말에서는 그의 철학과 종교가 가진 아나키즘적인 면모가 읽혀집니다. "신의 존재가 아니다. … 신의 실존하다. 신은 실존적이다" 인간과 실존의 관계성은 아나키즘을 유신론적으로 끌고 가려는 의지를 엿보게 됩니다. 이에 그는 종교적 인간homo religiosus이 아닌 신비적 인간homo mysticus이라고 자신의 입장을 밝히면서 중세신비가인 에크하르트나 뵈메와 더 가깝다고 말합니다.

베르다예프가 칸트를 그리스도교적인 철학자라고 본 것도 흥미롭습니다. 그는 그리스도교적 철학은 주체의 철학이요 자신의 철학은 주체의 철학이라고 말합니다. 나는 자유를 신다운 것으로 느낀다고 주장한 그는, 신은 자유이며 자유를 준다고 하면서 절대 자유의 존재로서의 신을 설파합니다. 베르다예프에게 있어 신은 지배자가 아닙니다. 오히려 신은 이 세계의 압제로부터의 해방자입니다. 신은 신 자신을 승인할 것을 강요하지 않습니다. 이 점에서 이 세계의 비밀이 간직되어 있다고 볼 수 있습니다.

한편 공산주의는 그리스도교의 위기이자 휴머니즘의 위기입니다. 그것은 공산주의가 종교로서 집단적 우상을 형성하기 때문입니다. 집단적 우상은 국가, 국민, 종족, 기술, 계급과 같이 혐오해야 합니다. 공산주의 역시 전체주의적 공산주의이자 자본주의의 허위가 내포되어 있습니다. 그것은 종교의 대용품으로서 자유로운 정신인 인격의 가치를 부정합니다. 공산주의는 정치적, 경제적 도구이자 자유, 인격, 정신을 부정합니다. 이런 면에서 베르다예프는 자유를 사랑하고 국가를 신격화하는 것을 거부하는 종교적 아나키스트입니다. 그는 극단적인 인격주의자로서 집단을 싫어합니다. 전쟁과 군대를 반대하며 철학적 사색을 사랑하는 사람입니다. 그는 종말론적 그리스도교를 표방하며 유파적 철학자가 아닌 자유로운 사색인으로서 실존주의자일 뿐입니다.

모름지기 그리스도교는 혁명적입니다. 그리스도교적인 의미에서 종말론적 혁명은 세계 조화, 세계 이성의 승리, 진보, 국가, 민족, 조합, 복지, 번영에 종속되는 것과 무관합니다. 오히려 인간이 신 앞에 서 있지 않으면 궁극적인 자유도 없습니다. 그가 "역사는 나의 역사, 내 몸에 일어난 역사다"라고 말하고 있다시피, 역사는 정신의 외면화·객체화이며, 동시에 또한 역사는 내 정신의 내적 운명의 순간이기도 합니다. 종래의 종말론은 신은 해방, 보복, 처벌합니다. 이것은 이 세계의 암흑에서 태어난 것입니다.

하지만 신의 나라는 자유의 나라, 정신입니다. 동일한 지평에서, 그리스도교는 사랑과 자유의 종교입니다. 그러한 범주에 있는 인간의 삶의 목표는 정신영의 신비극에로의 귀환입니다. 거기서는 신이 인간 안에서 태어나고, 인간이 신 안에서 태어납니다. 도스토예프스키, 니체, 보들레르, 키르케고르 같은 사람들과 함께 저항을 하는 사람들은 정신의 새로운 시대, 종말론적 시대에 선행하고 있는 것입니다. 인간의 근원적인 삶의 담당자는 인격, 주체, 정신이지 자연 객체가 아닙니다. 다만 객체는 인식의 대상이나 종속을 의미하지 않고 상호관계를 의미합니다. 인식태도를 바꾸면, 인간의 인식 행위와 대상은 동일물입니다. 피히테에 의하면, 나는 인격을 창조합니다. 완성된 것이 아닙니다. 과정입니다. 달리 '근사성'입니다.

내가 나 자신을 인식하는 경우에도 나는 나의 인격을 형성하는 것입니다. 나는 무엇보다도 먼저 한 갈래 행위입니다. 민족, 국가, 가족, 외적 교회주의, 공동사회, 사회적 집합체, 우주는 환영에 불과하고 사악하기까지 합니다. 이렇게 개인을 옥죄고 법칙화·외면화하는 보편자에 대해서 거부를 해야 합니다. 귀족주의의 강압주의나 국가는 천민적 설립이자 조직입니다. 따라서 대학의 학위, 사회적 지위, 혁명가의 지위, 성직자의 위계, 국가적 관직명은 개인을 위압할 수 없습니다. 이러한 계층적 질서에 대해서는 철저하게 저항을 해야 합니다. 어차피 인격의식, 인간적 양식을 가진 사람들은 소수자였습니다. 설령 그러한 사람들에 의해서 이루어지는 세계가 있었다고 하더라도, 그 세계는 평균인이나 사회집합체에 의해서 규정되어 왔습니다. 그렇기 때문에 더더욱 완전한 세계는 인격주의적 혁명에 의한 창조적 세계여야 합니다.

베르댜예프는, "삶은 운동입니다. 삶은 가변성의 문제"라고 말합니다. 그는 그와 같은 삶을 추동시키는 "정신은 구역질을 일으키지 않"는다고 주장합니다. 따라서 이러한 정신적 삶이 가능하게 하기 위해서는 인간의 순수한 창조 의지가 중요합니다. 그것은 영웅적인 노력만으로 되지 않을 것입니다. 만일 영웅적인 힘이 발휘되더라도 그 세계와 정신적인 삶은 객체적인·압제적인 나라를 깨뜨리고 숙명적인 조직과 질서와 제도와 계급을 근절시켜야 합니다. 그렇게 함으로써 자유의 세계, 그것으로 인한 변화된 세계, 실존적 주체성과 영성의 세계, 가장 순수한 세계, 인간성이 실현되는 나라로 뚫고 들어가지 않으면 안 됩니다. 그러므로 그는 이렇게 역설합니다. "참된 진리라는 것이 존재합니다. 그것은 이 세계라든가 이 세계 안에 있는 모든 것과는 전혀 닮지 않은 것입니다. 그러나 그것은 모습을 나타내지 않으면 안 됩니다. 그리고 인간 안에서 형태로 나타나지 않으면 안 됩니다."

베르댜예프는 키르케고르의 논지에 따라 진리란 주체와 융합한다고 거듭 확인·강조하면서, 신은 개개인에게만 자신을 계시한다고 주장합니다. 더 나아가서 그는, 신은 주체적인 것 안에서만 살아 있다고 밝히고 있습니다. 따라서 그의 논변에 따르면, 진정한 의미에서 무신론자는 존재하지 않습니다. 우상숭배주의자만 있을 뿐입니다. 마찬가지로 베르댜예프가 볼 때, 오늘날 신학적 교리는 음산한 사상만을 양산하고 있습니다. 기실 연옥, 천국, 지옥 등은 그리스도교의 고유한 것이 아닙니다. 그렇다고 해서 그가 신학과 신앙을 완전히 배제한 것은 아닙니다.

"신은 인간 없이는 신이기를 바라지 않았다. 그런고로 마침내 신은 스스로 인간이 되었던 것이다"하고 프란쯔 폰 바델Franz von Badel을 인용하는 그는 영락없는 실존주의자입니다. 종교적 실존주의자이자 아나키즘적 실존주의자인 그의 논변 속에, 사르트르가 말한 것처럼, 실존주의와 아나키즘이 서로 충돌하지 않고 생생하게 살아있습니다. 베르댜예프는 건강한 신앙과 신학에 토대를 두고 있으면서도, 인격과 인간의 이성, 그리고 실존이 동떨어져 있는 것이 아

니라는 것을 분명히 하고 있는 것을 볼 수 있습니다. "나는 고뇌한
다. 고로 존재한다. 이것은 데카르트의 나는 생각한다보다도 더 정
확하고 또한 심오합니다. 고뇌는 인격 자체의 실존과 인격적 의식의
실존과 결부되어 있습니다. 야콥 뵈메에 의하면 고뇌는 기원-고뇌
Qual, 기원Quelle, 기질Qualität-입니다."

　이와 같은 실존적인 종교성 혹은 실존적인 종교적 아나키즘의
색채를 띠고 있기에 국가에 대한 날선 비판이 가능했을 것입니다.
그에 의하면, 국가는 범죄를 저지릅니다. 더욱이 국가에 의해서 자
행되는 현대의 근본 현상입니다. 이기주의, 불손, 선망, 질투, 자기
사랑, 욕심, 광신과 같은 것들이 전쟁을 야기합니다. 전쟁은 황제나
위대한 장군, 장관과 반적그리스도를 신격화하려는 요구를 불러일
으킵니다. 이것은 그리스도교 정신과 모순됩니다. 혁명과 전쟁은 피
를 부릅니다. 그렇기 때문에 인간은 권력의지와 투쟁하지 않으면 안
됩니다. 권력을 장악한 사람들, 장군과 같은 사람들을 신격화하고
노예화하는 비그리스도교적·비인격적 허위라고 할 수 있습니다.

　인간은 자유로워야 합니다. 노예의 정신을 가지고서는 사회를
창조해 나갈 수 없기 때문입니다. 사회를 자유롭게 만들어야 합니
다. 인간은 자유로운 정신적영적 존재이기 때문입니다. 민족의 원리
는 복수, 소유, 질투, 권세 등 노예본능의 이상화와 나아가서 계급과
배타성에 입각합니다. 하지만 영정신은 항상 주체적, 오직 주체적 정
신만이 있을 뿐입니다. 자유는 영으로부터 옵니다. 베르다예프는 인

간의 실존과 인격 그리고 정신과 영의 창조성을 언급하면서, 종교에 기초한 미학적 관심사도 빼놓지 않습니다. 기도는 하나의 회화요, 미는 결국 선과 연결된다는 것은 종말론적으로 미, 곧 아름다움에 의해서 이상적 공동체가 구현되어야 한다는 것을 노정하고 있는 듯합니다. "기도는 이 세상의 모든 사물과 이 세상에 깊이 침투되어 있는 불의를 초월하는 존재와의 회화라고 하겠다." 또한 "아름다움은 인간과 세계 존재의 최종 목적이다. 선은 수단이며 길이다. … 아름다움은 선과 악의 인식의 피안에 존재한다." "… 하나님의 나라는 아름다움의 지배로서만 파악될 수 있다. 세계의 변모는 아름다움의 계시이다." 이러한 그의 이야기들 속에 숨어 있는 미학적 아나키즘 역시 자유와 하나님 나라의 관계성을 창의적으로 설파한 것입니다.

베르댜예프는 기술의 절대적 지배에 대해서도 비판합니다. 그는 정치의 마키아벨리즘, 자본주의, 과학주의, 민족주의가 영의 중심에서 이탈되었기 때문이라고 봅니다. 그는 마르크주의자들이 기술을 낙관적으로 보는 시각에 대해 몹시 못마땅해 하였습니다. 이에 기술시대에 인간의 삶이 조직화되고 통제될 뿐만 아니라 자연에서 이탈되고 있다고 우려의 목소리를 내면서 결국 기술화는 비인간화가 되어간다는 뜻이라는 것입니다.

그는 사회 내지 국가를 인격보다 더 뛰어난 것으로 보는 헤겔, 마르크스, 뒤르껭과 같은 학자들과는 달리, 사회는 결국 인격의 자유를 부여할 수 없다고 반박합니다. 사회주의의 자유문제는 빵으로 혹은 유물론으로 해결될 수 없다고 그 한계를 지적하면서 가이사는 권력, 국가의 상징임을 적시합니다. 국가는 기능적이며 종속적이어야 하는데, 주권을 가지고 있기 때문에 문제가 됩니다. 국가는 오만하게도 자신의 한계를 넘어 전체주의를 주장합니다. 그리스도교가 하나님의 백성이라는 것은 로마 제국의 충실한 백성이 아니라는 것을 의미합니다. 교회나 국가의 관계는 영혼과 가이사의 관계라는 것, 곧 가이사는 객관화된 세계의 영역을, 영혼은 자유의 영역을 지향한다는 것을 구분지어 사유할 수 있어야 합니다. 국가는 인간을 물질적, 정신적으로 노예화합니다. 따라서 "국가에게 인간이란 단순한 통계학적 단위에 불과하다"는 그의 말을 곱씹을 필요가 있습니다.

더불어 모든 권력의 형식은 민중의 종교심이라든가 의식 밑에 있는 집단 감정에 의해서 만들어진다는 것을 깨달아야 합니다. 더군다나 권력의 기원은 악의 존재와 관계합니다. 새로운 권력은 하나의 악을 파멸시킨 후 다른 악으로 옮겨갑니다. 무한 악이 생기는 것입니다. 이를 무력화시키기 위해서는 자신의 주권을 포기하고 자유로운 국가의 세계 연합을 실현해야 합니다. 동시에 개별 인간의 영적 변화가 필수적입니다. 고로 혁명은 하나의 운명입니다. 정신적 가치를 지켜나가면서 반드시 이루어야 할 일입니다. 그렇다고 자유를 위해 폭력이나 유혈 수단을 사용해서는 안 됩니다. 어떤 개별 인간에게도 복종하지 않으면서도 집단적 창조나 명령에 의한 창조도, 강제도 있어서는 안 됩니다.

집단주의는 공동체의 희화화에 지나지 않습니다. 아무리 선하다고 하더라도 집단은 강제적입니다. 개별 인격을 무시해서 굴욕적, 순응적 인간으로 만들어버립니다. 따라서 자유는 그냥 자유가 아니라 의무입니다. 압력이 없는 안일한 상태가 아닙니다. 제값을 하는 인간이 된다는 것을 의미합니다. 노예상태에서 벗어나 하나님 앞에서 자유로운 인간이 되는 의무를 자임해야 합니다. 자유란 민주적인 것이 아니라 자신들이 자유로운 존재라는 의식을 갖추지 못하였다는 것을 깨닫는 것을 일컫습니다. 집단주의는 군대, 국민, 계급과 동일한 언어입니다. 집단주의는 인간의 감정, 집단의 감정, 이해利害, 증오 등을 객관화합니다. 그 안에는 권력의지가 숨어 있습니다. 국가는 공동체보다 집단주의적 성격이 강합니다.

반면에 공동체는 영적 본질, 공존, 함께 형제 됨, 인격적 의식, 의미를 띱니다. 집단주의는 이 세상을 하나님 나라로 만들려고 하지 않습니다. 하나님이 없는 하나님 나라를 구축하려는 것이 궁극적 목적입니다. 국민주의는 국가와 공모하면 민족적 개성nationalism, 민족주의을 상실하고 자국 본위나 애국심보다 훨씬 직접적 성격을 지닙니다. 하지만 민족주의는 애국심만큼 자연스럽지 않습니다. 민족주의는 자신의 나라를 사랑하기보다 다른 나라를 증오하는 마음이 훨씬 강합니다. 국가주의, 민족주의는 전쟁이라는 말과도 가깝습니다.

왜냐하면 집단의 이익을 지키기 위한 전쟁도 불사하기 때문입니다. 베르댜예프는, "현대의 국가는 만능이다. 인간은 국가의 도구나 수단이 아니다"라고 말하면서 국가의 허상을 폭로합니다. 그에 따르면 국가는 국민의 피를 빨아먹는 괴물입니다. 백번 양보해도 국가는 인간의 목적을 수행하기 위한 수단에 불과합니다. 그런데 목적이 되어버렸습니다. 이에 대한 방책으로는 초국가적인 인류를 위한 연방주의feudalism를 지향해야 할 것입니다. 국가주의도 문제이지만, 한 가지 간과하지 말아야 할 것이 있습니다. 국가주의와 연동되는 인종주의는 폭력의 소산이요 권력의지의 소산이라는 점입니다. 왜냐하면 인종주의가 극에 달하면 국민주의보다 더 악질이 될 수 있기 때문입니다.

이에 베르댜예프는 국가의 주권을 포기하고 국민을 통일하고 영적인 사회를 만들어야 한다고 제안합니다. 영적인 혁명이 사회 혁명보다 더 심오하고 근원적인 문제라는 것입니다. 이제 그리스도인은 가이사의 나라가 아니라 하나님의 나라를 건설하기 위해서 노력해야 합니다. 그러나 베르댜예프가 볼 때, 그 무엇보다도 가장 큰 관건은 개별 인간, 단독자의 문제입니다. 하나님이 개별 인간, 단독자 안에 계시하신 그 정신과 인격, 그리고 영을 어떻게 역사와 세계에 구현하느냐가 그가 말하는 국가, 계급, 종교, 인종, 지배를 벗어나 참된 인간과 그리스도교적 실존으로 살아갈 수 있느냐 없느냐가 결정될 수 있기 때문입니다. 그가 새로운 신비주의를 논하면서 영적 인간상, 영적 실존을 제안하는 것도 바로 이러한 이유가 아닐까 싶습

니다. 온전한 그리스도교적 실존의 '근사성'*에 이르기 위해서라도
말입니다.

---

* 近似性; 친밀성, approximation, 혹은 독일어의 Innigkeit, Affinität, Nähe: 휠덜린은 "일체
 의 모든 것은 친밀하다"라고 말합니다. 독일어 Innigkeit는 구별된 것을 서로 동일하게도 하
 거나 일치시켜서 소멸시키려 하지 않습니다. 낯선 것이 공속하고 기이한 놀라움이 거기에
 있으며 경외의 말이 건네지는 장소 같은 것입니다. 하이데거에 의하면 우리는 깊은 숙고와
 사유를 통해서 그 신들에게 가까이(Nähe) 다가갈 수 있을 때까지, 가까이에(Nähe) 거주할
 수 있는 능력을 갖출 때까지 준비를 해야 합니다. M. Heidegger, 신상희 옮김, 휠덜린 시의
 해명, 아카넷, 2009. 앞에서 언급한 것을 다시 참조, 상기하고 싶은 것은 이 개념이 매우 중
 요하다고 판단하기 해서 독자들의 주의를 환기시키기 위해서입니다

16. 탈학교를 부르짖은 혁명주의자-이반 일리치

"시민의 자유는 내가 하고 싶다고 해서 다른 사람을 강요하지 않는 것이다"

"나는 20세기를 인간을 불구화하는 전문가 시대라고 명명할 것을 제안한다." 이반 일리치Ivan D. Illich; 1926-2002의 말입니다. 이반 일리치는 모든 사회나 세계가 교육, 특히 학교교육의 장이 되고 있다고 주장합니다. 그의 이력은 남다른 데가 있습니다. 원래 오스트리아 태생의 가톨릭 사제이자 철학자요 신학자였던 그는 가톨릭 교계에서는 매우 민감한 문제라 할 수 있는 사제확대정책반대나 피임정책지지 같은 문제 등에서 자신의 생각이 바티칸과 자주 갈등을 빚으면서 그만 모든 신분을 내려놓았습니다.

교육을 비롯하여 의료, 종교, 자본주의, 과학기술, 현대문화 등 전방위적으로 날선 비판을 가했던 것으로 보아 이반 일리치는 그만큼 진보적이고 급진적이었다는 것을 추측하게 하는 모습입니다. 그는 학점 취득의 사회, 곧 과거 '배운다'는 능동적 삶의 자세가 수동적 소비의 사회로 전락하였다고 말합니다. 이반 일리치에 의하면, 이것은 시장 의존의 사회가 도래하면서 가난이 현대화되었기 때문입니다. 자신의 삶의 능력이 잘려나가면서 자유와 능력을 **빼앗긴** 것입니다. 인간이 시장에 매달려 생존이라는 감옥에 살게 된 결과입니다. 이제 인간은 소비하지 않고서는 살 수 없습니다. 문제는 인력과 기술, 건설 자재, 관련 법규 및 대출 등 주거라는 것도 하나의 상품으로 취급하여 인간을 완전히 무능력한 상태로 처박아 놓는 데 있습니다. 이는 '전문가'가 아니면 아무것도 할 수 없는 인간이 되어버린 상황과 연결되어 있습니다. 기상캐스터, 교통상황, 목적지, 친구 관계, 식당, 관광지 등 전문가들의 견해를 따르지 않고는 스스로 결정하는 능력까지도 상실한 것입니다. 우리 인간의 자율은 무너지고, 기쁨은 사라지고, 경험은 같아지고(획일화, 보편화, 동일성), 그럼으로써 욕구는 좌절되는 과정에 있습니다.

이반 일리치는 시간을 잡아먹는 초고속 교통, 병을 만드는 의료, 사람을 바보로 만드는 교육이 현대성의 부정이라고 진단합니다. 그는 상품과 권리, 일자리는 근본적으로 공정하게 분배되어야 한다는 신념을 내비칩니다. 이른바 '공생의 정치'입니다. 과도한 부는 한계를 넘어 대량상품을 과도하게 투입할 수 있습니다. 그러므로 부와 일자리에 대한 한계를 설정하여 평등하고 생산적인 자유를 누릴 있도록 해야 합니다. 풍요의 한계를 설정하여 삶의 가능성, 선택의 위기에 맞서는 정치적 절차가 필요하다는 것입니다. 또한 미디어는 우리의 삶을 침범하여 일상 언어를 파괴합니다. 그에 따라 우리의 말은 포장된 메시지를 전달하는 부품이 됩니다. 자본화된 언어, 수입된 언어, 특권적 언어는 토박이말과 달리 생산에서 비롯되었습니다. 토박이말은 전문가의 고객이 아니라 상호교류하는 가운데 배웁니다. 게다가 인간 행동의 표준화는 빠른 속도로 진행되어 동일한 효과를 불러옵니다. 인간은 공장, 기계, 병원, 방송국, 정책기관에서 흘러나온 상품에 의존할 수밖에 없습니다. 전문가들에 의해 훈련시킨 것들이 상품 혹은 디자인이 됩니다. 또한 유목민들은 전통적인 방식으로 소를 기르며 젖을 짜는 법을 잃어버렸습니다. 젖은 식료품점에서 나오기 때문입니다. 젖소의 우유를 먹는 아이들은 중독된 소비자로 탄생됩니다. 현대 산업사회에서는 삶이 상품을 중심으로 이루어집니다. 매일매일 자동차와 전철에 몸을 가두고 도시생활은 스스로 몸을 갉아 먹으며, 다양한 지구상의 언어들은 사라지고 있습니다. 인간의 의식이 수입상표의 식민지가 되고 있기 때문입니다.

문화란 인간이 행위를 하기 위한 규범이지 기업이 물건을 생산하기 위한 규범이 아닙니다. 그러나 모든 것을 가격으로 환산하는 기업에 의해서 인간의 삶은 오염되고 스스로 행동하고 만드는 능력이 감퇴되었습니다. 오늘날 인간의 생존은 다국적 기업의 마트에 의해서 생존합니다. 상품이 생산될수록 인간은 자기 손으로 농사를 지을 수도, 노래를 부를 수도, 집을 지을 힘도 없게 되는 무기력에 빠지게 될 것입니다. 예컨대 레코드와 라디오 확성기, 음원이 울려 퍼지면서 지역의 예인들이 사라졌습니다. 의미 있는 일을 할 자유가 사라지고 스스로 선택하는 행위로서 일은 가난한 자가 되거나 부자가 누리는 특권이 되거나 둘 중 하나가 됩니다. 졸업장은 어떨까요? 청소부 일을 하더라도 증서라도 가지고 있지 않으면 할 수도 없습니다. 필요가 증가하면 새로운 차별이 더 생깁니다. 따라서 상품의존도를 줄여야 합니다. 시장의 절대적 지배를 막아야 합니다. 절제하는 민중이 자신과 이웃의 만족을 위해서 권력이 생산하는 상품에 대해서 함께 절제하되 과다한 사용을 절제하는 삶, 최대의 생산량을 파악하고 제한하는 미덕을 길러야 합니다.

거대 기술은 집단과 개인의 자율성을 몰수하고 그에 따라 전문가는 인간을 불구로 만듭니다. 이 때문에 위계질서가 아닌 공동체에 기반을 두고 살아갈 자유를 박탈당합니다. 그 전문가의 대표적 집단이 바로 교육계학교, 의학계, 정책기관이라고 볼 수 있습니다. 이를테면 군수산업, 국방을 목적으로 한다는 병영 국가적 운영은 학생들의 훈육기관인 학교, 낭비와 폭력적 소비 속도에 익숙해지도록 하는 소비자 훈련, 수용소로 변해버린 의료공학, 시스템입니다. 이러한 군사화된 정치문화는 산업사회의 총체라고 봐야 할 것입니다. 게다가 보건, 교육, 복지, 평등 정책은 전쟁터를 방불케 합니다. "평등한 교육을 약속하는 학교는 불평등한 능력주의 사회를 만들고, 평생 교사에게 의존하며 살게" 합니다. 교육자, 의사, 사회봉사자는 사제와 같은 권력을 가지고 자신들만이 필요로 하는 법을 제정하여 사람을 처방할 권리를 요구합니다. 그들은 개인을 고객으로 정의하는 권위, 필요를 결정해 주는 권위자들입니다. 안보전문가는 애국심을 측정하고, 국민 사생활을 감시하여 사적 영역을 없애버립니다. 이들은 교회의 제도화 과정과 맞먹습니다. 새로운 위계질서가 생겨나고, 정부는 전문가의 견해에 따라 결정을 내리게 됨으로써 민중을 위한 정부가 아니게 됩니다. 의사는 '환자'를 치료하지 않습니다. 다만 '민중'을 치료하려고 듭니다.

문제라는 말은 수학에서, 해결solution, 위약이라는 말은 화학에서, 필요는 동사에서 의미를 획득했지만, 이제는 전문가의 용어가 되어버렸습니다. 이 말은 사람들이 평생 전문가의 시스템에 갇혀 사는 삶이 되었다는 뜻입니다. 이반 일리치는 이를 꼬집어 "현대인은 어디서나 감옥에 갇힌 수인이다"라고 말하면서 "건강은 얼마나 자유롭게 사느냐와 같은 말이다"라고 응수합니다. 우리가 정부로부터 제약받지 않고 활동할 자유는 상품과 재화에 공평하게 접근하도록 국가가 보장하는 권리보다 광범위합니다. "시민민중의 자유는 내가 하고 싶다고 해서 다른 사람을 강요하지 않는 것"입니다. 말할 자유가 있지만 읽으라고 요구할 수 없으며, 그림을 그릴 수 있지만, 그림을 사라고 할 수는 없다는 것이 그러한 실례가 될 수 있습니다. 하지만 전문가가 권리를 정의할 권한을 갖는 즉시, 민중의 자유는 사라져버렸습니다.

따라서 전문가가 평가를 내리는 대신에 공동체가 평가를 내려야 합니다. 전문가가 정의하는 권리는 자유를 소멸시킬 것입니다. 그들의 권리에 짓눌리게 될 것입니다. 따라서 삶을 위해서 포기해야할 것이 무엇인가를 생각해야 합니다. 소수라도 자신들이 원치 않는 것에 대해서 철학적이고 법적인 특성을 명확히 밝혀야 합니다. 그리고 스스로 선택한 내핍생활의 즐거움과 이점을 입증할 수 있어야 합니다. 그러나 그보다 심각한 문제는 자유가 공평하게 분배되어도 식량과 연료, 신선한 공기, 삶의 공간이 전문가가 만드는 필요와 상관없이 공평하게 분배되어, 평등하게 최대치가 분배되어야 한다는 것입니다. 더 나아가 지금까지 인종과 지역을 막론하고 '국가건설'이라는 말을 참 많이 사용했습니다. 사실 거기에 해당되는 사회공학목표로 학교, 병원, 고속도로, 공장, 전력망 등의 필요로 하는 건설과함께 사람들을 배출했습니다. 그에 따라 점점 더 전세부담과 공유지파괴, 강요된 소비로 인해 문제가 발생하기 시작했습니다.

일리치는 이와 맞서 공동의 환경을 자급자족적으로 이용함으로써 생산-소비를 대체하는 데 높은 가치를 두는 사회, 곧 '호모 아르티펙스, 수브시스텐스'Homo artifex, subsistens; 자급자족적 삶의 기술을 갖춘 인간를 제안합니다. 소비재를 사는 사람이 몸소 제작을 하고 도구 대신 공생공락의 도구convivial tools를 이용하는 것을 목표로 삼습니다. 예시로 음반 대신 기타, 교실 대신 도서관, 수퍼마켓 대신에 텃밭을 더 좋은 가치로 여기는 것을 말합니다. "병원은 신생아를 뺄어내고

죽어가는 이를 다시 빨아들이며, 학교는 아직 직업을 갖지 않았거나 직장인이거나 퇴직한 고용인들에게 일을 시키기 위해 운영됩니다. 아파트는 수퍼마켓을 오가는 사람들을 임시로 수용하며, 차고와 차고를 잇는 도로들은 발전의 짧은 흥청거림을 틈타 자연 경관에 온통 문신을 새겨놓았습니다." 이반 일리치는 이와 반대로 토박이vernacular 노동 혹은 토박이 경제를 주장합니다. 생계를 꾸리고 향상시키는 무급 활동이지만, 시장에서 사고 파는 가치가 아니라 개인이 지키고 보호하는 모든 가치를 지향하는 것을 말합니다.

그는 교육과 종교 사이의 결속 관계에 대해서도 염려했습니다. 교회는 교황에 의해서 Mater, Magistra, Domina로 일컬어지는 것처럼, 어머니이자 권위 있는 교사이자 지배자가 되기에 이릅니다. 교회는 Educatio, 즉 양육하는 기관이 됩니다. educatio는 밖으로 끄집어내다와 아무런 관계가 없습니다. 원래 educare는 키케로 문헌에 따르면 유아에게 젖을 먹이는 행위였습니다. 교회의 권위는 근대 국가의 왕권기능으로 바뀝니다. 남자들은 docentia체계적이고, 이론적인 가르침, to teach로 지도하는 일instructio을 감당했습니다. 제도화된 교회의 이름, 어머니 교회 이름, 곧 전문가가 제공하는 개인 서비스 없이는 구원을 받을 수 없다는 신념, 서비스 상품이 되어버린 교육은 성직자 계급에 의해서 변질되었다고 보는 것이 맞을 것입니다.

일리치에 의하면, R&Dresearch and development는 정부, 기업, 대학, 군대, 병원, 정치 기관에서 진행되는 것을 의미합니다. 반면에 민중에 의한 과학은 자신들에게 직접 도움이 되는 도구와 환경을 만들고 개선하고 아름답게 만드는 데 치중하면서 시장이나 전문가에 종속되지 않는 연구입니다. 신진경제학자들은 범죄, 여가, 학습, 다산, 차별, 투표 행사에 대해서마저 경제 모델을 만들어냅니다. 그들은 여성이 하는 일을 노동이 아닌 것으로 규정합니다. 좀 거칠게 말해서 유대인들의 무급 노동이었던 "노동이 너희를 자유롭게 하리라" Arbeit macht frei라는 전략적인 속임수의 언명이 유대인의 멸종을 의미하는 것임을 간과한 것처럼 말입니다. 집안 여성 femina Domestica과 일하는 남성 vir laborans을 대비시켜서 무력한 상호 예속 관계로 보는 한 그림자 노동 모델이 경제 팽창을 위한 파시즘이 된다면 억압의 조력자가 되고 있는 것입니다. 그러므로 개별자의 독특성 혹은 고유성 sui generis을 인정하는 자급자족이야말로 산업사회와 종교적 토대의 이데올로기에 맞서 싸우는 대안이 될 수 있을 것입니다.

이반 일리치의 비판적 시각에서 볼 때, 교회는 거대한 관료조직이 되었고, 성직자들은 세속적 꼭두각시가 되었습니다. 그는 아나뱁티스트처럼 교회의 의식 혹은 집례는 전문 성직자가 아니라 임명된 평신도에 의해 주관할 것을 제안했습니다. 그러면서 권력 없는 교회가 되어야 한다고 주장하였습니다. 교회는 세계를 교화하거나 서비스를 제공하는 것이 아닙니다. 그것은 권력의 이용이나 이데올로기적 분할을 야기하는 것입니다. 교회의 십자가는 권력을 포기하는 것입니다. 정치적, 사회적 문제를 인식하고 널리 알리는 게 교회 역할이요 탈권력, 탈전문화하는 것이 교회가 나아가야 할 방향입니다. 일리치는 교육자가 마치 종교적 권력을 지닌 것처럼 행동해서는 안 된다고 생각했습니다. 신이 할 수 없는 것을 할 수 있다고 주장하는 것이나 다름이 없다는 것입니다.

　윤리ethos는 같은 공간에 존재하는 사람들의 정신입니다. 예수는 경계를 넘어 모두를 아우르는 사랑을 베푸는 자유에 대한 영광스런 계시사마리아 사람의 이야기, 서로 속함; belonging together, 자유 그 자체로 규범의 주체가 되어야 한다고 가르쳤습니다. 사마리아 사람의 행동은 육화의 연장입니다. 그는 연민에 이끌렸습니다. 길가에 쓰러져 있는 신을 발견했습니다. 육화는 신의 육체적 현존이며, 비가역적으로, 단호하게 세상을 바꿉니다. 죄는 폭로된 것에 대한 냉정함과 무관심입니다. 교회는 믿음, 소망, 사랑을 바라는 경향이 하나의 종교가 되어 주교는 행정권을, 교회는 자산단체를 설립함으로써 사회적 지위를 강화하기 시작했습니다. 일리치는 사회적 기계, 사회적 제도, 사회적 조직이 되면서 최선이 최악이 되어버렸다고 지탄합니다. 교회는 악성종양이 발생했을 때에도 치료하지 않고 그대로 두었습니다. 사랑을 관리하고 제도화하려는 그리스도교의 문제점들을 하나둘씩 짚어본 그로서는 모든 형태의 세속교회의 해체와 교회 독점 해체를 주장하는 것도 그러한 맥락에서 당연하다 할 것입니다. 그리스도교 초기에, 그리스도인 집에는 여분의 침상과 양초, 약간의 마른 빵을 구비해두는 전통이 있었습니다. 그리스도인의 의무가 제도화됨에 따라서 그러한 전통이 사라졌습니다. 환대가 서비스로 변형되었기 때문입니다. "최선의 것이 타락하면 최악이 된다"perversio optimi quae est pessima라는 말이 이를 잘 대변합니다.

기구instrumentum는 주로 법적 의미를 뜻하는 말이었습니다. 이와 관련하여 신은 도구성사, sacramentum를 이용해서 특정한 목적을 이루는 데 그 의미를 부여하였습니다. 첨탑을 통해서 교회의 교구가 확립되고, 권력을 통해 사목이라는 행동양식을 낳았습니다. 시민정신을 자기 양심의 명령으로 느끼도록 하는 새로운 길을 열기 위한 국가가 탄생하면서 17-19세기의 조국, 국토, 모국은 조국을 위해서 죽는다moriro patria mori로 확장되었습니다. 지금 인간은 시스템 속에 있습니다. 우리의 두뇌에 살고 있는 것은 악마는 아니나 컴퓨터 운영체제 DOS입니다. 우리는 이미지, TV, 컴퓨터 그래픽, 광고 이미지와 마주칩니다. 죽음전문가로 변한 장의사에 의해서 혹은 생명전문가로 변한 의사에 의해서 죽음이 없는 사회의원병를, 지식전문가로 변신한 교사와 학교시스템은 신화를 만드는 의례mythpoesis를 통해서 특정한 믿음을 확립하도록 하는 행동양식을 만들어 냅니다. 살아 있는 지식이 아니라 건전한 사람을 만들기 위한 제도, 의례를 통해서 살아갈 공동체에 들어맞는 인간이 되게 하기 위해서입니다. 시스템에 사로잡힌 세계가 되어버렸습니다. 이에 일리치는 "교회가 만든 종교는 도구화되었고, 도구적으로 유지되며, 진리와 사랑은 도구화와 도구적 유지를 수행하기 위한 기계가 된 것"이라고 분석합니다. 이제는 훈육과 규칙을 통한 질서 중심의 삶을 바꾸어야 합니다. 이는 들어맞음fittingness, 혹은 서로 속함belonging together의 삶으로 전환하는 것을 의미합니다. 아무리 좋은 규칙이라도 그것은 폭력을 공모하는 것이고 맹신으로 치달을 수 있습니다. 규칙이나 법칙 너머의 심원한 영혼이 있음을 인정해야 합니다. 이반 일리치는 결국 제도화는 악의 근원이라고 말합니다.

인간은 자칫하면 전문가가 아니면 스스로 무엇을 결정하지도 못하는 무능력한 존재로 전락하게 될지도 모릅니다. 점점 더 판단, 중재, 결정, 심지어 교육할 수 있는 권리를 교육전문가나 관료전문가에게 맡겨버리고 있습니다. 이반 일리치는 교사가 많아지면 스스로 교육을 할 수 있는 권리가 사라진다고 우려합니다. 이른바 불구화시대가 되는 것입니다. 현대 사회는 모든 인간을 상품화하고 예속시키는 데 혈안이 되어 있습니다. 전문가 집단이 만들어지면 점점 더 견고한 장악력을 가진 관료집단의 카르텔이 생길 것입니다. 사회 전체가 학교화가 되면 개인이나 공동체는 자신의 힘으로 일을 해낼 수가 없습니다. 어떠한 상황에서도 잠재력을 실현하기는 불가능해집니다. 다시 근대화된 빈곤에 시달릴 수밖에 없습니다. 전문기술자technocrat에게 의존하면서 그들의 원조나 도움이 더 필요하다는 논리를 펴게 될 것이고, 그럴수록 그들의 도움이 더 늘어갈 것입니다. 그렇게 되면 학교 바깥에서 배운 것에 대해서는 용인하지 않을 것입니다. 이들은 다시 학교 안에서 무엇을 배워야 할지 사회에 지시할 것입니다. 누차 말하지만 교육은 소비가 되어버렸습니다. 인간이란 소비자로 태어나 구매해야 한다거나 상품과 서비스를 구매해야만 원하는 것을 얻을 수 있다는 환상에 빠집니다. 학교는 서비스업이 되어서 학교에 보내면 모두가 동일한 교육을 받을 것이라는 환상을 갖게 합니다. 하지만 그것은 불가능합니다. 학교교육을 받게 되면 좋다라는 논리는 소수사람들의 교육을 위해 공적 자금을 더 할당할 수 있고, 다수의 사람들에 대해서는 사회적 통제를 더 많이 할 수 있게 됩니다. 학교는 그래서 군비확장만큼이나 더 위험하고 파괴적이라고 이반 일리치는 비판합니다. 학교는 사람을 자유롭게 하거나 교육하는 것이 아니라 사회적 통제에 적합하도록 학습하는 기관일 뿐입니다. 학교교육이 심화될수록 차별은 더 강화됩니다. 왜냐하면 특별한 시간대, 특정한 방법, 특정한 보호나 처치, 특정한 전문적 직업은 학술적이거나 교육적인 것으로 인정을 하기 때문입니다. 그 이외에는 인정하지 않게 됩니다. 이것은 나이에 따른 차별이나 집단을 구별하는 것만 보아도 알 수 있습니다. 소속된 학생들만 학습되고 교육을 받습니다. 근대에 나타난 학교제도의 지식전문가인 교사는 보호자, 도덕가, 치료자가 됩니다. 이로써 학생들을 알 수 없는 미로로 인도하고, 규칙을 준수하게 합니다. 경쟁으로 밀어 넣고 성직자나 신학처럼 정설을 가르치며, 인생에로의 입회를 위해 번잡한 전례규범을 집행하기도 합니다. 이로써 교사는 신이나 국가의 대리자 역할을 합니다. 그들은 무엇이 옳고 그른지 일깨우고 현재 국가의 어린이들이 장차 국가의 시민이 되게 합니다. 치료자의 교사는 어린이의 삶과 건강에 깊이 관여하는 역할을 합니다. 어린이의 성장과 개인생활에 개입해도 된다는 오만에 빠집니다. 따라서 진리에 대한 통찰력이나 무엇이 옳은가에 대한 감각은 오로지 교사의 몫입니다. 이런 면에서 학교는 결코 자유롭지 않습니다. 학교의 교사는 재판관, 이데올로기스트, 의사의 역할까지 합니다. 그뿐만 아니라 교사는 목사, 예언자, 사제와 같은 의례를 집전합니다. 그만큼 교사는 막강한 권위와 권력을 가지고 있습니다. 교사는 학교에서 시간에 저당 잡힌 학생들을 헌법상, 관례상 제한을 받지 않는 엄청난 권력을 행사합니다. 컨닝을 한 학생에 대해서는 법으로부터 보호받지 못합니다. 도덕적으로 타락했다고 낙인찍힌 그들에 대해서는 인간으로서의 가치를 상실했다고 단정짓습니다.

학교는 신성하고 특별한 장소에서 규칙을 수행하고 출석 및 학년말이라는 시간을 채우고, 수업이 끝날 때까지, 혹은 사회에 진출할 때까지 '정기적으로 해방되는 이상한 장소'가 되어버렸습니다. 억압적이고 파괴적인 장소가 된 학교의 잠재적인 커리큘럼은 잘 사는 사람이나 못 사는 사람들 모두가 경제성장을 지향하는 소비사회에 들어가기 위해/편입되기 위해 의례과정에 있는 것이나 다름이 없습니다. 학교는 커리큘럼을 팔고 있습니다. 상품처럼 팔고 있는 것입니다. 학생은 소비자로 전락하여 직업을 얻을 수 있거나 필요한 면허^{자격증}를 얻을 수 있는 강좌에만 매달리게 됩니다. 교육은 '나는 배운다', 의료는 '나는 낫는다', 교통은 '나는 이동한다', TV는 '나는 논다'라는 자동사에 의해서 제도적인 착각으로 정의내려집니다. 이 모든 상품들에 의해서 인간의 잠재력은 파괴됩니다. 풍요를 누리는 듯하나 얼빠진 상태가 되고 개인의 자율적 활동이 가져다주는 기쁨은 상실됩니다. 의료는 더 병들게 하고, 교육은 환경을 더 알 수 없게 만듭니다. 자동차의 혼잡은 교통감독관을 더 필요로 하게 되고 피로도는 더 쌓이게 될 것입니다. 교육시간이 늘어날수록 경이감은 사라지고 그저 구경꾼처럼 바라보기 때문에 공부시간과 알려는 의욕은 줄어들 것입니다. 따라서 제도들은 저마다 '근본적 독점' radical monopoly을 행사하려고만 한다는 것을 명심해야 합니다.

이런 현상들을 날카롭게 꿰뚫어 본 이반 일리치는 우리 사회가 학교화된 사회 schooled society라고 지적합니다. 학교는 끊임없는 소비의 신화를 창조해냅니다. 타인의 전문적인 제도의 신세를 지도록 유도하고 강제합니다. 자기 자신이 아닌 제도로 책임을 전가해버리고, 가르침을 받는 사람들은 다른 사람을 가르치고 싶어합니다. 그러나 정작 학교에서 배우는 가치는 수량화된 가치일 뿐입니다. 전문가들은 평화의 진보나 전쟁터의 나라, 나라의 발달 수준까지도 수치화할 수 있다고 자만합니다. 측정교육을 받은 사람은 측정할 수 없는 경험을 쉽게 지나쳐버립니다. 그래서 이반 일리치는 '탈학교화된 사회' deschooled society를 지향해야 한다고 부르짖습니다.

이반 일리치의 생각은 마치 크로포트킨의 상호부조처럼, 공생적 도구의 삶, 혹은 공생적 삶이란 검소한 삶에서 '더불어 살아가는 인간'Mitmenschlichkeit, 인정 혹은 동포의 정신이라고 하는 사실을 발견하게 됩니다. 검소는 기쁨, 쾌활, 우정amicitia의 일부분을 이루고 있습니다. 앞에서 말했듯이 개개인에게 도움을 주는 사회가 '공생적 사회'conviviality입니다. 인간은 기계 부속품이나 관료주의의 톱니바퀴가 아닙니다. 만능관료주의에 의한 에너지 노예도 아닙니다. 서로 이웃을 위한 존재로서 스스로를 해방시키는 것뿐만 아니라 검소의 기쁨을 재발견하는 것입니다. 이반 일리치는 "공생성은 무형의 값"이라고 갈파합니다. 따라서 공생적 도구는 권력, 예속, 계획 작성 등의 정해진 한계를 제고합니다. 또한 정부의 획일화도 배제합니다. 그리고 공생적 사회는 다른 사람의 간섭을 적게 받는 자유롭고 창조적인 삶을 가능하게 합니다. 이것은 단독자인 인간이 절대 자유를 누리기 위한 정치적 행동의 지침과도 같은 것이라고 봅니다. 이에 우리는 더불어 살아가기 위해서 모든 관료주의와 전문가에 의존하는 삶의 방식으로부터 탈피하여 단독자로서 시원이 되는 나의 삶으로부터 나의 삶이 시작arche되도록 해야 합니다. 그런 의미에서 이반 일리치가 통찰한 바와 같이, 단독자의 의지와 의식에 따라서 모든 물질을 검소하게 사용하며 나눌 수 있는 삶은 지금보다 더 냉철한 이성과 자유를 갈망하는 마음이 선행되어야 하지 않을까요?

17. 규정 짓지 않은 열린 결론

프루동, 바쿠닌, 크로포트킨, 슈티르너의
사유와 실천과 함께 기독교적 아나키즘의 방향성

프루동Pierre J. Proudhon, 1809-1865은 인간의 평등만이 안식일의 휴
식을 완전하게 꽃피울 수 있다고 말합니다. 특히 소유권의 남용의
총체는 소유에 있음을 간파한 그는 노예제란 살인이라고 보았습니
다. 사상, 의지, 인성을 빼앗는 권력, 생사여탈의 권력은 살해라는 것
입니다. 그가 "소유, 그것은 도둑질이다"라고 말한 근본적인 이유가
여기에 있습니다. '주권'이란 '법을 만드는 힘'이라는 논리는 당연하
고도 필연적입니다. 법이란 민중의 의지의 표현입니다. 그런데 그와
같은 법이 자유를 침해할 수도 있습니다. 그것은 지금, 법이란 민중
의 의지의 표현이 아니라는 모순된 상황에 직면해 있기 때문입니다.
자유는 침해될 수 없습니다. 팔 수도 양도할 수도 없습니다. 우리가

세금을 내는 이유는 자유, 평등, 안전, 소유와 같은 것들을 국가가 보장해 주기를 바라서, 국가 질서와 공공시설물을 설치하라고 납부하는 것입니다.

그런데 국가가 나에게서 많이 가져가면 나에게 권리의 평등을 운운해서는 안 됩니다. 그 순간 국가는 도당의 수령이 되어 버립니다. 자유와 평등은 인간의 절대적 권리입니다. 소유란 자연적이거나 절대적이지 않습니다. 인간 자신이 자신의 주인도 아닌데, 자기 소유도 아닌 것들의 주인이 된다는 것은 어불성설입니다. 가만히 생각해보면 신은 나에게 땅을 하사하셨는데, 나는 아무것도 얻지 못했습니다. 노동을 통해서 우리는 소유권을 점유권으로, 선점권으로 할수 있습니다. 하지만 불행하게도 생산물의 소유자는 될 수 있을지는 몰라도, 생산수단의 권리는 소유할 수 없습니다. 소유가 분할되면 모든 조건은 평등해질 것이고, 대자본들도 대소유자들도 존재하지 않을 것입니다. 다만 노동에 의해 우리는 평등으로 나아갈 수 있습니다. "수가 세계를 지배한다."mundum regunt numun 지금의 현실을 역설적으로 말해주는 문장입니다. 소유는 불가능합니다. 소유는 불로소득, 곧 노동하지 않고 생산하는 능력이나 다름이 없습니다. 그것은 살인행위입니다. 소유는 횡령에 의해서 노동자들을 헐벗게 만든 다음 서서히 죽게 만듭니다. 이윤이나 이자는 불가능합니다. 소유자는 노동자에게 지불한 것보다 더 비싼 값으로 생산물을 파는데, 노동자가 무슨 소유를 할 수 있을까요? 따라서 평등만이 답입니다.

통치는 공공의 경제, 곧 민중 전체의 노동과 재산에 대한 최상의 권리를 보장해야만 합니다. 소유는 정치적으로, 민중의 평등과 양립하기 어렵습니다. 소유는 전혀 불가능합니다. 노동자들이 땅을 나누고선점, 노동의 자기 몫을 얻어낼 수 있는 권리노동의 권리가 평등권이라 할 수 있습니다. 인간은 동물과 같은 존재이기에 결국 공유제는 강자에 대한 약자의 착취이며, 소유는 약자에 대한 강자의 착취로 이어질 수밖에 없습니다. 이것이 프루동의 소유 불가론입니다. 공유제는 억압과 예속을 낳고, 의무, 계율 준수, 조국 봉사, 이기심, 게으르고자 하는 경쟁심을 취하게 합니다. 소유는 소유하고자 하는 경쟁심을 갖게 합니다. 사람들은 생산물에 이익을 남김으로써 지나친 보수나 한직을 받아들임으로써 도둑이 되게 합니다.

여기서 아나키는 사회 안에서 질서를 찾습니다. 주인이나 주권자는 존재하지 않습니다. 하루하루 자족으로 접근해 가는 통치 형태라 할 수 있습니다. 인간은 한 동아리 일 뿐입니다. 수상이 비서를 하고, 모든 민중이 입법자가 될 뿐이지 그 누구도 왕통치자이 아닙니다. 어느 누구도 자신의 의지로 이성을 대체할 수 없습니다. 민중은 법의 수호자이자 입법권은 오직 이성에서만 나옵니다. 민중만이 명령하고 결정할 수 있습니다. 소유자, 도둑, 영웅, 주권자는 동의어입니다. 자신의 의지가 법률인 양 강요합니다. 소유는 전제, 자의적인 통치, 음탕한 의지를 통해 지배를 양산하게 됩니다. 소유자가 원한다면 주권자이자 불가침의 왕이 될 수 있습니다.

그러므로 프루동의 해결책은 공유제와 소유의 종합, 곧 자유입니다. 자유는 아나키입니다. 법의 권위, 필연의 권위만 용납하는 자유입니다. 그 법의 한계 안에서만 모든 의지가 존중됩니다. 자유는 정식이며, 욕구나 권리를 배제하지 않습니다. 다만, 이성의 지배를 통한 의지가 대체됩니다. 나아가 자유로운 결사만이 유일한 사회 형태가 될 것입니다. "정치학은 자유의 과학이다. 인간에 의한 인간의 통치는 어떤 이름으로 장식하더라도 압제일 뿐이다. 사회의 가장 완벽한 모습은 질서와 아나키의 결합에서 발견됩니다. 아아, 자유의 신이여! 아아! 나에 대한 세상의 기억을 지워주소서. 인류가 자유롭기만을 바랄 따름입니다. 이 가련한 자녀들에게 자유 속에는 어떤 위인도 영웅도 없다는 것을 알려 주소서." 프루동의 절규하는 기도와도 같은 자유의 갈구입니다.

바쿠닌Mikhail A. Bakunin, 1814-1876은 『혁명가의 교리문답』에서 종교, 정치, 경제, 사회 제도를 파괴하고, 자유, 이성, 노동을 기초로 하는 사회를 수립하고 선언했습니다. 그는 또한 신의 존재가 아닌 인간의 이성과 양심이 진리의 기준이 되어야 한다고 설파했습니다. 교회와 마찬가지로 민중을 노예 상태에 놓이게 하는 국가를 소멸하고 해체해야 한다고 주장했습니다. 그런 후에 국가는 전적으로 자율적인 코뮌의 연합으로 형성되며, 개인은 사회 및 경제적으로 완전한 자유를 누려야 한다는 것입니다. 그럼으로써 상속권은 철폐되고 계급과 신분은 사라질 것이라고 말합니다. 나아가 종교적, 법률적 혼인 대신에 평등한 양성간의 자유 혼인이 될 것이라고 전망했습니다. 바쿠닌의 관점에서는 국가가 존재하는 한 세계 평화는 요원한 것이었습니다. 따라서 그는 중앙집권화된 국가들은 파멸되어야 한다고 보았습니다. 선한 국가 혹은 도덕 국가는 존재하지 않습니다. 모든 국가는 자기 본성대로 구성된다는 점에서 곧 인류의 정의를 부정하고 자유와 도덕성을 부정하기 때문에 그렇습니다. 따라서 진정으로 자유, 정의, 평화를 수립하기를 원하는 사람이라면, 인간성의 승리와 민중의 완전한 해방을 염원하는 사람이라면, 국가를 파괴해야 합니다. 그뿐만 아니라 모든 나라의 자유로운 생산과 연합이라는 세계 연방을 수립해야만 합니다.

여기서 바쿠닌과 마르크스가 충돌을 합니다. 마르크스에게는 국가 공산주의, 곧 공산당이 발목을 잡습니다. 바쿠닌은 청년 헤겔 학파의 영향보다는 극단적인 개인주의인 막스 슈티르너의 영향을 많이 받았습니다. 그런 의미에서 바쿠닌의 자유는 극단적인 개인주의였습니다. 마르크스의 경우 자유는 다른 계급에 맞선 특정 계급의 자유였다는 점에서 바쿠닌과는 달랐습니다. 바쿠닌은 권위뿐만 아니라 모든 신학과 마찬가지로 국가는 인간을 옳지 못하고 사악한 존재로 가정하기 때문에 국가야말로 인간성에 관한 가장 악명 높고 냉소적이며 완벽한 주정이라고 여겼습니다. 이런 점에서 바쿠닌의 자유는 결코 국가의 궁극적인 보호를 통해 야기될 수 있는 것이 아니었습니다. 바쿠닌의 전반적 논조나 행동으로 보아 무저항과 아나키즘을 결합하려 했던 톨스토이나 크로포트킨과는 잘 맞지 않았을 것이라고 짐작할 수 있습니다. 바쿠닌은 인간의 자유와 해방을 위해서는 폭력도 불사할 수 있다고 생각했기 때문입니다.

크로포트킨Peter A. Kropotkin, 1842-1921에 의하면, 아나키즘은 서로 연결되어 있고 그러면서 각각 독립적 삶을 살고, 어떤 정신에도 종속되지 않는다고 정의합니다. 인간은 자연의 조화 속에서 과거로부터 현재에 이르기까지 자유로운 발전, 자유로운 활동, 자유로운 연합과 더불어 개인의 발전을 추구해왔습니다. 하지만 이를 위해 개인이 모든 부를 소유해야 한다는 것은 착취입니다. 집산주의는 공동소유, 조합의 공동노동, 생산의 공동처리, 공동의 가계, 공동의 삶, 임금의 공동 분배를 추구합니다. 하지만 국가가 삶의 수단과 생산수단을 장악하고 있기 때문에 노동자는 노예로 남게 됩니다. 여기서 크로포트킨은 국가도 역시 자본주의자라고 보는 것입니다. 그는 국가의 도움을 받지 않고 국가 밖에서 국가의 개입 없이 물질적 보장이 이루어야 한다고 주장했습니다. 그러므로 자본주의의 폐지는 국가의 폐지 없이 불가능하다고 내다보고, 무권력의 이념을 실현시켜야 한다고 설파하였습니다. 아나키스트의 이러한 생각에 현실감이 없다고, 꿈을 꾸고 있다고 말합니다. 하지만 아나키즘은 권력을 폐지하고 종속을 강요하는 어떤 법과 체제를 폐기할 뿐만 아니라 문벌

조직을 부정합니다. 아나키즘은 자유로운 협약과 상호부조적 삶을 통해 평등과 연합을 추구합니다. 더불어 아나키즘은 생산과 소비를 위해 단결하고 공동의 방어를 위해 조합을 결성하려고 하는 것입니다. 크로포트킨은 바쿠닌과 같은 맥락으로서, 공산주의와 아나키즘은 공존할 수 없다고 생각했습니다. 개인의 욕구, 개인의 시간, 개인의 발전이 중요하기 때문입니다. 공산주의나 국가집산주의와도 타협을 할 수 없는 지점입니다. 그러기 때문에 아나키즘은 국가와 자본에 대한 개인의 저항, 동맹 파업과 노동자 폭동 형태의 집단적 저항, 사물로 취급되는 생명에 대해 저항을 합니다. 이것은 궁극적으로 인간의 삶에서 모든 폭력 행위에 종지부를 찍는 사회 형식을 모색한다고 볼 수 있습니다.

마지막으로 서구의 주요 아나키스트들 중에 거의 초기에 등장했다고 볼 수 있는 막스 슈티르너M. Stirner가 쓰고 박종성이 옮긴 『유일자와 그의 소유』에 대해 간략하게 소개하고자 합니다. 1. 창조자인 나로서의 정립: "유일자인 나, 나 자신 이외에 아무것도 두지 않는다! 독일철학자들 중에 칼 마르크스 정도는 들어봤어도 막스 슈티르너는 우리에게 아직 생소한 철학자입니다. 그는 1806년에 태어나 1856년에 죽었으니 비교적 짧은 생애를 살다간 사람입니다. 원래의 이름은 요한 카스파르 슈미트Johann Kaspar Schmidt입니다. 그는 헤겔 철학에 참여하면서 그의 영향을 강하게 받았습니다. 그래서였을까요? 슈티르너는 정신이라는 말을 참 많이 사용합니다. 하지만 그는 결코 헤겔 추종자만은 아니었습니다. 헤겔 좌파의 성격을 띤 그룹들과 어울렸으며 종교적 입장도 달랐습니다.

그의 철학을 대변하는 책『유일자와 그의 소유』Der Einzige und sein Eigenthum에서는 다음과 같은 대목이 등장합니다. "나는 내가 마땅히 해야 할 일의 근거를 바로 신처럼 다른 모든 것과 비교가 안 되는 나, 나의 전부인 나, 유일자Einzige인 나, 나 자신 이외에 아무것도 두지 않는다." 멋있는 말입니다. 그야말로 자기중심적인egoistische인 인간, 자기 중심적인 자기 자신에만 몰두해 있습니다. "나의 관심사는 진리, 착함, 옳음, 자유 등이 아니라, 오히려 오로지 나의 것이다. 그리고 나의 관심은 두루 해당되는 것이 아니다. 오히려 내가 유일한 나이듯-유일한einzig 것이다. 나에게, 나보다 위대한 것은 아무도 없구나!" 서문의 마지막 단락은 그의 아나키스트적인 면모를 오롯이 보여주는 문장들입니다.

아나키즘anarchism 혹은 아나키스트하면, 떠올려지는 분들이 있습니다. 과거 우리나라의 독립운동가들 , 특별히 신채호, 이회영, 김좌진, 박열 같은 분들입니다. 그들은 인간의 보편적인 절대자유를 위해서 다른 그 누구보다도 더 치열하게 독립운동에 참여했던 사람들입니다. 나라 잃은 사람들이 나라를 찾기 이전에 인간의 보편적 가치, 개별적 인간의 인간다움의 조건을 얻기 위해서 투쟁했다고 볼 수 있습니다.

물론 아나키즘은 종교주의, 국가주의, 민족주의, 가족주의 등 체제나 강권적 지배를 몹시 싫어합니다. 다만 절대자유를 위한 것입니다. 아나키즘도 결이 여러 가지가 있습니다. 크게 보면 anarcho-communism, anarcho-syndicalism, anarcho-individualism로 나뉩니다. 막스 슈티르너 같은 철학자는 굳이 분류하자면 아나코 인디비쥬얼리스트입니다. 유일한 것은 나, 나 이외에는 어느 것도 부정하겠다는 강한 신념이 내포되어 있으니 말입니다.

그도 그럴 것이 그에게 중요한 것은 인간의 정신Geist입니다. 헤겔의 영향을 받았다고 보이는 단서가 이 부분인데, 슈티르너에게 신은 정신이요, 천상의 정신입니다. 그러한 정신 혹은 나Ich는 어떤 것에도 굴복해서는 안 됩니다. 만일 이 세계가 복종을 원한다면 인간이 정신인 한 이 세계로부터 독립하기 위해 투쟁을 해야 합니다. 다시 한 번 헤겔의 영향력이 깊숙이 배어 있다고 생각되는 문장을 짚는다면 이렇습니다.

"사물을 외면한 삶, 곧 정신적 삶은 ··· 생각으로만 산다. 그리고 그 때문에 더 이상 '삶'이 아니라-생각함이다." 슈티르너에게 삶, 정신, 생각은 나 자신과 떼려야 뗄 수 없습니다. "정신은 정신 자체를 드러내야만offenbaren 한다. ··· 정신의 창조물이 정신을 정신으로 만든다." 이런 표현들은 마치 신학적 표현과도 같습니다. 정신의 창조물, 곧 신은 정신절대정신과도 같은 존재입니다. 만일 슈티르너가 종교를 인정했다면, 그는 신은 정신적 존재인 인간, 생각하는 인간을 창조했다고 썼을 것입니다. "정신은 그대-신의 이름이다!", "신은 정신이다!"

그러나 그는 현상학적으로 더 근원적인 곳에 시선을 둡니다. 종교religion라는 단어에서 속박이라는 개념은, 그리스도교에서 위계질서라는 체제를 발견한 그는 인간 자신이 결코 자유롭지 않다고 설명합니다. 일례로 나 자신이 살아가는 것이 아니라 법이 내 안에서 살아간다는 그의 비판을 생각해보십시오. 정신이 우리 자신을 소유하는 것이 아니라, 준칙이 우리 자신을 소유하는 것이 아니라, 우리가 정신과 준칙을 소유해야 한다는 말에서는 뼛속 깊은 절대자유를 향한 외침이 스며있습니다. "제약되지 않은 나로서 자신의 뜻대로 행위하는 사람-자기 중심적 사람이다"라고 선언하면서 말입니다. 이런 의미에서 그가 종교를 어떻게 비판했을까 하는 것은 상상에 맡기겠습니다.

그런데 가만히 생각해보면 그런 사표가 있었을까요? 아하! 예수는 거침이 없었습니다. 체제를 거부했습니다. 나로서의ego eimi 자신이 뜻대로 행한 사람이었습니다. 막스 슈티르너가 닭살 돋아서 내팽개쳐 버리고 싶은 듯이 내뱉은 말, "위계질서는 생각의 지배, 정신의 지배구나!"라는 것처럼, 예수는 근원적 신정신 이외는 어떤 위계질서도 거부하고 저항했습니다. 진리는 정신이고, 더 높은 의식Stirner이기 때문입니다.

부르주아가 정신을 돈으로 바꿔놓은 것에 대한 **뼈아픈 경험을**

했기 때문이었을까요? "정부는 권력Gewalt, 폭력만 있지. 권리는 없다. 모든 옳음의 원천은 국민 속에서만 발견되어야 한다. 그런데 권력은 가진 사람이 옳음을 가진다." 역설을 참 잘 짚어내었습니다. 경찰행정polizei, 이를 테면 군인, 관료; 사법부, 교육 등의 국가기계staatsmachine이 선량한 시민을 지배하는 것을 보십시오. 그리스도교 역사에서 예수도 국가라는 관념을 거스르고, 가족이라는 개념의 구속력을 싫어했던 최초의 아나키스트였다는 점이 놀랍습니다.

그렇다면 함석헌은 어떨까요? 그렇다, 아니다, 할 수 있으나 절대 자유를 갈망했던 한 시대적 철학자였음은 부인할 수 없을 듯합니다. "너의 인간다움을 내세워라", "나는 창조자이다. 창조물이다." 함석헌과 비슷한 뉘앙스가 느껴지지 않으시나요? 2. 규정 짓지 않는 정립: "나는 나의 소유자이자 나로서 존재하는 나이다!" 독자들을 위해서 슈티르너의 텍스트를 좀 더 소개해보겠습니다. "오로지 나만이 뼈와 살을 갖춘 존재이다. 그뿐 아니라 이제 세계를 나와 상관 있는 것으로, 내 것으로, 내 소유로 받아들인다. 나는 모든 것을 나 자신과 관련시킨다"25쪽 이러한 문장 속에서 알 수 있듯이 슈티르너는 지극한 에고이스트입니다. 나는 내 자신의 소유이며, 모든 것은 나의 소유입니다. 나는 신의 소유도 아니고, 국가의 소유도 아닙니다. 나는 나의 생각이며 나의 창조자이자 소유자입니다. 나를 떠난 신, 나를 넘어선 황제대통령, 나를 배제한 교황성직자, 나를 고려하지 않은 조국국가이라는 것은 전혀 이야기할 수 없습니다. "나는 정신 혹은 육체보다 더 나은 존재"514쪽이기 때문입니다.

　슈티르너는 뼈와 살을 갖춘 정신이 바로 인간이고 본질이라는 데 동의하지 않습니다. 인간의 정신이 실존Existnez, 혹은 현존재Das-ein이라는 정신의 선험성을 우위에 놓는 그리스도교 신학적 입장을 전복시킵니다. 그대 본래의 나eigentlich Ich는 정신이 우리 인간을 소유한 것이 아니라, 우리 자신이 정신"정신은 완고하고 고집 센 지배자이다", 102쪽을 소유한 존재를 말합니다. 이를테면 교리문답은 우리가 알기도 전에 우리의 행동원리가 되었고 거부할 수 없게 되었습니다. 신조가 정신의 권력이 되었고, 육체를 지배하였습니다. 사람들이 준칙을 소유한 것이 아니라 준칙이 사람을 소유한 것이 되어버린 형국입니다.

　슈티르너에게 있어 제약되지 않은 나로서 나는 자기의 뜻대로 행하는 사람입니다.112쪽 "위계질서는 생각의 지배, 정신의 지배구나!"116쪽 "나는 물건 세계의 소유자이다. 그리고 나서 나는 정신 세계의 소유자이다"106쪽라고 말하는 그의 논조에서 생각마저도 자신의 것이 되기 위해서 생각 그 자체도 자기 기원이 되어야 한다고 말합니다. 실상 가톨릭중세적 위계질서을 극복한 종교개혁교회쇄신, 슈티르너는 비밀-경찰-국가라고 봄이 위계질서의 재생에 지나지 않는다고 비판합니다. 그로 인해 탄생한 개신교도 이성만이 존재하고 정신만이 존재한다는 위계, 정신의 위계를 생산했고 노예근성믿음을 양산했기 때문입니다. 따라서 그는 생각이 나를 광신자로, 혹은 나를 도구로 생각하지 않게 해야 생각이 내 것이 된다는 것입니다.

국가는 어떨까요? 개별이익이 아니라 보편적 이익을 추구하기 위해 인간은 전체 복지에 몸을 받쳐야만 하고 국가에 흡수되어야 합니다. 따라서 내가 사는 것이 아니라 국가가 본래의 인격eigentlichen Person, 칸트를 비판하는 것이 아닐까 싶습니다만이 되어 국가가 내 속에 사는 것입니다. "국가, 법, 양심. 이러한 전제 군주는 나 자신을 노예로 만들며 그것들의 자유란 곧 나 자신의 예속이다."168쪽 그의 주장은 이론의 여지가 없습니다.

국가는 폭력Gewalt을 휘두르지 않습니까? 국가의 폭행은 법이라고 부르고, 그럼으로써 국가는 개인의 폭행을 범죄Verbrechen라고 몰아세웁니다. 이를 부수기 위해brechen, 슈티르너는 이런 말놀이를 즐깁니다 국가가 개인 위에 있는 것이 아니라 개인이 국가 위에 있어야 한다고 촉구합니다. 대통령은, 자본가는, 권력자는 국가라는 이름으로 행위하고 명령하는 아빠 국가Papa Staat, 국가는 확장된 가족가 되어 나를 감시하고 경찰행정에 주의를 기울입니다. 어떠한 경우에도 나는 내 권리의 기원이요 소유자Eigener요 창조자입니다.

따라서 슈티르너는 이렇게 말합니다. "우리는 세상을 우리 자신의 것으로 만들기를 원한다. 그러니까 세상은 더 이상 신교회의 노예가 되어 있지 않아야 하고, 법국가의 노예가 되어 있지 않아야 하며, 오히려 우리 자신의 것으로 있어야만 한다."474쪽 "내가 하는 것은 나를 위해 하는 것이다."496 인간은 유일성Einzigkeit을 지닌, 곧 유일할 때만 인간다운당신다운 존재로서 서로 함께 교류할verkehren: "교류는 세계 향유이며 나의-자기 향유에 속한다", 495쪽 수 있습니다.

"나는 나 자신을 전제하지 않는다. 왜냐하면 나는 매 순간 나 자신을 정립하거나 창조되기 때문이다. 정립되기 때문에 나는 존재한다. 내기 정립될 때만 내가 정립된다." "나는 창조자이다. 창조물이다."237-238쪽 나는 나를 전제하지 않습니다. 무전제입니다. 나는 전제하는 그 전제에서 다시 출발합니다. 다시 말해서 나는 나 자신을 그 때 그 때마다 정립해야 합니다. 정립하기 때문에 나는 존립합니다. 정립하는 그 순간에만 나는 정립됩니다. 그래서 나는 창조자 혹은 창조물이라고 불립니다. "그 무엇도 내가 마땅히 해야 할 일을 결정하지 않는다"565쪽 신은 결정하지만이름 짓지만 나는 나 자신을 규정 짓지 않는 나 자신, 내 힘의 소유자, 유일한 나입니다. 다만 나는 나로서 나 자신을 발전시킬 뿐입니다. 이는 슈티르너의 에고이스트 아나키즘 철학의 대전제라고 할 수 있습니다. 그는 다음과 같은 선언조의 글을 잇습니다. "역사는 인간을 추구한다. 그러나 인간은 나, 그대, 우리이다. 어떤 신비한 본질로서, 거룩한 것으로서, 처음에는 신을 추구했고, 그 다음에는 인간인간성, 인간다움, 그리고 인류을 추구했다면, 이제 인간은 개인Einzelne, 유한자, 유일자로서 발견되었다."379쪽

그에 따르면 자신의 나는 내가 처음부터 소유한 사람만이 자유롭습니다. 어떤 것으로부터도 규정되거나 이념화되거나 하지 않습니다. 심지어 자기 소유성은 타자의 판단 기준[타자의 생각은 나의

소유입니다. 그러나 기쁨을 따라nach meinem Gefallen 대합니다]을 전혀 가지고 있지 않습니다. 나는 나das Ich로서 존재할 뿐입니다. 그런데 혹여 사람들이 슈티르너의 생각은 참 좋은데, 너무 이상적인 철학이고 해체적이고 과격한 운동이라고 생각한다면, 그 사람들은 이미 너무 많은 것에 지배당하고 있는 것인지도 모릅니다. 그러한 사람들을 위해서라도 슈티르너가 다시 등장한다면 이렇게 말할 것입니다. "이봐. 그대들은 그대들 자신의 몸이 아니다.-그대는 확실히 몸을 갖고 있다. 그대나 그대도 역시 그렇다. 그러나 그대들과 함께 있는 것은 몸이 아니다. 몸들일 뿐이다."183쪽 절대자유의 인간이기 위해 나 자신조차도 거부할 수 있는 용기를 가져야 합니다. 혹 이것이 지금 우리에게 요청하는 슈티르너의 논지는 아닐까요?

에필로그

소수라고 해서 생각이 약한 것은 아닙니다!

오히려 그들은 하나님에게
더 근사성 혹은 친화력)(친밀성, Affinität; Nähe)을 띤 사람들입니다!

어느 특정 종단을 작다 크다라고 하는 양적 크기범주에 따라서
분류하는 방식은 지양되어야 마땅합니다. 그 또한 종단의 특이성,
독특성, 유일성에 대한 지나친 판단이기에 자칫 폭력이 될 수 있습
니다. 그런 의미에서 소종파로서가 아닌 소박한 종교로서 아나뱁티
스트, 퀘이커, 메노나이트 등이 작은 이유는 강권적 억압에 대한 반
작용이기도 합니다. 하지만 그렇다고 해서 그 때문에 종단이 작은
규모에 지나지 않는다는 것이 아닙니다. 이러한 교단들이 표방하는
것이 제도, 체제, 조직, 교리 등의 강성剛性을 연성화하는 역사적 경

에필로그 ··· 253

험을 거쳤기 때문입니다. 다시 말해서 이들 종단은 아나키즘이라는 특수한 삶의 양식으로 종교의 본질과 토대가 무엇인가를 끊임없이 고민하면서 가장 신앙인답게 살아가기 위한 몸부림에서 비롯되었다고 해야 할 것입니다.

과거로부터 오늘에 이르기까지 거대한 종교, 굴지의 고등종교로서 자리매김한 배경에는 매우 폭력적이고 제국주의적 방식이 있었음을 알게 됩니다. 그럼으로써 영토를 확장하고 동시에 종교를 이식하여 식민주의적 사유를 확산시켰다는 것은 다 아는 사실입니다. 그것이 과연 종교의 본질이며 또한 신의 의지였을까에 대한 진지한 성찰이 그들로 하여금 좀 더 유연하면서 종교 그 본연의 삶에 부합하고 신에게 더 '가까이'[달리 '친밀성' 혹은 '근사성', Affinität; Nähe] 다가가기 위한 삶의 형식을 추구하였기 때문에 작디작은 종단이 되었을 뿐이라는 것입니다. 그런 의미에서 진리의 우열, 진리의 강압보다는 신앙적 삶을, 진리의 실제적인 구현에 앞장섰던 소수 종단에게서 오늘날 종교가 나아가야 할 방향성을 읽게 됩니다.

모세의 말하기testis와 쓰기기입과 기록, scriptum는 기원이고 지연이고 지속입니다. 히브리인들의 끊임없는 암송과 낭독과 해석은 해석은 그 기원과 지연과 지속을 가능하게 하기 위한 장치입니다. 다시 말해서 모세의 말하기와 쓰기의 해체는 규정짓기의 해체입니다. 시원을 다시 규정지으려는 시도는 율법을 끊임없이 반복적으로 말함으로써 시원적인 말함과 쓰기의 규정지음입니다. 다시 말하고 다시 기입하고신 6장 다시 규정짓고 다시 말하고 다시 기입합니다. 시원적 사유와 실천, 곧 무규정의 규정에 다다를 때까지근사치/근사성/친밀성 규정의 근거가 다가올 때까지근접성 지금의 시스템, 제도, 조직, 국가, 종교, 자본, 지배, 강제, 강권을 넘어선 무규정으로 마침내 나를 자유롭게 할 때까지 말을 듣고, 기입합니다. 그것이 기독교 아나키즘의 본질입니다. 최하림 시인이 "… 침묵이 발을 내리고/ 보이지 않는 뿌리를 뻗친다"최하림, "반세기가 번뜩 지나간 어느 해 저녁", 『굴참나무숲에서 아이들이 온다』, 문학과지성사, 1998라고 말한 문장을 빌린다면, 지금의 시대는 과도한 침묵이 곳곳에서 흐르고 있습니다. 도도한 모습이 자신의 본모습인 것은 분명하지만, 보이지 않는 곳까지 자신의 본래성을 잠식당하고 있는 것은 모르는 것 같습니다. 불만과 불평과 분노는 커지지만, 정착 유일자요 단독자인 의식은 그 뿌리를 상실하고 있는 것은 아닐까요? "… 말들은 오래 전에 집을 나가 객지를 떠돌고"최하림, "우리가 당신의 성채인 것처럼", 위의 책에서 필자 자신의 말은 어디에서 비롯되는가를 다시 생각하게 됩니다. 이제야 주섬주섬 말을 모아서 고향집에 누이게 하려고 합니다. 부끄럽고 죄송하다는 마음이 듭니다. "길을 돌아본다 지난 시간들이 축축이/ 젖은 채로 길바닥에 깔려 있다"최하림, "세상에서 멀리 가려던", 위의 책는 문장에서 지난 한 해의 말과 쓰기의 시간들이 다시 말함과 쓰기가 아니라 혹은 길모퉁이 어딘가에 나뒹굴고 있을 것 같은 아쉬움과 안타까움이 더 커서 그런 것 같습니다.

시간을 뒤로 하면 앞으로의 시간이 붙잡아지고, 체세포의 시간도, 기억의 시간도 짧아져서 더는 말함과 기입의 재현, 유예, 지연, 그리고 다시 말함과 기입의 위엄과 의례를 소중하게 여기면서 처음의 그, 근거의 그, 순수의 그를 말하고 기입할 수 있는 시간이 없을 것 같습니다. 그러나 계속 갈 것이고 길바닥의 시원적 언어, 사유, 자유, 그리고 그 근원에 대한 실천에 따른 자유는, 평화는, 사랑은 언젠가 그런 과정에서 도달할 것이라고 믿으려고 합니다. 주관과 객관이 일치를 이루는 동일자의 의식으로 전환되는 것을 거부하는 것, 동일자와 가까워질 수 있는 근접성과 근사성은 가능하지만 완전한 동일자는 저항할 수밖에 없는 것, 그것이 자유, 절대 자유의 상태이자 절대 자유의 과정이라 할 수 있을 것입니다. '있다'는 것의 통합 유예, 그리고 근원 안에서 지각과 대상의 사라짐의 지연, 그래서 "처음과 분열되지 않음"의 불가능성한 가능성으로의 몸부림을 통해서 어쩌면 "흩어진 자아들이 뿌리에서 만나는 공화국"을 꿈꾸며 나아가는 그 흔적이 아나키즘이 아닐까 잠정적으로 규정을 지어보려고 합니다. 황현산, 해설 "가장 파동이 작은 노래", 최하림, 『굴참나무숲에서 아이들이 온다』, 문학과지성사, 1998, 93-105 참조

독자들은 필자가 '기입'scriptum과 '증언'testis고환이라는 개념을 여기저기서 사용하면서 논지를 전개시킨 흔적을 발견할 것입니다. 기입은 전복의 전복을 위한 것이라고 생각했습니다. 기입은 개인의 기입이어야 합니다. 개별자가 집단이나 소속이나 정체성의 표현으

로서 기입하는 경우, 그것은 개인의 사유와 행동이 아닙니다. 흔히 우리 사회는 복수성plurality에 기반한다는 말을 합니다. 대표적인 철학자로 한나 아렌트H. Arendt가 그렇습니다. 하지만 우리는 개별성 single one, 혹은 singular이 전제되지 않고 곧바로 복수성을 논할 수 없습니다. 다시 말해서 복수성은 다양한 개별적 존재가 다원적으로 존재한다는 것을 의미하는 것이지, 아예 개별성을 무시하거나 배제하자는 논리가 아닙니다. 그것은 서양철학을 잘못 이해한 것이요, 그에 따라 아나키즘을 오해할 수 있다고 봅니다. 따라서 역사적 기입, 행동이나 사유의 기입은 복수성에 기반하지 않습니다. 그것은 어느 정도의 전체주의입니다. 우리 각자는 어느 정도 전체주의자이거나 사회주의 혹은 공산주의자입니다. 다소 자신을 민주주의자라고 과신하는 경우에도 마찬가지입니다.

그것은 이미 어느 집단이나 소속이나 정체적인 표현입니다. 자신을 기입하거나 호명할 때에 문제가 되는 것이 그 점입니다. 따라서 기입은 개별성이요, 종래의 기입에 대한 전복입니다. 증언은 어떻습니까? 원래 증언이라는 개념 안에는 성서적 의미의 자기 개별성에 대한 강한 신념이 내포되어 있습니다. 라틴어 testis고환는 사타구니에 손을 넣어 자기 자신의 언어나 행위에 대한 믿음을 나타내는 표시였기 때문입니다. 사타구니에 손을 넣는다는 자신의 증언, 곧 발화행위가 수치나 그런 만큼의 위험과 모욕이 될 것인가, 아니면 명예가 될 것인가를 상상해보면 이해할 듯합니다. 그렇다면 그러한 자기 고백과 개별성의 신념을 토대로 신에 대한 종교적 고백으로 이어진 Credo문법상으로는 "나는 믿나이다"입니다. 사도신경이나 니케아신경의 논법이나 주장은 어떻게 봐야 할까요? 그것은 공동체적 표현이라고 하여, 이를테면 "우리는 믿나이다"라고 시작하지만, 실상은 개별적 고백이 공동체적으로 발언되는 것이라고 봐야 합니다. Credo는 1인칭 주격을 내포합니다. 그렇다면 증언이라고 하는 말은 개별적 증언에 의한 자기 고백과 투신에서 비롯되는 것입니다. 공동체적 집단성은 정체적 표현을 통해서 한목소리로 고백을 유도하는 힘과 강제력과도 같은 것입니다. 따라서 추상적 국가나 추상적 사회 속에서 개별자가 목소리를 낸다는 것은 전적으로 개인의 자기 몫의 자기 자유에 대한 표현과 의사를 의미합니다. 어떤 집단이나 공동체이건 이것을 간과한다면 선험적인 개별적 자유는 완전히 무시되는 것이나 다름이 없습니다.

아르케, 혹은 아나키즘은 '묻는 것을 참고, 답하는 것을 미루는 것'입니다. 참 어려운 과정입니다. 그렇다면 아르케에 언제 당도할 것인가? 어떻게 원본적 사유와 순수 사유가 가능할 것인가를 묻는 사람이 있을 것입니다. 필자는 그것을 라인홀드 니버가 말한 '근사성'approximation으로 답하고 싶습니다. 이것은 독일어에도 동일한 단어 Approximation이 존재하지만, 아나키즘과 좀 더 유사성을 띤 단어는 nähern näher의 어근을 가진 Annäherung이라고 볼 수 있습니다. 공교롭게도 nähern은 '거의 같아지다', 혹은 '사귀려고 하다'는 뜻이 있습니다. 그런 의미에서 아나키즘은 그 순수한 의식, 순수한 실천, 순수한 자유의 상태에 가깝게 다가가려고 하는 것입니다. 또한 그 존재, 절대자와 사귐을 가지려고 노력하는 행위라고 할 수 있습니다. 조금 더 말놀이를 하자면, 독일어의 Näher는 '재봉사'라는 뜻을 품고 있으니, 어떤 아르케 혹은 원본적 사태, 본질적 의식, 최초의 존재와 연결한다, 꿰맨다는 것도 가능할 수 있습니다. 아르케로 소급, 환원하려고 부단히 엮어보려는 시도, 잘라내고 새롭게 다시 직조하려는 시도가 아나키와 흡사하다면 지나친 비약일까요? 필자는 그렇게 생각하지 않습니다. 우리의 궁극적 관념과 이데아는 가늠되기는 하겠지만, 거기에 접근한다는 것은 지속성과 연속성, 그리고 다만 과정일 수 있습니다. 그 이데아에 접근하기 위해서 부단히 노력을 해야 하는 것은 인간의 실존이 주어진 과제가 아닐까 하는 것입니다. 아나키즘이 완벽한 삶의 형태라고 말씀을 드리는 것은 아닙니다.

그러나 지금까지 살펴 본 것처럼 생래적인 인간의 절대 자유를 억압하는 모든 조건과 제도가 가장 완벽한 것이라고, 혹은 최선이라고 믿는 순간 절대 자유는 망실되고 맙니다. 그 절대 자유를 추구할 때까지 우리의 모든 제도, 체제, 이념, 종교 등은 그저 과정적 현상과 현실일 뿐이라는 것을 인정해야만 합니다. 그러기에 아나키즘은 항상 절대 자유를 원본적 사실로 두고 그 이념에 부단히 접근하고 실천하고 변혁하고 전복하려는 운동이라고 할 수 있습니다. 어쩌면 우리가 아나키즘이라고 생각했던 것조차도, 다시 점검하고 성찰하면서 더 순수한, 더 거기에 가까운 이념, 정신, 그리고 실천으로 나아가려는 것이 진정한 의미에서 아나키즘이라고 말할 수 있습니다. 자칫 오독을 할 수 있을지 모르지만, 레비나스E. Levinas는 인간의 최초의 자유는 바로 "시작의 자유"라는 표현을 사용합니다. 주체가 존재하는 것, 혹은 실존한다는 것은 '지금 여기'hic et nunc에 있는 내가 자유로울 때 가능한 이야기입니다. 인간은 지금 여기에서 뭔가를 기점으로 하는 실존만이 존재한다고 말할 수 있습니다. 절대 자유는 내가 나로서 시작하는 자유를 의미합니다.

따라서 아나키는 '나'라는 존재, 오직 '나'를 유일한 시작으로 놓을 수 있을 때, 비로소 절대적으로 자유로울 수 있는 것을 의미합니다. 그것은 신앙적으로 '하나님'이라는 절대적 존재에게서 연원하는 삶이 될 때 마침내 인간은 자유로울 수 있다고 본 엘륄의 논조와도 부합하는 것이라고 생각합니다. 그렇다면 그리스도교가 나아가야 할 방향은 분명한 듯합니다. '하나님 아닌 것들과 결별하는 연습'을 하는 것입니다. 지금 그리스도교는 지나치게 세속정치화되어 있습니다. 물질화, 사물화되어 있습니다. 그러면서 마치 그것이 하나님과 동일한 지점, 시작 지점, 곧 아르케가 되는 것처럼 호도하고 착각합니다. 자본주의 사회, 민주주의 공동체라고 하지만 실상은 이러한 상황에서 그리스도교의 근원적 인식과 고유한 정체성을 하나님에게서 찾는 것 같지 않습니다. '나'라는 존재 의식과 순수한 사유와 의식의 세계를 이미 기술, 정치, 제도, 돈, 권력, 명예, 체제, 심지어 반그리스도적인 종교에 다 빼앗겼습니다. 앞에서 살펴 본 바와 같이 기독교 아나키스트들은 한결같이 하나님, 그리스도, 그리고 성서에 기반을 둔 삶을 외쳤던 사람들입니다. 아나키스트 혹은 아나키즘을 불편하게 생각하는 한켠에는 이미 우리가 틀 지워진 삶이나 의식이 '나'라는 원본적 의식을 억압, 강제, 세뇌하였기 때문이라는 것을 잘 모르기 때문입니다. 불편하고 혐오스럽다는 것은 결국 내 안에 하나님으로 인한 절대 자유, 그리스도로 인한 해방적 삶, 성서에 의한 초탈Abgeschiedenheit, 버리고 떠나 있음이 불완전하다는 반증입니다.

그리스도교의 삶은 아마도 아나키의 초탈이나 방기Gelassenheit, 초연; 그냥 내맡겨 두고 있음라고 해도 과언은 아닐 것입니다. 그리고 그 대표적인 최초의 원본적 인물이 바로 예수라고 볼 수 있습니다. 예수는 체제전복자였습니다. 특히 바실레이아basileia에 대한 새로운 개념과 인식을 통해 이 지상의 나라는 하나님의 나라와 다르다는 것을 설파했습니다. 예수가 언급한 바실레이아는 국가나 제국empire이 아닙니다. 그것은 다른 질서이며 땅 위에 왕국들과도 대조됩니다. 바실레이아를 위해서 예수는 결코 군사적 폭력과 전쟁이나 혁명을 구상하지 않았습니다. 과거 예수가 저항했던 체제나 성전 그리고 로마나 유대인들이 생각했던 군주적 바실레이아는 지금의 국가 체제나 성전 체제에 대한 저항과도 맞닿아 있습니다. 예수가 생각했던 바실레이아는 모든 것을 통제하고 지배하는 하나님의 능력이었습니다.

거기에는 모든 사람들이 서로 사랑하며, 서로 나누는 공동체성과 연대성이 포함되어 있습니다. 그곳/그것은 지배나 지위에 대한 위계적 질서가 없습니다. 예수가 하나님을 아빠abba라고 불렀다는 데서도 우리와 하나님의 관계가 얼마나 근접한가/가까이-있는가 하는 것을 보여줍니다. 다시 말해서 예수의 하나님과 우리의 하나님 사이에는 근접성/근사성/친밀성이 있습니다. 그리스도인은 지금 여기에서 바실레이아가 실현되지 않는다고 하더라도 그 나라에 대한 근접성과 근사성을 위해서 나아갈 뿐입니다. 바실레이아가 제국적인 방식이 아니라는 것은 식탁교제나 발을 씻긴 이야기를 통해서도 잘 드러납니다. 바실레이아는 섬김이요 나눔입니다. 그런 의미에서 기독교 아나키스트들은 대부분 하나님, 오직 하나님에 대한 관심과 예수 그리스도에게 전적인 복종, 더 나아가 성서 안에서 삶의 가장 근원적인 사실을 찾았다는 것을 알 수 있습니다.

기독교 아나키즘의 아르케는 분명합니다. 이 지상의 인위적인 어떤 제도나 바실레이아, 인간적 척도가 아닙니다. 하나님만이 절대적 잣대요, 예수 그리스도의 삶에 대한 근사성이요, 성서에서 근본적 본질을 파악해야 한다는 것입니다. 개별자의 신앙과 삶은 증언testis이요 말하기입니다. 끊임없는 말하기입니다. 또한 개별자의 신앙과 삶은 기입이요 쓰기scriptio; scripture, 중단 없는 다시 기입입니다. 최초arche의 말하기는 신이 모세에게 말하면서 자신의 이름을 규정짓지 않는 존재의 존재라고 하는 데서 시작됩니다. 물론 혹자는 신이 아담과 하와에게 말을 건넨 사건에서 시초를 찾을 수 있을 것입니다. 하지만 자신의 존재를 말하지 않았습니다. 최초의 말하기는 자신의 존재를 인간에게 말하면서 시작되었습니다. 그래야 정당합니다. 공평합니다. 그 존재에 대한 경외감낯섦과 익숙함 사이의 경계에서 익숙함을 통해, 낯섦의 존재에 계속 다가섬이라는 과정을 통해 어떤 근사성과 근접성에 도달하게 됩니다. 쓰기 또한 마찬가지입니다. 쓰기의 시초는 모세가 시내산에서 받아 쓴 십계명입니다. 신은 명명하고 종래의 이방의 흔적을 없애고 그 위에서 새로운 흔적인 야훼의 흔적을 기입하여 히브리인들에게 역사의 아르케가 누구인지 분명하게 알려줍니다. 공교롭게도 '계명'으로 번역되는 testimony 는 옛 계약과 새 계약입니다. 그럼으로써 과거의 '규정지었던/규정한'scribe 계명은 현재의 계명에 의해 계속 갱신되며 인자를 기다립니다. 신의 말함이 종결되고 신의 말이 기입되는 것이 비로소 끝나는 시점은 인자가 도래하는 시간입니다. 하지만 기다리는 인자는 지연됨으로써, 그 아르케 혹은 원본적인 존재가 되며 최초의 근원적인 존재가 될 수 있습니다. 그러므로 인자는 계속 지연될 것이며, 결코 규정되지 않은, 파악불가능한 존재로 남아 있을 것입니다. 왜냐하면 이 땅의 말과 글은 계속 도래해야 하며 고착화되지 않고 원본적이고 가장 시원적인 것으로 나아가야 할 것이기 때문입니다. 그런 의미에서 신을 절대자유의 시원적인 존재라고 말한다면 지나친 표현일까요?

아나키즘은 어떤 의미에서는 똘레랑스tolerance와도 가깝습니다. "존중하시오. 그리하여 존중하게 하시오"respectez, et faites respecter라는 말에서 알 수 있듯이, 타자에 대한 무한한 존중이야말로 아나키즘이 내세우는 자유롭기 위한 조건이기 때문입니다. 타자를 존중해야 비로소 나의 절대 자유 또한 존중 받을 수 있는 가능성이 주어집니다. 타자의 종교적 신념이나 정치적 이념이 다르더라도 그것을 인정하고 존중할 수 있을 때, 비로소 상호 자유가 확보될 수 있습니다. 물론 그것을 위해서 나와 타자는 무한히 설득을 위해서 동의 가능성을 향한 진지하고도 자발적인 의사소통이 전제되어야 합니다. 그렇다고 해서 그것은 강제가 아닙니다. 강제는 결국 나만 옳다고 하는 전제에서 출발한 폭력적 행위나 다름이 없기 때문입니다. 의사소통을 통한 설득과 토론은 정당하고도 필요한 인간의 이성적 노력입니다. 그렇지만 싸움이 아닙니다. 강요가 아닙니다. 미워하지도 앙심을 품지도 않습니다. 구속하거나 영어圈圄의 몸을 만들지도 않습니다. 심지어 죽이지도 않습니다. 절대 자유를 위한 최적의 조건이 바로 똘레랑스라는 것을 알게 합니다.

다름의 인정과 존중은 개인의 자유이든, 아니면 조합적 자유이든 반드시 필요로 하는 아나키즘의 전제가 되어야 합니다. 그것은 어떤 것에도 전제를 두지 않겠다고 하는 자세, 어떤 시원적인 것을 규정하지도 않겠다는 태도와 맞물린 것입니다. 똘레랑스는 다름과 존중을 통한 수평적 마음과 시각입니다. 그러므로 민족주의니 국가주의니 하는 속인주의屬人主義가 아니라 속지주의屬地主義적인 입장에 따른 좀 더 넓은 스펙트럼을 가지게 된다면 어떤 인종, 민족, 국가 등에 대한 편협한 시각을 넘어설 수 있습니다. 종교적 신념에 대해서도 마찬가지입니다. 나의 신앙과 종파를 인정받고 존중받고 싶다면, 다른 사람의 신앙과 종파, 나아가서 무종교적 삶까지도 인정하고 존중할 수 있어야 합니다. 신앙이 자유와 해방, 그리고 궁극적인 구원이라면 적어도 내가 믿고 있는 신이 중요하듯이, 타자가 지닌 신앙관에 대해서도 존귀하게 여겨야 그것이 진정한 자유와 해방, 그리고 구원으로 연결됩니다. 그러기 위해서는 관료주의나 권력, 권위에 대해서 자유로워야 합니다. 국가의 권위나 권력을 인정하기 시작하면 내가 지닌 특별한 상황에서 허용되는 자유가 점차 줄어들거나 강제, 억압될 수 있습니다. 권력은 개인의 자유나 권리를 제한하려는 속성을 가지고 있습니다. 우리에게 허용되는 것 또한 각 개별적인 인간에게 충분히 허용되는 자유에 대해서 권력은 자꾸 강력해지려는 관성을 가지고 억누르려고 합니다.

모름지기 자유란 각자에게 충분히 허용된toléré 자유입니다. 그것은 각 개인과 개인, 그리고 각 집단과 집단, 각 개인과 집단 사이에 서로 허용된 자유, 관료주의나 개인주의가 개입되지 않고도 충분히 누릴 수 있는 권리와 자유입니다. ~을 해야 할 자유, ~을 하지 말아야 할 자유는 각 개인이 숙고하여 판단하고 받아들일 자유입니다. 공권력이나 권위나 관료집단이 나서서 자유, 부자유를 강제할 수 있는 것이 아닙니다. 국가나 관료가 개인과 개인, 개인과 집단 사이에 나서서 간섭할 수 없습니다. 자유의 문제는 개별적 인간의 본래성이지 제도나 관료나 권위가 아니기 때문입니다. 그것이 질서가 아니라 더 무질서를 조장하는 것입니다. 인간의 합리적 이성을 토대로 양보와 연대, 이해와 대화, 설득과 포용이라는 선한 결과를 도출해낼 수 있는 인간의 자발적인 노력을 무기력으로 강제하는 것입니다. 아나키즘이 절대 자유를 추구한다고 해서 마치 폭력적이고 타자의 자유를 무시한 채 자신만의 자유를 쟁취하기 위한 매우 전투적인 철학이나 사상이라고 생각하는 것은 오산입니다. 아나키즘 혹은 아나키스트가 되기 위해서는 그만큼의 이성적 능력과 성숙한 삶을 추구하지 않으면 어렵습니다. 홍세화, 『나는 빠리의 택시운전사』, 창작과비평사, 1995, 288-309 지금까지 우리는 여러 아나키스트들의 나름대로 독특한 아나키즘을 살펴보았습니다. 이들에게서 한결같이 보이는 특성은 강권과 강제에 대해서는 아예 학을 뗀다고 하는 것입니다. 태생적으로 집단이나 국가가 구속하는 것을 참아내지 못하는 사람들입니다. 때로 그러한 폐해를 경험한 사람들이 여럿 있었습니다. 그럴 때 기독교 아나키스트들이 추구하는 것, 곧 자유는 신앙의 원본적 사실, 가장 순수한 본질인 하나님에게서, 성서에서 비롯되어야 한다는 것이었습니다.

철학자 비트겐슈타인L. Wittgenstein은 전기 철학에서 인간이 행복하게 살기 위해서는 세계와 조화를 이루어야 한다고 강조했습니다. 그리고 후기 철학에서는 "선량하라"는 윤리적 행동을 앞세웠습니다. 이것은 톨스토이나 도스토예프스키, 그리고 키르케고르로부터 영향을 받은 것 같습니다. 하지만 그는 톨스토이와 달리 성적 금욕주의에 따라 "관능의 폭력을 거부하고 순수함을 정신 개혁의 기존 조건"이라고 생각하였습니다. 성직자가 되고 싶은 마음이 있었지만 그것을 포기했을 정도로 위계질서에 대한 반감이 심했습니다. 그는 톨스토이처럼 그리스도교를 날조된 것으로 인식하였는데, 이는 정신의 권위와 결부된 성직자에 대한 강한 거부감이 있었기 때문이었습니다. 그런 까닭에 그의 후기 철학은 잃어버린 종교성의 철학이라고 말할 수도 있습니다. 그에게 있어 그리스도교는 하나의 가르침이나 이론이 아니라 실재적 사건의 서술이었습니다. "기독교는 내가 생각하기에는 어떤 가르침도 아니다. 그것은 인간의 영혼에 관련되어 일어났고 일어날 것에 대한 이론이 아니라 인간의 삶에서 일어나는 실재적 사건의 서술이다. 왜냐하면 '죄의 의식', 절망 그리고 신앙을 통한 구원은 실재적 사건이기 때문이다. 그것에 대해 [존 번연John Bunyan처럼] 말하고 있는 사람들은 단순히 자신들에게 일어났던 일, 항상 그것에 대해 말하고자 하는 일을 묘사한다. 기독교는 역사적 진실에 바탕을 둔 것이 아니라, 우리에게 역사상의 소식을 전해주며 다음과 같이 말한다. 이제는 믿으라! 그러나 역사상의 소식에 속하는 믿음을 가지고 이런 소식을 믿으라는 것이 아니라, 어떤 역경을 통해서도 네가 인생의 결과로서만이 그것을 할 수 있다는 사실을 믿으라는 것이다. 여기에 네가 소식을 갖고 있다면, 다른 역사상의 소식처럼 이 소식을 생각하지 말라. 네 인생의 완전히 다른 위치에서 이 소식을 듣게 하라. 역설적인 것은 아무것도 없다"1937년; Kurt Wuchterl/ Adolf Hübner,, 최경은 옮김, 『비트겐슈타인』, 한길사, 1999, 95

"나는 '성령을 통하지 않고서는 아무도 예수를 하나님이라고 부를 수 없다'는 문구를 읽는다. 그리고 이것은 사실이다. 나는 그를 하나님이라고 부를 수 없다. 왜냐하면 그것이 나에게 아무것도 말해주지 않기 때문이다. 나는 그를 '모범', 혹은 '신'이라고 부를 수 있을 것이다. 혹은 그가 그렇게 불려진다면 나는 이해할 수 있다. 그러나 나는 그가 나를 심판하기 위해 오실 것이라고 믿지 않기 때문에, 그리고 그러한 사실이 나에게 아무것도 말해줄 수 없기 때문에 나는 '하나님'이란 단어를 의미 있게 말할 수는 없다. 그리고 그것은 내가 완전히 다른 삶을 살아갈 때만이 어떤 것을 말할 수 있을 것이다"1937년; Kurt Wuchterl/ Adolf Hübner,, 위의 책, 99

비트겐슈타인이 말한 것처럼, '어떤 다른 삶', 곧 직위나 위엄, 그리고 다른 사람에 대한 배려와 사랑, 삶이 강요되지 않는 것, 삶을 대상으로 하지 않는 것이 결국 하나님을 의미하거나 언표 할 수 있을 것입니다. 그는 『논리철학논고』에서 "사람들이 말할 수 없는 것에 대해 우리는 침묵해야 한다"고 기입하고 있습니다. 방기의 시간, 침묵의 시간, 그저 다른 삶의 시간 속에 신의 기원이 꿈틀대고, 바로 거기에서부터만이 인간의 자유로운 아르케, 곧 절대 자유가 흘러나

오고 향유될 수 있는 것은 아닐까요? 기독교 아나키스트들 모두가 동일할 수 없을지라도, 자신의 근거지음의 원천 속에 있을 때만이 비로소 자유롭다고 말하고, 또 행동한 것은 아니었을까요? 그 기입/기록과 증언의 새로운 몸짓 속에서 말입니다. 비트겐슈타인의 저서는 문장을 어떻게 사고해야 하는가에 대해서 하나도 언급하고 있지 않습니다. 이것은 진리의 '이것 또는 저것'Entweder-oder이 아니라 '이것과 또한 저것'Sowohl-Als-Auch이 존재한다는 것을 말하려고 했기 때문일 것입니다. 그는 스스로 자유로워지기 위해서라도 소유에 대해서 무관심했기 때문에 매우 많은 재산을 포기할 수 있었습니다. "무엇보다도 나는 나 자신과 더불어 스스로 순수에 이르러야 한다"고 말한 것에서도 잘 알 수가 있습니다. 초등학교 교사직을 그만두고 정원사 조수로 일을 했던 것도 "원초적인 삶, 거칠고 야생적인 삶"을 간절하게 원했기 때문이었습니다. 말년에 암에 걸렸음에도 불구하고 생명을 연장하기 위한 수술을 받지 않았던 것, 행복이라는 일상언어에 대한 관심을 깊이 생각하게 되는 후기 철학도 원초적인 삶, 곧 구역질나고 불쾌한 일이라도 삶의 철학에 천착했기 때문이었습니다. 철학은 실제 삶에 유용해야 한다고 본 그가 1916년 6월 11일자 일기에서 삶의 의미관념와 세계의 의미관념는 신이라고 부를 수 있다고 말했습니다. 아나키스트라면 "기도는 삶의 의미관념에 대한 생각사고"라고 그가 말한 것처럼, 그 원천적인 삶에 관심을 기울일 수밖에 없을 것입니다. 아니, 그리스도인이라면 말입니다.

최장집은 과거 한국사회의 정치현실이 국가와 정부, 그리고 관변단체가 어떻게 동일성을 유지하고 서로 위계적으로 결착되어 있었는가를 비판적으로 분석한 바 있습니다. 그는 국가권력이 권위적일수록 이익집단이 되어서 국가의 후원을 받으며 국가의 권위와 통제를 수용하는 대가로 자신의 특수한 이익들을 극대화하는 기회를 얻는 집단들과 그 국가와의 관계를 '국가코포라티즘' state corporatism 이라고 명명하였습니다. 이러한 이익집단은 이데올로기적이며 제도적 독점을 통해서 한국의 경제 발전과 양적 성장을 일구는 역할을 자임해왔던 것입니다. 이에 최장집은 시민사회는 이념이나 교리도 신성한 것으로 숭상되거나 강요되어서는 안 된다고 보고이 점에서 그는 시민사회를 매우 순수하게 보는 듯합니다, 시민과 시민, 시민과 공동체가 자유롭고 이성적인 의사소통을 통한 사회적 질서와 합의를 이루어야 한다고 주장합니다.

하지만 시민사회가 국가주의나 국가권력 혹은 국가 권위의 대척점에 서서 이른바 피터 네틀J. P. Nettl이 말한 권력의 제도화나 정당성이나 국가가 설정한 가치의식을 본질적 요소로 하는 '국가성' stateness의 대안이 될 수 있는가는 여전히 의문으로 남습니다. 시민사회 또한 민주주의라고 하는 이념적 체제 안에 있는 개인이나 집단으로서 국가의 이데올로기로부터 자유로울 수가 있을 것인가 하는 것입니다. 시민사회도 위계적이며 엘리트적인 권력 집단을 형성할 수 있는 가능성이 있기 때문입니다. 이러한 한계 속에서 과연 아나키즘은 한국정치와 종교 공동체에게 어떤 의의가 있을 것이며, 향후 어떤 삶의 방향을 제시해 줄 수 있을지에 대한 많은 과제를 안고 있는 것 같습니다. 따라서 아나키즘에서 기억해야 할 것이 있습니다. 그것은 민중 정신으로서의 회귀, 민중의식으로의 소환입니다. 벌거벗은 존재로서의 민중의 보편정신이나 의식이 무전제의 전제가 되기 위한 하나의 단서는 민중의 삶, 민중의 신앙, 민중의 정신, 민중의 의식을 편드는 하나님에 의해서 보증됩니다. 민중은 이름 없는 이름, 입장 없는 입장, 자격 없는 자격입니다. 민중의 의식 안에, 민중의 삶 속에 현존하는 아르케가 궁극적으로 민중을 원본적 사실로 인정합니다. demokratia라는 하나의 불완전한 정치체는 각 개별 데모스demos, 민중를 원본적 사실로 해서, 무강권, 무지배, 무강제, 무억압의 정치 현실이 되지 않으면 실상은 다시 해체 구성해야 합니다.

바로 이것에 대한 분명한 문제의식을 제기한 이중톈易中天의 논지에서도 국가주의와 개별 민중의 정치적 실존이 어떤 관계이어야 하는가를 잘 짚어주고 있습니다. 민주주의 체제를 논할 때, 공화, 즉 공公/共과 화和를 내용으로 하고 있는가는 별개입니다. 공화국 res publica은 평화로운 공존을 의미합니다. 그것은 공공公共, 공용公用, 공립公立, 공개公開, 공중公衆 등 '개방성'을 의미합니다. 국가를 다스린다는 것은 공동의 사업입니다. 권력자의 전유물이 아닙니다. 그것은 함께 누리는 것이지 세습이나 독점이 아닙니다. 누구나 정치에 참여할 수 있고, 누구나 정치를 논할 수 있는 정치, 누구나 정치적 행위를 할 수 있는 것을 말합니다. 따라서 정권은 공공의 것이고, 공용이고 정부는 반드시 공립이어야 한다는 논리에 적합한다는 측면, 정무는 공개되어야 하고, 모든 이들에게 개방되어야 한다는 측면에서 공유共有, 공치公治, 공향公享입니다. 결코 독재나 독점, 혼자 향유하는 것이 아닙니다. 민주주의는 그런 의미에서 평화입니다. 화목, 화해, 평화입니다.易中天, 심규호 옮김, 『국가를 말하다』, 라의눈, 2015, 388-390 그런데 국가주의를 견고히 하는 것이 바로 '교육'입니다. 바쿠닌Mikhail A. Bakunin과 고드윈William Godwin은 공교육 혹은 국가교육이 아이들을 해방시키는 것이 아니라 조종하고 복종시키는 교육을 실시한다고 비판했습니다. 그럼으로써 정부의 지배를 강화할 것이고 정부의 제도를 영속화시킬 것이라고 진단했습니다. 그들은 개인이 자유롭게 학교에 오고, 자유로운 가르침을 받도록 해야 한다고 보았습니다. 학교 교육은 일방적 교육이 아닙니다. 그들은 단독자와 단독자가 서로 인간의 삶과 가치관, 그리고 도덕성을 일깨우는 '지적 우애의 행위'인 상호 가르침이 되어야 한다고 주장했습니다. 끝으로 향후 아나키즘이 나아가야 할 방향성은 무엇인가를 물어야 할 것 같습니다.

필자는 바로 '에코아나키즘'eco-anarchism이라고 생각합니다. 지구의 생명체는 절대 자유를 갖는다는 의미로서의 동일자라 할 수 있습니다. 하지만 각 개별자는 다른 집단이나 개인과는 대체 불가능한 차이와 존엄성을 지니고 있다는 측면에서 유일자라 할 수 있습니다. 따라서 아나키즘은 동일성과 유일성이라는 두 가지의 경계선 사이를 자유롭게 이행할 수 있어야 합니다. 미래 존재자에 대한 사유 이전의 사유, 사유에 대한 사유에서 개별 인간의 개인화만큼 각 개별 생명의 생명성에 대한 고려는 인간의 절대 자유를 위해서라도 매우 중요합니다. 개별 존재자의 절대 자유에 대한 고려와 배려 없이 인간의 궁극적인 절대 자유의 성취는 요원할 수밖에 없습니다. 자본주의와 연동되는 국가주의로 인해서 땅에 발을 딛고 사는 개별 인간의 절대 자유의 침탈은 각 개별 동식물에 대한 생명의 자유를 파괴한 결과라 해도 과언은 아닙니다. 그로 인해서 21세기를 살아가는 인간은 지금 심각한 지구생태위기를 맞이하고 있습니다.

알랭 바디우A. Badiou의 철학적 개념을 빌려 말한다면, '새로운 존재 방식'을 결정하도록 만드는 일대 '사건', 곧 생태적 파국인 사건들이 여기저기서 발생하고 있습니다. 이러한 관계적인 측면에서 아나키스트로서의 충실성은 하나의 진리사건을 생산하도록 추동하고 있습니다.

이에 단독자로서의 툰베리Greta T. E. E. Thunberg는 민중 자신에게서 체제를 바꿀 수 있다고 했습니다. 지금의 에너지 시스템을 바꿀 수 있기 위해서는 에너지 사용량의 획기적인 절감은 물론 에너지 소비 자체도 줄여나가는 개인적이고 공동체적인 노력이 동시에 필요합니다. 단독자로서의 개인은 대량생산, 대량소비 체제를 해소하는 것은 물론 생태적 한계 내에서 사치스러운 소비를 포기하고 초연하는 생태적 저항으로서의 에코아나키즘이 절실하게 요구되고 있는 것입니다. 욕망을 불러일으키는 대중매체의 상업적 이미지에 대한 비판도 좋으나, 단독자인 '나'가 생태적 의식으로 바뀌지 않는 한 구조적 이데올로기와 압력은 더 거세질 것이고, 결국 체제 저항이 무의미한 인류파국의 상태에 처하게 될 것입니다.

그러므로 기후연대 혹은 에너지 연대를 위한 단독자와 단독자, 단독자와 공동체의 연대가 절실해지는 현실입니다. 지구 곳곳에서 벌어지는 산업자본주의의 이윤추구 방식의 시스템으로 땅, 물, 바람, 햇빛과 그것을 터전으로 해서 살아가는 모든 동식물들이 유린당하고 있습니다. 따라서 앞으로 아나키즘은 에코아나키즘으로 더욱 확장시켜 나아가야 할 것입니다.

푸르동Pierre Joseph Proudhon은 언젠가 "신, 자연과 사람은 동일한 존재의 세 모습이다. 사람은 천 번의 진화를 거쳐 자의식에 도달한 신이다. 예수 그리스도 안에서 사람은 스스로 신임을 느꼈다. 그리고 그리스도교는 정말로 신-인의 종교다"라고 주장했습니다.Pierre Joseph Proudhon, 이승무 옮김, 『경제적 모순들의 체계 혹은 곤궁의 철학1』, 지식을만드는지식, 2018, 16 전통적인 그리스도교인은 이러한 생각에 전부 동의할 수 없을 것입니다. 하지만 좀 거칠게 해석한다면 그는 지금의 제도화된 종교 혹은 규정지어지고 견성화된 종교라도 애초에 하나님과도 친밀한 종교, 자연과도 친화적인 종교였다는 것을 말하려고 했는지도 모릅니다. 따라서 제도화된 종교를 꿈꾸지 않았던 예수, 그 예수를 따라서 살아간다는 것은 생태적 예수의 제자가 된다는 것을 의미합니다. 생태적 예수는 외적 성장이 아닌 내적 성장에 관심을 기울였습니다. 세상의 온갖 존재자들을 친구로 여기면서 정신적 유대감을 피력했습니다.요 15:15 오늘날 내면세계의 위기 상황에서 예수가 보여준 생태적 이미지마 10:29-31는 결국 예수의 생태적 전략을 잘 보여줍니다. 예수에 의하면, 우주적 지성, 창조적 지성이란 하나님에게는 모든 짐승과 식물들을 필요로 한다는 것입니다. 하나님은 그것들을 원하고 사랑하는 것과 똑같이 우리 인간을 원한다는 신앙인식을 생태적으로 전환해야 한다는 것을 뜻합니다. 이제 그리스도인은 "'나'를 따르라"는 예수의 그 명령에서 개별화된 '나', 단독자로서의 '나'를 생각할 수 있어야 합니다. 생태계를 병들게 만드는 가부장적 자본주의나 집단주의, 가족주의적 전통에 맞서서 생태적 예수의 제자로서 살아가야 합니다. 그리스도인은 모두 생태적 예수의 제자입니다. 맘몬 대신 생태적 가치를, 화약약품이나 전쟁무기보다는 생태윤리를 앞세우는 그리스도인, 그러한 그리스도인이야 말로 진정한 에코아나키스트라고 말할 수 있을 것입니다.Franz Alt, 손호현 옮김, 『생태주의자 예수』, 나무심는사람, 2003, 17-27; 443-460

실존철학은 모든 규정으로부터 벗어남, 버림, 모든 것을 잃어버림입니다. 마이스터 에크하르트M. Eckhart가 말한 초연이나 초탈은 단순한 종교 신비주의적인 것을 넘어섭니다. 이것을 토대로 둔 아나키즘의 운동 성격은 결코 신비주의에 토대를 두겠다는 것도 아닙니다. 하지만, 아나키즘과 실존철학 혹은 실존신학과의 관계성을 생각한다면, 그것은 버림, 벗어남, 잃어버림이라고 말할 수 있을 것입니다. 신과 피조물이 모든 것을 버림, 잃어버림은 실존적인 체험이자 결국 자아로 돌아감입니다.Otto F. Bollow, 최동희 옮김, 『실존철학 입문』, 자작 아카데미, 2000, 43 가톨릭 베네딕도 수도회 소속 신학자이자 사제인 안셀름 그륀A. Grün 신부는 집이란 신비가 깃든 곳이라고 주장합니다. 그는 '집'을 뜻하는 독일어의 Heim이란 본디 '놓여 있다' liegen에서 유래한 말로 사람들이 정주하는 곳, 누워서 쉬는 곳, 머물고 싶고 보호받음을 느끼는 곳이라고 말합니다. 그리고 '신비' Ge-heim-nis는 '집과 연관된 그 무엇'이라고 합니다. 결국 생태적 가치가 하나의 신비 속에 있어야 한다는 것은 인간의 터가 안전을 지향하는 것만큼 자연의 터전도 자신의 가치를 충분하게 실현할 수 있도록 놓아두어야 합니다. 나의 단독자 됨은 자연의 신비 안에서 인간과 공유된 집이라는 사실을 인정하는 것입니다. 그러기 위해서 내버림, 초탈, 초연이라는 신학적이고 철학적 가치를 간과하면 안 됩니다.

따라서 아나키즘은 잃어버림, 내버림이라는 실존의 모습에서 구현될 수 있다고 봅니다. 이것을 두고 신비주의라고 비판할 수 있으나 아나키즘의 입장은 구약성서의 예언자적 전통에서 실존주의의 키르케고르, 그리고 현대의 이반 일리치나 권정생에 이르기까지 나의 잃어버림, 포기와 초탈을 통해서 삶을 새롭게 기입/기록, 그리고 증언하는 것임을 알 수 있습니다. 이 기입/기록과 증언은 완전하지 않습니다. 완전하다면 아나키가 아닙니다. 하나님 이외에 단독자로서 절대적으로 자유로운 존재는 불가능합니다. 다만 우리는 근사성, 근접성에 기반한 무한한 거리 좁힘제논의 역설에 빗댄다면을 통하여 하나님에게로, 그리고 그의 현존을 기록한 성서적 사건으로 소급, 환원하는 것밖에 달리 무엇을 할 수 있을까요? 그 신의 호명과 명령에 의해서 단독자로 살아가는 것, 그 신을 자신의 향수鄕愁로 여기는 것, 그것이 아나키스트들의 숙명인 절대 자유로의 끊임없는 '운동'이라 하면 이해할 수 있을까요? 아무리 절대 자유를 추구하는 단독자의 삶이라 하더라도 이상적인 그리스도교 공동체에 대해서 생각하지 않을 수가 없을 것입니다.

데이비드 잰슨D. Janzen은 영국의 신약학자 톰 라이트N. T. Wright 주교의 말을 언급하면서, 예수가 했던 일이 바로 과거도 미래도 아닌 현재에서 하나님의 궁극적인 창조회복을 위한 것이었다고 주장합니다. 이처럼 그리스도교의 사명은 '지금 여기에서' 제국의 버려진 땅에서 예수 그리스도의 사랑을 실현하고 하나님 나라를 일구는 일이 오늘날 그리스도교가 해야 하는 일이라는 것입니다.

함돈균은 모리스 블랑쇼Maurice Blanchot의 『밝힐 수 없는 공동체』를 근거로 해서 공동체와 사회를 구분짓고 공동체 속에 있는 개별적인 단독자가 지닌 경험의 특수성에 대해서 말합니다. 공동체는 사회라고 하는 집단이나 개념과는 전혀 다른 이질적이고 반규칙적인 사건이라고 봅니다. 거기서 불가능하지만 가능성을 위한 개별적 단독자들은 고독과 고립을 존중하며, 각 단독자의 내밀성 혹은 사밀성은 타자의 존재를 통해서 완성된다고 주장합니다. 이러한 단독자의 나눌 수 없는 사밀성의 나눔과 전달 불가능성을 전달하면서 각각의 고립과 고독, 그리고 내밀성을 공유할 수 없지만 공유하는 공동체, 내밀성을 공동으로 체험하는 장소이자 사건이 바로 공동체라는 것입니다. 그것은 늘 공동체를 규정할 수 없으나 로고스적인 것으로 유예되면서 동시에 바깥을 향해 개방되어진 말로서 드러내는 단독자의 목소리의 존중이나 목소리의 사건입니다.

공동체는 혈연으로도 돈으로도 땅으로도 계약서로도 묶여 있지 않습니다. 목적도 효용도 연대도 융합도 없습니다. 공동체는 내밀한 것을 서로 나누기에 사회의 부재로서 사회의 구성원이 아닙니다. 하지만 사회가 아닌 공동체는 주체의 내면을 드러낼 수 있고 수치심조차 나눠가질 수 있는 공동체입니다. 만일 아나키즘이 불가능한 가능성으로서 공동체를 추구한다면, 이렇게 개별 단독자 자신이 마주한 존재의 바닥을 공유할 수 있는 공동체가 되어야 하지 않을까 싶습니다. 이것은 궁극적으로 '이해'로서의 연대, 동의로서의 연대, 횡단과 종단의 연대, 상호부조적 공동체communauté로서 예수와 종의 관계가 아닌 예수와 친구 관계를 지향하는 '우애공동체'요 15,15을 의미한다고 볼 수 있습니다.함돈균, 작품 해설 "도롱뇽 공동체의 탄생", 김승일, 에듀케이션, 문학과지성사, 2012, 157-184 참조 따라서 예수를 본받는 이상적인 공동체의 구현은 용기 있는 삶의 실험일 수 있습니다. 나를 위해서, 다른 사람을 위해서, '서로'를 위해서 느슨한 연대를 위한 공동체, 하나님에 의해서 대안적 형태의 공동체를 만들어가는 것 또한 매우 중요할 것이라고 생각합니다. 그 공동체의 모습을 권정생은 이렇게 노래하고 있지요.

밭 한뙈기
　　　-권정생

사람들은 참 아무것도 모른다
밭 한뙈기
논 한뙈기
그걸 모두
'내' 거라고 말한다.

이 세상
온 우주 모든 것이
한 사람의
'내'것은 없다.

하느님도
'내'거라고 하지 않으신다

이 세상
모든 것은
모두의 것이다

아기 종달새의 것도 되고
아기 까마귀의 것도 되고
다람쥐의 것도 되고
한 마리 메뚜기의 것도 되고

밭 한 뙈기
돌멩이 하나라도
그건 내 것이 아니다
온 세상 모두의 것이다

권정생, 『어머니 사시는 그 나라에는』, 지식산업사, 1988.

생각을 펼치는 데 도움을 받은 책들

Alt, Franz, 손성현 옮김, 『생태주의자 예수』, 나무심는사람, 2003.

Ausburger, David, 조계광 옮김, 『외길영성: 아나뱁티스트의 3차원 영성해부』, 생명의말씀사, 2007.

Baerger, Rudy, 김복기 옮김, 『메노나이트 이야기』, Korea Anabaptist Press, 2005.

Berdyaev, Nicholai A., 이경식 옮김, 『거대한 그물, 종로서적』, 1981.

Berdyaev, Nicholai A., 이경식 옮김, 『하느님의 나라와 가이사의 나라』, 종로서적, 1990.

Berdyaev, Nicholai A., 정용섭 옮김, 『그리스도교와 계급투쟁』, 대한기독교서회, 1977.

Bollow, Otto F., 최동희 옮김, 『실존철학 입문』, 자작아카데미, 2000.

Brueggemann, W., 홍철화 옮김, 『기독교와 평화』, 대한기독교서회, 1988.

Buber, Martin, 남정길 옮김, 『사람과 사람 사이』, 전망사, 1979.

Buber, Martin, 표재명 옮김, 『나와 너』, 문예출판사, 1980.

Carr, Edward H., 이태규 옮김, 『미하일 바쿠닌』, 이매진, 2012.

Clastres, Pierre, 홍성흡 옮김, 『국가에 대항하는 사회』, 이학사, 2005.

Cayely, David, 이한 서범석 옮김, 『이반 일리치의 유언』, 도서출판 이따르, 2010.

Conzelmann, Hans, 박두환 옮김, 『신약성서신학』, 한국신학연구소, 2001.

Cobb, John B., 박 만 옮김, 『영적인 파산』, 한국기독교연구소, 2014.

Derrida, Jacques, 강우성 옮김, 『이론 이후 삶』, 민음사, 2007.

Derrida, Jacques, 김보현 편역, 『해체』, 문예출판사, 1996.

Ebert, Klaus, 오희천 옮김, 『토마스 뮌처』, 한국신학연구소, 1994.

Ellul, Jacques, 곽노경 옮김, 『기독교와 마르크스주의』, 대장간, 2012.

Ellul, Jacques, 김치수 옮김, 『자유의 윤리1』, 대장간, 2018.

Ellul, Jacques, 김치수 옮김, 『자유의 윤리2』, 대장간, 2019.

Ellul, Jacques, 박건택 옮김, 『자유의 투쟁』, 솔로몬, 2008.

Ellul, Jacques, 이상민 옮김, 『기술체계』, 대장간, 2013.

Ellul, Jacques, 이창헌 옮김, 『폭력에 맞서』, 대장간, 2012.

Grün, A., 황미하 옮김, 『신뢰, 우리 삶의 소중한 가치』, 성서와함께, 2023.

Illich, Ivan 외, 신수열 옮김, 『전문가들의 사회』 사월의책, 2015.

Illich, Ivan, 김남석 옮김, 『교육사회에서의 탈출』, 범조사, 1979.

Illich, Ivan, 노승영 옮김, 『그림자 노동』, 사월의책, 2015.

Illich, Ivan, 정영목 옮김, 『텍스트의 포도밭』, 현암사, 2016.

Illich, Ivan, 허택 옮김, 『누가 나를 쓸모없게 만드는가』, 느린걸음, 2014.

Janzen, David, 최태선 옮김, 『작정하고 시작하는 그리스도인 공동체』, 대장간, 2022.

Jehle, Frank, 이용주 옮김, 『편안한 침묵보다는 불편한 외침을』, 새물결플러스, 2016.

Kaplan, Robert D., 장병걸 옮김, 『무정부시대가 오는가』, 코기토, 2001.

Kierkegaard, S., 이창우 옮김, 『키에르케고어의 스스로 판단하라』, 도서출판 샘솟는기쁨, 2017.

Kropotkin, Peter A., 백용식 옮김, 『아나키즘』, 충북대학교출판부, 2009.

Lowrie, Walter, 임춘갑 옮김, 『키르케고르 평전』, 다산글방, 2007.

Murniati, A. Nunuk P., "The Role of Religion in Fostering Life", eds.,

Malene Perera, A. Nunuk P. Murniati, *Springs of Living Water, Ecumenical Association of Third World Theologians*, 1997.

Murray, Stuart, 강현아 옮김, 『이것이 아나뱁티스트다』, 대장간, 2011.

Niebuhr, Reinhold, 김쾌상 옮김, 『비극을 넘어서』, 전망사, 1984.

Niebuhr, Reinhold, 노진준 옮김, 『기독교윤리학』, 은성, 1991.

Niebuhr, Reinhold, 오희천 옮김, 『인간의 본성과 공동체들』, 종문화사, 2016.

Niebuhr, Reinhold, 오희천 옮김, 『인간의 본성과 공동체들 II』, 종문화사, 2015.

Niebuhr, Reinhold, 편집부 옮김, 『신앙과 역사』, 종로서적, 1983.

Proudhon, Pierre Joseph, 이승무 옮김, 『경제적 모순들의 체계 혹은 곤궁의 철학1』, 지식을만드는지식, 2018.

Proudhon, Pierre Joseph, 이용재 옮김, 『소유란 무엇인가?』, 아카넷, 2003.

Renan, Ernest, 최명관 옮김, 『예수의 생애』, 도서출판 창, 2010.

Ricoeur, Paul, 변광배 옮김, 『폴 리쾨르, 비판과 확신』, 그린비, 2013.

Snyder, Arnold, 김복기 옮김, 『아나뱁티스트 신앙의 씨앗으로부터-재세례 신앙의 정체성에 관한 역사적 핵심』, 대장간, 2020.

Stirner, Max, 박종성 옮김, 『유일자와 그 소유』, 부북스, 2023.

Tillich, Paul, ed., Ingeberg C. Henel, 송기득 옮김, 『폴 틸리히의 그리스도교 사상사』, 한국신학연구소, 1983.

Tolstoy, Lev N., 박윤덕 옮김, 『인생론 참회록』, 육문사, 1992.

Tolstoy, Lev N., 조윤정 옮김, 『국가는 폭력이다』, 달팽이, 2008.

Ward, Colin, 김성국 옮김, 『아나키즘이란 무엇인가』, 이학사, 2019.

Wittgenstein, Ludwig, 변영진 옮김, 『비트겐슈타인 철학일기』, 책세상, 2015.

Wuchterl, Kurt/ Hübner, Adolf, 최경은 옮김, 『비트겐슈타인』, 한길사, 1999.

Yoder John H., 임형권 옮김, 『당신이라면』, 대장간, 2011.

Yoder, John H., 김기현 전남식 옮김, 『근원적 혁명』, 대장간, 2011.

Yoder, John H., 김복기 옮김, 『교회, 그 몸의 정치』, 대장간, 2011.

Yoder, John H., 신원하 권연경 옮김, 『예수의 정치학』, IVP, 2007.

Yoder, John H., 임형권 옮김, 『당신이라면』, 대장간, 2011.

권정생, 『나만 알래』, 문학동네, 2012.

권정생, 『동시 삼베 치마』, 문학동네, 2011.

권정생, 『몽실 언니』, 창작과비평사, 1990.

권정생, 『하느님의 눈물』, 산하, 1991.

권정생, 『한티재 하늘1』, 지식산업사, 1998.

권정생, 『한티재 하늘2』, 지식산업사, 1998.

김기련, 『종교개혁자 루터 칼빈 뮌처의 신학. 오늘의 종교개혁』, 한들출판사, 2020.

김남시, "벤야민의 메시아주의와 희망의 목적론", 창작과비평, 통권 164호, 2014년 여름, 280-198.

김승진, 『근원적 종교개혁: 16세기 성서적 아나뱁티스트들의 역사와 신앙과 삶』, 침례교신학대학교출판부, 2011.

김애영, 『칼 바르트 신학의 정치사회적 해석-F. W. 마르쿠바르트를 중심으로-』, 대한기독교서회, 1991.

內田樹, 박동섭 옮김, 『우치다 다쓰루의 레비나스 시간론. 주체와 타자 사이에서 흐르는 시간에 관하여』, 갈라파고스, 2023.

맹용길, 『기독교윤리사상』, 대한기독교서회, 1993.

박설호 편역, 『마르크스, 뮌처, 혹은 악마의 궁둥이』. 에른스트 블로흐 읽기 II, 울력, 2012.

박홍규, 『마르틴 부버』, 홍성사, 2012.

엄혜숙, "권정생의 문학과 사상-기독교 아나카즘과 관련하여", 원종찬 엮음, 『권정생의 삶과 문학』, 창작과비평, 2008.

易中天, 심규호 옮김, 『국가를 말하다』, 라의눈, 2015.

오항녕, 『기록한다는 것』, 너머학교, 2010.

원종찬 엮음, 『권정생의 삶과 문학』, 창작과비평사, 2008.

유승원, "그리스도인 바울", 조태연·차정식·유승원 지음, 『뒤집어 읽은 신약
　　　성서』, 대한기독교서회, 1999.

이문영, 『톨스토이와 평화』, 모시는사람들, 2016.

이상원, 『라인홀드 니버』, 살림, 2006.

이원준, 『권정생-동화나라에 사는 종지기 아저씨』, 작은씨앗, 2008.

이충렬, 『아름다운 사람 권정생』, 산처럼, 2018.

임성규, "권정생 아동문학의 흐름과 연구 방향", 원종찬 엮음, 『권정생의 삶
　　　과 문학』, 창작과비평, 2008.

채형복, 『19세기 유럽의 아나키즘』, 역락, 2019.

최장집, 『민주화 이후의 민주주의』, 후마니타스, 2005.

최하림, 『굴참나무숲에서 아이들이 온다』, 문학과지성사, 1998.

표재명, 『키에르케고어 연구』, 지성의샘, 1995.

한국신학연구소 성서교재위원회, 『함께 읽는 구약성서』, 한국신학연구소,
　　　1997.

한재각, "탄소가 아니라 사회를 바꿔라", 창작과비평, 통권 183호, 2019년
　　　봄, 344-356.

함석헌, 『함석헌전집2, 인간혁명의 철학』, 한길사,

홍세화, 『나는 빠리의 택시운전사』, 창작과비평사, 1995.

황대현, 『"혁명의 신학자 토마스 뮌처", 꿈은 소멸하지 않는다』, 박상철 외,
　　　한겨레출판, 2007.

황현산, 해설 "가장 작은 파동의 노래", 최하림, 『굴참나무숲에서 아이들이
　　　온다』, 문학과지성사, 1998, 93-105.